新时代党员干部学习丛书

与领导干部谈调研

（修订版）

于立志 刘崇顺 / 著

新华出版社

图书在版编目（CIP）数据

与领导干部谈调研/于立志，刘崇顺著. --修订版.
--北京：新华出版社，2023.4（2025.2重印）
ISBN 978-7-5166-6778-1

Ⅰ.①与… Ⅱ.①于…②刘… Ⅲ.①调查研究—
干部教育—学习参考资料 Ⅳ.①C31

中国国家版本馆 CIP 数据核字（2023）第 060144 号

与领导干部谈调研（修订版）

作　　者：于立志　刘崇顺			
出 版 人：匡乐成		丛书策划：许　新	
选题策划：赵怀志		责任编辑：李　宇	

出版发行：新华出版社
地　　址：北京石景山区京原路 8 号　　　　邮　　编：100040
网　　址：http://www.xinhuapub.com
经　　销：新华书店、新华出版社天猫旗舰店、京东旗舰店及各大网店
购书热线：010－63077122　　　　中国新闻书店购书热线：010－63072012
照　　排：华兴嘉誉
印　　刷：大厂回族自治县众邦印务有限公司

成品尺寸：170mm×240mm
印　　张：22　　　　　　　　　　字　　数：281 千字
版　　次：2023 年 6 月第一版　　　印　　次：2025 年 2 月第二次印刷

书　　号：ISBN 978-7-5166-6778-1
定　　价：58.00 元

图书如有印装问题，请与出版社联系调换：010－63073969

内 容 提 要

　　本书从调查研究原理、方法、文字表达三个部分入手，简而不疏地阐述了调查研究的地位、向毛泽东学调查研究、陈云调研十五字诀、多向群众请教、调研选题、归纳演绎、问卷调查、抽样调查、典型调查、网络调查、深层思维、典型经验挖掘、调查报告谋篇布局等几十种方法与技巧，不少篇幅由实际存在的问题引出相应的调研内容，融方法技巧之叙述与形象说理为一体，指导性、可读性和操作性强，是新时代领导干部提升调查研究本领、搞好调研与决策的忠实向导，是干部培训之不可多得的最新优选教材。

前 言

坚持调查研究，是辩证唯物主义认识论的基本要求，是各级领导干部保持同人民群众密切联系的重要渠道，也是我们党的基本工作方法和领导制度。

"一自高丘传号角，千红万紫进军来"。党的十八大以来，习近平总书记对调查研究工作提出了新要求，号召全党大兴调查研究之风，真正把功夫下到察实情、出实招、办实事、求实效上。习近平总书记指出："我们担负领导工作的干部，在对重大问题进行决策之前，一定要有眼睛向下的决心和甘当小学生的精神，迈开步子，走出院子，去车间码头，到田间地头，进行实地调研，同真正明了实情的各方面人士沟通讨论，通过'交换、比较、反复'，取得真实可信、扎实有效的调研成果，从而得到正确的结论。"（《调查研究就像"十月怀胎"》）

2023 年 3 月，中共中央办公厅印发了《关于在全党大兴调查研究的工作方案》，并发出通知要求各地区各部门结合实际认真贯彻落实。2023 年 3 月下旬，新华出版社决定将 2013 年出版的《与领导干部谈调研》一书修订再版，努力贴近工作实际，深入浅出地阐述了调查研究的原理、诸多实用的调研方法和表达方法，增加一些新内容，对各级领导干部搞好调查研究与决策真正起到向导和助手的作用。

这本《与领导干部谈调研（修订版）》，以科学规范性为基础，以实务操作性为标准，以调查研究过程为主线，具有较强的实用性和操作性，力求有较多的含金量，接地气、带露珠，具有三个鲜明特点：一是突出系统性。全书28万字、65篇文章，既论述了调查研究的原理，介绍了调查研究的方法和调查研究的表达，吸收了当代调查研究的新知识、新方法。二是突出实践性。解答了领导干部调查研究工作中的一些问题，总结出规律性的东西，提供了古今调查研究事例，拓展和延伸本书基本内容，深化各级领导干部、公务员对调查研究原理和方法的理解。三是突出操作性。力避一般现象甲乙丙的罗列和不接地气的空话、千篇一律的套话、读来味同嚼蜡的通病，注重了由此及彼、由表及里、与时俱进的研究，把调查研究方法的可操作性融入其中。各级领导干部如果能从这本中得到一些有益的启示，作者将感到莫大欣慰。

限于水平和经验，书中难免有不准确和疏漏之处，恳请各位领导干部批评指正。祝愿同志们不断增强调查研究本领，勤于调查研究，增强工作的原则性、系统性、预见性、创造性，在全面建设社会主义现代化国家的伟大进程中，努力创造非凡的业绩！

作者

2023年5月1日

目 录

二、方 法 篇

三、表 达 篇

一、原理篇

……今天需要我们调查，将来我们的儿子、孙子，也要作调查，然后，才能不断地认识事物，获得新的知识。

——毛泽东

调查研究不仅是一种工作方法，而且是关系党和人民事业得失成败的大问题。

——习近平

调查研究的地位

调查研究是决策之基、成事之道，是获得真知灼见的源头活水，是各级领导干部的必修课、基本功，是第一位职责，是做好一切工作的第一步，是实事求是的基石、开创新局之途径，关系着事业的兴衰成败。

回顾建党 100 年的历史，什么时候重视调查研究，工作指导方针符合客观实际，党的事业就蓬勃发展；什么时候忽视调查研究，就会导致主观与客观脱离，使党的事业遭受损失和挫折。

调查研究工作在各项工作中的重要地位，不仅要在思想认识上十分明确，而且要在实际措施上切实加以保证。毛泽东同志说过："没有调查研究，就没有发言权。"陈云同志强调："领导机关制定政策，要用 90% 以上的时间作调查研究工作，最后讨论决定，用不到 10% 的时间就够了。"这里包含着一种极为重要的工作方法，即领导者要善于摆脱各种繁杂事务的缠绕，拿出主要精力去搞调查研究，把调查研究作为决策的必经程序，准确地掌握客观事实，把握事物发展的内在规律，拿出有实践深度的调研成果，为领导决策提供科学依据。

做好调查研究，目的是为了正确地决策。一个正确决策只能从准确判断客观情况中来，准确判断客观情况则来自系统缜密的调查研究，而不需要先设定好框框、论点，再按图索骥地调研。一个错误决策的基本原因之一，是缺乏调查研究，不会调查研究，调查研究变了味、走了调，不善于咨诹善道、察纳雅言。毛泽东同志有句经典的名言："领导者的责任，归结起来，主要是出主意，用干部两件事。"无论哪个层次的领导，首先遇到的就是出主意的问题，亦即拍板、决策。陈云说过，"难者在弄清情况中，不在决策政策。只要弄清了情况，不难决定政策"。一个有责任心的领导干部，遇到做决策时，都会通过调查来的情况和材料，进行认真深入的辩证分析，掌握真实、全面的情况，这是出好"主意"的基础和前提。

党的十八大以来，以习近平同志为核心的党中央高度重视调查研究工作。2012 年 12 月 4 日，中共中央召开政治局会议，审议通过了中央政治局关于改进工作作风、密切联系群众的八项规定。规定的第一条要求，就是领导干部必须搞好调查研究。

我们从事的领导工作，常常是复杂而有难度的，有时一个小环节出了问题，会"牵一发而动全身"。我们每做出的一项决定，尤其是重要决策，不像在马路上开车，一不小心走错路，可以绕小巷子回来重走，而像在高速公路上开车，一走错路就很难回头，即使能够回头，也早已落在后面了，因而作为"谋事之基"——调查研究工作，显得举足轻重，必须把这个基础工作首先搞好。

随着改革开放向纵深推进，我们面临着复杂而激烈的竞争环境。一个单位要在市场竞争的惊涛骇浪中生存发展，首先离不开对复杂的经济现象进行系统的多层次的考察和分析，并从它们互相联系、互相影响中做综合的研究。特别是深化改革，有许多我们尚不熟悉的纷繁复杂的情况和突出的矛盾，有许多未被认识的必然王国。这首先需要我们深入实际做艰苦细致的调查研究，而决不能一味陶醉于往日的威风、往日的轰轰烈烈之中。只有深入实际做认真的调查研究，才可能具体地、精确地了解和把握各种客观情况和诸多方面的复杂现实，才可能做出正确的判断，做出符合客观实际的科学决策。要想达此境，只有知之愈明，才能行之愈笃；行之愈笃，才能知之益明。两者都取决于调查研究。

习近平同志早在中央党校 2011 年秋季学期第二批入学学员开学典礼上的讲话中就指出："调查研究的过程，是领导干部提高认识能力、判断能力和工作能力的过程。经常走出领导机关，深入实际、深入基层、深入群众，进行各种形式和类型的调查研究，非常有益于促进领导干部正确认识客观世界、改造主观世界、转变工作作风、增进同人民群众的感情，有益于深切了解群众的需求、愿望和创造精神、实践经验。"习近平同志提出领导干部在调研中应有"自选动作"，要"看一些没有准备的地方，搞一些不打招呼、不作安排的随机性调研……避免出现'被调研'现象，防止调查研究走过场"。

决策是否对头，直接关系到一个地区、一个单位能否生存和发展。一个正确决策，不是从天上掉下来的，不是闭门造车造出来的，只能从准确判断客观情况中来，准确判断客观情况则来自系统缜密的调查研究。在现实工作中，人们往往见到这样的情况：一些领导同志调查研究的时间和精力被挤掉了，或者只能把调查研究工作"委托"给下级、部属去做。这样势必在重要决策时出现盲目性，往往靠一孔之见，头脑一热便拍板，或采取"押宝"的方式，不成功便成仁。殊不知，这正是他们最大的失误！有的企业集团"其兴也勃，其亡也忽"，夭折在褓襁之中，最根本的原因是忽视调查研究，盲目决策。

法国十大富翁之一、"时装王国"的缔造者皮尔·卡丹精力过人，几乎事必躬亲，每天平均签 300 张支票，从中了解公司财务状况。他从不召集下级开会，而是亲自到各部门主管的办公室和他们直接对话。他交给部下许多权力，但要求能随时让他了解一切。卡丹的事业，从制作领带、衬衫、开办时装店到经营大宾馆，遍及全世界。如果把卡丹牌的领带连接起来，可以环绕地球一周。

美国的雷·克罗克在经营赫赫有名的麦当劳快餐公司期间，为了促使手下经理们像他那样经常下去调研和检查工作，而不是高高在上，他曾下令锯掉所有经理座椅的靠背。

日本松下公司为了研究新型冰箱，曾派出大量研究人员深入市场，收集到成千上万条相关信息，连家庭主妇每天开关冰箱的次数和时间都摸得一清二楚，因此，他们开发的新产品投放市场后，很受消费者欢迎。

作为领导工作固然有具体内容，一个领导者不可能不参加一些必要的会议，不可能不阅读、批示一些文件，但是，领导者的头一件工作、第一位的大事应该是亲力而为的调查研究。它决定了一个地区、一个单位、一个部门的领导工作效能，体现了领导决策的创造性。具有创造性的领导决策，才能带来生机与活力，才能推动事业的蓬勃发展。而具有创造性的领导决策正是来自调查研究。

李强总理 2023 年 3 月 13 日答中外记者问时说："我长期在地方工作，有一个很深的感受，坐在办公室碰到的都是问题，下去调研看到的全是办法，高手在民间。我们一定会推动各级干部多到基层去调查研究，问计于民，问需于民，向群众学习，拜群众为师，帮助基层解决更多的实际问题。"

可见，各项工作尽管头绪繁多，任务很重，但不能削弱调查研究的地位，不能挤掉调查研究的时间。忽视了调查研究，对于客观情况知之不多、若明若暗，无论怎样忙，也忙不到点子上，不仅事倍功半，还可能出现偏差和失误。由此可见，人之知行言之，闻见之知，不如心之所喻；心之所喻，不如身之所亲行矣！领导同志只有注重调查研究，掌握第一手资料，达到心之所喻，才能做出正确的决策，不断开拓出工作新路。

建设中国特色社会主义，是一项前无古人的开创性事业，需要培养和造就一支又一支崇尚实干、善于调查研究和敏于正确决策的领导干部队伍。我们前进在中国特色社会主义道路上，各种复杂的新情况需要我们去认识，许多重大的新问题需要我们去解决。我们一定要大兴调查研究之风，继承和发扬党的光荣传统，坚持深入基层，深入第一线，深入困难较多、矛盾尖锐的地方，开展系统的调查研究，以甘当小学生的精神，虚心向群众学习，了解真实情况，掌握工作主动权，提高工作科学化水平，努力做到决策成果的最优化。

各级领导干部应当克服工作的盲目性和随意性，勤于调研、乐于调研、善于调研，坚持做到不调研不决策、先调研后决策，研究新情况，解决新问题，总结新经验，以增强工作的原则性、系统性、预见性和创造性。有志于获得真知的领导者，一定要首先把调查研究作为一项必不可少的基本功，把调查研究作为头一件工作、第一位的大事，作为领导活动的起点，贯穿于领导活动的全过程，不断开拓工作新局面。

调查研究的哲学思考

> 只有自觉地运用马克思主义哲学的基本原理，坚持马克思主义哲学的理论原则和方法论原则，才可能透过表面现象认清纷纭复杂、瞬息万变的客观事物的内在本质及其规律，从中得出正确的结论，并用以指导实践。否则，即使是深入到实践中去，接触了一些实际，作了一些调查，掌握了大量资料，也会不得要领，抓不住事物的本质。

要想科学地把握调查研究的具体方法，首先需要把对调查研究的认识提高到哲学的高度。因为方法问题最终总要涉及它的哲学基础问题，涉及世界观、方法论的问题。

从本质上看，领导干部调查研究是一种自觉的认识活动，是有目的的、有计划、有组织地凭借各种调查工具、手段和方法，详细地占有各种资料，从而达到对有关情况全面了解和深刻理解的自觉的认识活动。

一般地说，一个有着发育健全的大脑的人，每时每刻都在观察世界，认识世界。但是，随便走走看看，不是严格意义上的调查研究。因为一般的观察，缺乏明确的目的和周密的计划，对于事物的认识零乱而不系统，肤浅而不深刻，破碎而不全面。这种随意的观察所得来的感觉，只能停留在认识的感性阶段，不能深刻全面地反映事物的本质，因此不足以指导我们进行的实践活动。只有带着明确的目的，依据周密的计划，依靠坚强有力的组织，有步骤地对某些现象进行自觉地观察分析，才可能认识事物的本质和规律，达到指导实践的目的。

调查研究作为一种自觉的认识活动和认识过程，需要有科学的世界观和方法论来指导，马克思主义哲学正是指导调查研究的有力武器。只有自觉地运用马克思主义哲学的基本原理，坚持马克思主义哲学的理论原则和方法论原则，才可能透过表面现象认清纷纭复杂、瞬息万变的客观事物的内在本质及其规律，从中得出正确的结论，并用以指导实践。否则，即使是深入到实践中去，接触了一些实际，作了一些调查，掌握了大量资料，也会不得要领，抓不住事物的本质。

汉朝荀悦著的《申鉴》中，讲述了一个有趣的故事：一位捕雀的人，张好一个大网，等候着远方飞来的雀鸟。从远方飞来了一群鸟，捕鸟人在林中张好了网，飞鸟一落，他把网一收，就捉住了许多鸟。

有一个过路人发现一只鸟只不过钻了一个网眼儿，剩下的许多网眼儿都空着，于是他心想："捕鸟何必用这么大的网呢？一只鸟钻一个网眼儿，剩下的许多网眼儿不就浪费了吗？"

这个过路人回家后，就用一根一根的短绳子结成一个一个的小圈圈，制成一个孔的"网"。于是兴高采烈地去捕鸟雀了。人们问他："这是做什么用的？"他理直气壮地回答："用'网'去捕鸟啊！"结果他连一只鸟也没捕到。

这个故事的含义令人品味。世间的各种事物和现象，都不是孤立存在的，而是一个相互依存、相互制约、相互联系的统一体。那位过路人看得不错，的确是一只雀鸟钻进了一个网孔，但这只是一种表面现象，是一种孤立的、简单的看问题的方法。网是有若干个网眼组成的整体，只有一个线圈圈不是网，没有网的功能。捕鸟时，只有网的所有网眼都张开，网眼与网眼之间相互连接和支撑，才能在一定空间里起到阻拦鸟的作用。雀鸟钻进了一个网孔以后被捉住了，这正是因为有其他许多网孔，不然，这一个网孔是一无所用的。

那个过路人由于不懂得事物之间有着相互联系和相互制约的关系，只孤立地看到钻进鸟的那个网眼儿的作用，而忽视了那个网眼儿同其他网眼儿之间的相互联系、相互依存和相互制约的关系。他不了解在调查研究中不仅要看到"树木"，还要看到"森林"，不仅要了解局部，还要了解全局，不仅要调查个别情况，还要调查一般情况；由于不了解全面情况，看问题狭隘、片面，将一孔之见视为真理，以致闹出笑话。

苏东坡诗云："横看成岭侧成峰，远近高低各不同。不识庐山真面目，只缘身在此山中。"同样的庐山，因为观察者的观察角度不同，就会产生各种不同的感觉，得到或者似"岭"或者似"峰"的不同印象。身在山中，反而认不清山的真正面目，这正是直观感觉的局限。其实，一个省、市或一个大型企业的"真面目"，远比一个庐山复杂得多，单凭直观感觉孤立地去观察问题，只能得到片面的认识，难以获得清晰的认识。只有站在哲学的高度，透过若干表面现象，掌握其内部联系、内在规律，考虑和照顾到各个方面，才能真正认清其"真面目"。所以，有没有哲学的头脑、哲学的眼光、哲学的修养，这是决定调查研究成败得失的基本因素。

在调查研究中坚持马克思主义哲学原则，就要坚持马克思主义的认识论。坚持马克思主义认识论，就必须始终坚持实事求是的原则。

实事求是，是马列主义、毛泽东思想、邓小平理论的精髓，是调查研究的生命线。调查研究是对客观世界的调查研究，不是虚无缥缈的想象。调查研究是在物质世界中进行的，不是在梦幻中遐想。调查研究工作的优劣，归根结底取决于是否坚持实事求是。

2011 年 11 月 16 日，习近平同志在中央党校秋季学期第二批入学学员开学典礼上的讲话中指出："重视调查研究，是我们党在革命、建设、改革各个历史时期做好领导工作的重要传家宝。马克思主义的辩证唯物主义、历史唯物主义世界观和方法论，党的实事求是的思想路线，党的从群众中来、到群众中去的根本工作路线，都要求我们的领导工作和领导干部必须始终坚持和不断加强调查研究。只有这样，才能真正做到一切从实际出发、理论联系实际、实事求是，真正保持党同人民群众的密切联系，也才能从根本上保证党的路线方针政策和各项决策的正确制定与贯彻执行，保证我们在工作中尽可能防止和减少失误，即使发生了失误也能迅速得到纠正而又继续胜利前进。"

正确地认识客观实际，并不是那么容易的。各种事物，都是脱离开我们的主观世界而独立的存在的。事物内部各个部分、要素、环节是相互联系的，每个事物都与周围其他事物相互联系着。因此，我们不能孤立地看问题。但是我们看一件事情，分析研究一个问题，往往会夹杂上我们主观的看法，这就很难避免有所偏倚，有所轻重，很难避免主观、片面性。因此，要想认识一件事情的真面目，必须排除思想中的主观成分，不能戴有色眼镜，不能以个人的爱憎好恶作为观察问题、分析问题和判断问题、处理问题的标准，而需要下许多"笨"功夫，客观地、多次地、艰苦、细致地调查研究，直到真正认清了客观事物"真面目"为止。

全面了解客观实际不容易，要想到找它发展变化的规律，则更加不容易。因为任何客观规律都是事物运动过程本身所固有的联系，是隐藏在事物现象之中的本质的联系，它是客观事物的内部联系，是对事物的存在和发展起主要的、决定性作用的联系，眼睛看不见，手也摸不到。要想认识它、找到它，往往要经过反复的考察、了解、观测、对证，才能逐渐认识到、找得到。有些事情，甚至要从多少次的错误和失败中，总结了经验，接受了教训，才能逐步地摸索到它的客观规律。如果企图经过简单肤浅的调查研究，就轻易地把一件事情认识得那样真切，把它的客观规律掌握到手，那是不可能的。认识客观实际，使自己的思想符合于客观实际，并且能够找到其发展变化的客观规律，最有效的办法就是进行深入、系统、周密的调查研究。

在调查研究中坚持实事求是，就要从调查对象本身的实际情况出发，从周密地收集、详细地占有材料入手，在作艰苦调查的基础上，通过分析研究，了解调查对象本身所固有的而不是主观臆造的规律性。这就需要防止事先主观地臆造出一个框框，设想出一些结论，然后根据这些框框和结论去找材料，说明自己的结论、适应自己制造的框框。这就要排除头脑发热，感情用事，先入为主，偏听偏信；避免利益相关，不顾事实，固执己见。

《吕氏春秋》中有一个寓言故事，大概内容是：宋康王闭上眼睛，不看客观实际，顽固地坚持"宋强齐弱"的偏见，一切以他的主观臆想为准则。当调查的结果与他的主观臆测不符时，他就大发淫威，接二连三地将说真话的侦察员处死。最后派出的侦察员明明说了假话，但符合他的主观愿望，他便深信不疑，高兴地予以赏赐。由于他的错误，宋国灭亡，他自己也被迫出逃。

这个故事告诉我们，不能用主观代替客观，以想象代替事实；只能使我们的思想适应实际情况，而绝对不能让实际情况适应自己的主观想象。自以为是、固执己见、一意孤行，其结果只能在实际生活中碰壁，甚至招来难以挽回的失败。

"君诗妙处吾能识，只在山程水驿中"。人的认识过程是一个不断实践—认识—再实践—再认识，循环往复，以至无穷的辩证发展过程。那么，调查研究作为认识客观事物的重要途径，就要作为一种"常规武器"经常拿在手中。

我们要不断地、经常地深入基层做调查，深入市场做调查，不断地跟上工作实践的发展进程。对于许多事物，还要有目的、有计划地进行长期的跟踪调查。因为有些事物的内在本质及其规律性，需要在较长的时间才能比较充分地显露出来。一切有志于获得真知的领导者，不仅要把调查研究作为一项必不可少的基本功，而且要始终坚持运用马克思主义哲学原理来指导自己的调查研究工作。

调查研究的发展演变

如果不是狭义地理解调查研究的概念，而是在整个人类社会历史发展的深远背景上去考察它，把它看成社会调查的一个重要方面，重要组成部分，那么，它的历史传统堪称源远流长。它的萌芽期，可以追溯到遥远的古代；它的形成期，与从 17 世纪到 19 世纪资本主义的上升时期相同步；而它的发展期，则是在 20 世纪。

作为萌芽状态的社会调查，早在五六千年以前就存在了。大约在公元前三千年前，埃及国王为筹建金字塔，就曾展开过人口与财产调查。此后，在古波斯、古希腊和古罗马都进行过类似的调查。在我国，传说公元前 21 世纪大禹治水划分天下九州时，一度进行过人口调查。夏朝时，我国已设有专管人口统计的官吏。到了战国时代，开始有了比较系统的调查统计。秦汉以后，历代统治者为了征兵和徭役的需要，一直没有停止过人口调查。

经过漫长的萌芽时期，具有科学意义的社会调查方法随着资本主义的发展而逐步形成。在资本主义制度确立之后，特别是工业革命的爆发和工业城市的繁荣，为了进一步适应资产阶级协调社会发展的需要，社会统计技术应运而生并被广泛应用于社会调查的各个方面。从 18 世纪到 19 世纪，在资本主义社会改良主义思潮的推动下，英、法、德等欧洲国家近代社会调查的先驱者曾就工人生活现状、工人家庭收支、工资和生活消费以及欧洲各国监狱状况等问题进行过三次著名的调查活动，使得近代意义上的社会调查方法逐渐形成。

19 世纪中期，马克思、恩格斯创立了科学共产主义理论，实现了社会科学上最伟大的变革，同时也实现了社会调查方法论上的革命。马克思、恩格斯毕生致力于对资本主义社会的科学考察，对资本主义社会的各种问题特别是对工人运动进行了大量的调查研究工作，在此基础上创立了马克思主义的科学理论，总结出社会调查的基本方法理论。马克思主义的哲学理论把社会调查和规律性研究紧密地结合起来，完成了理论和实践上的大综合。马克思主义创始人的社会调查方法的基本特点是，坚持革命性与科学性相结合，理论与实践相结合。马克思主义首创了社会调查研究的阶级分析方法，为人们认识迷离混沌的社会现象及其内在的规律提供了一条指导性线索。马克思主义确立了社会调查的群众路线和群众观点，为人们认识社会历史发展动力和寻找社会调查源泉指明了有效的途径。马克思主义创始人的实际调查活动，则为人们提供了科学的社会调查的光辉范例。

当资本主义进入帝国主义阶段以后，社会调查方法由于成功地运用了数学而使其科学性日益增强，从而成为社会科学的方法性科学。20世纪 20 年代至 30 年代，美国以梅奥为首的有关专家学者曾先后在位于芝加哥郊外西方电器公司所属的霍桑工厂就生产条件与生产效率的关系问题进行了长达 8 年的考察、调查和实验，取得了重要的研究成果，这就是著名的"霍桑实验"。这次考察不仅极其成功地在调查研究中运用了实验方法，而且开启了在一个具体企业进行长时期调查研究的先河。

第二次世界大战后，随着电子计算机的应用，社会统计分析的方法大为发展。由于数学和社会统计方法在调查研究中的成功运用，社会调查成为一门方法科学。

在我国，20世纪初产生了第一代年轻的社会学家如陶孟和、陈达等人。他们曾对我国社会分别做了细致的调查研究，对我国社会调查方法的创立和发展起了积极作用。20世纪二三十年代的社会调查主要集中在两个方面：一是城市下层人民生活状况的调查，二是农村调查。前者可以看成中国的企业调查的先导。关于这方面的调查包括：1930年，陶孟和先生用家庭记账法调查了48家手工业工人家庭及12家小学教员家庭的生活费，著有《清河镇社会调查》一书和《北京生活费》一书。此后，有关工人生活状况的调查中较著名的有：林颂河的《塘沽工人调查》、史国衡的《昆厂劳工》等。

新中国成立60多年来，我国的各项事业突飞猛进，工人阶级队伍迅速发展壮大，有关企业及其职工状况的调查活动不仅目的性、计划性增强，而且科学化程度也越来越高。如20世纪60年代初期，中共中央制定了"工业七十条"，其中不少内容，就是在中央一些领导同志的指导下，通过对北京第一机床厂进行为期半年多的调查研究后提出来的。近年来，随着我国社会调查方法手段的现代化、科学化进程日益加快，调查的质量日益提高，调查研究在我国社会主义现代化建设中的作用也越来越大。

革命导师的调查研究理论和实践

> 革命导师马克思、恩格斯、列宁以及毛泽东同志，他们从无产阶级革命事业的需要出发，历来极为重视社会调查。他们不仅是科学的社会调查理论的奠基人，而且是实际的调查研究活动的倡导者和参加者。他们有关调查研究的具体论述和实践，为科学的调查研究活动提供了方法论的指导和可资效法的光辉范例。

马克思在创立科学共产主义理论的过程中，严格坚持每研究一个问题，首先大量收集和充分掌握有关资料，在此基础上作出一般性结论。《资本论》中采用的材料，许多都是引自英国调查委员会和工厂视察员写的调查报告。在伦敦期间，为了查阅和研究这些资料，马克思长年累月地在大英博物馆阅览室的固定座位上勤奋钻读。仅仅为了写出《资本论》第一卷工厂法一节中的 24 页文字，马克思就研究了有关图书资料达千种之多。他还开创了"国际通信社会调查"的先例，用通信的方式收集各种资料。为了写作《资本论》第三卷中的地租问题，仅他的俄国朋友丹尼尔逊寄给他的有关农业统计的报刊资料就有两个立方米之多。

　　马克思特别注重实地考察，积极投身工人运动的伟大实践。为了深入了解资本主义社会，他经常有目的、有计划地到工厂、农村去，与工人、农民、商人、律师、店员等各阶级、各阶层的人物详细交谈。1843年，马克思从德国奔赴当时欧洲革命运动的中心——巴黎，不顾反动警察的跟踪盯梢，一次又一次地到工人住宅区进行社会调查，和工人们亲切交谈，经常参加工人们的各种集会，同许多国家的工人组织建立了密切的联系。1866年，他亲自编制了包括11个项目的调查大纲，向工人阶级做调查。1880年，即马克思逝世前3年，马克思应法国社会党人主办的《社会主义评论》杂志之约，拟制出一份《工人调查表》，包括近百个问题，涉及工人生活的各个细节，非常详细周密，调查的根本目的就是要揭露资产阶级榨取工人阶级创造的剩余价值的秘密。马克思的许多光辉著作，都是在工人运动的实践中，通过调查研究、总结概括后才上升为系统的革命理论的。

　　马克思和恩格斯由于各自所处的实际情况不同，风格也不尽相同，调查方法各有侧重。马克思侧重于文献法，恩格斯则侧重于观察法。恩格斯青年时代就关心社会问题，注意观察家乡资产阶级和劳动人民的生活，18岁时曾撰写过他通过观察取得的成果《乌培河谷的来信》。此后他一生作了大量调查研究工作，其中较大规模的调查活动有三次。一次是在英国曼彻斯特进行的为期21个月的英国现状，特别是英国工人阶级状况的调查，写出《英国状况》和《英国工人阶级状况》，对于马克思主义理论的创立起了重要作用；第二次是1850年11月到1871年，恩格斯系统调查了当时发生的各种战争，写出了大量军事著作，为马克思主义的军事科学和军事辩证法奠定了基础；第三次是1873年5月到1883年3月，他调查研究了自然科学中的哲学问题，写出了《自然辩证法》手稿和论战性的哲学著作《反杜林论》。

　　马克思和恩格斯的社会调查活动，使他们深切地了解到工人阶级饥寒交迫的悲惨生活及其具有的改造旧世界、创立新社会的伟大力量，使他们的理论研究与工人阶级的斗争生活和现实命运紧密地结合起来。正如毛泽东同志所说过的那样："马克思、恩格斯努力终生，作了许多调查研究工作，才完成了科学的共产主义。"① 可见，马克思和恩格斯对于人类的伟大贡献，正是借助调查研究才得以完成的。事实上，马克思、恩格斯借助调查研究不仅完成了哲学、社会科学史上最伟大的变革，而且也实现了调查研究方法上的革命。

列宁、毛泽东等继承了马克思、恩格斯的伟大事业，也继承了他们坚持理论与实践相统一、注重调查研究的科学态度和革命精神。在列宁看来，调查研究是马克思主义一条根本的思想方法和工作方法，"如果认真地、经常地、深入细致地执行它，其意义是十分重大的。"俄国十月革命胜利后，百废待兴。列宁向全党提出：当前的"首要任务之一是组织一系列的社会调查"。1920 年 12 月，列宁召集出席全俄苏维埃第八次代表大会的非党农民代表座谈，倾听农民的发言，并详细做记录。然后，他把自己的记录送给中央委员们和人民委员们，让他们对农民的意见和要求有所了解。1922 年 4 月 12 日，党的负责人奥辛斯基通过调查研究，在《真理报》上发表了《地方经验的新材料》一文。列宁当天看到这篇文章后，立即给他写信，表示"非常欢迎"，认为这是一次"创举"，并衷心希望他"朝着这个方向更长远、更广泛、更深入地继续做下去"。重视调查研究，是中国共产党人的优良传统，也是我们革命和建设事业取得成功的有力保证。毛泽东作为党的卓越领袖，堪称一位精于社会调查的大师。早在第一次国内革命战争初期，为了回答党内外对于农民革命斗争的非难，毛泽东于 1927 年初，考察了湖南湘潭、湘乡、衡山等五县，写出《湖南农民运动考察报告》。到了 20 世纪 30 年

---

① 《毛泽东农村调查文集》，人民出版社，1982 年版，第 21 页。

代，毛泽东所作的社会调查就更多了。他一方面领导红军在极为艰难的条件下转战南北，另一方面在战斗间隙进行大量的社会调查。其中著名的有《寻乌调查》（1930年）、《兴国调查》（1930年）、《木口村调查》（1930年）、《才溪乡调查》（1933年）等。这些调查坚持用马克思主义原理分析材料，探讨中国革命的实践问题，特别是中国革命的土地问题，指出了革命根据地的建设方向和发展前途，同当时那些"把马克思主义教条化和把外国经验神圣化的幼稚病患者"形成鲜明对照。

新中国成立后，毛泽东经常深入工厂、农村、机关、部队和学校进行调查。在毛泽东同志倡导下，党的重视调查研究的光荣传统得到发扬。如1956年，毛泽东和刘少奇为了探讨在中国进行社会主义建设的经验，为全面开展社会主义建设作好准备，共用半年时间同主管工业、农业等34个部门的领导和专家座谈访问，全面了解各方面情况。毛泽东后来发表的著名报告《论十大关系》，就是这次调查研究的产物。1960年冬，毛泽东重新提出"大兴调查研究之风"，一些中央领导同志又进行了一系列大规模的社会调查，对纠正"大跃进"中盲目冒进的错误和调整党的方针政策起了重要作用。

毛泽东不仅注重实际调查，而且重视调查理论的建设和调查方法的探索。1930年5月，毛泽东在《反对本本主义》一文中，科学地论述了调查研究的基本观点、调查研究与中国革命的关系、调查研究的目的和技术等问题，形成了一套关于调查研究的系统理论和完整思想。文中提出的"没有调查，就没有发言权"，"调查就像'十月怀胎'，解决问题就像'一朝分娩'，调查就是解决问题"等重要观点，有力地武装了共产党人的思想，对于推动中国的革命和建设，产生了不可估量的影响。抗日战争时期，毛泽东在《〈农村调查〉的序言和跋》《改造我们的学习》等重要著作中，进一步对有关调查研究的指导思想和调查方法问题做了系统的总结。

毛泽东在调查方法上也有许多创造，如典型调查、"解剖麻雀"、开调查会，等等。他还把这些方法与访谈法、观察法、调查表格等加以综合运用，使他的调查方法具有独到之处。历史表明，毛泽东思想的形成和发展，是同以毛泽东为首的中国共产党人紧密联系中国实际、坚持不懈地调查研究中国社会的优良传统密切相关的。

中国共产党人历来注重调查研究，党的几代领导人始终把调查研究作为推进工作不可或缺的重要方式。毛泽东、周恩来、刘少奇、邓小平等老一辈革命家，都十分重视调查研究，发表了许多重要论述，并深入基层亲自做社会调查。他们调查研究的理论和实践，对于指导党和人民的事业沿着正确的道路发展，起到了极为关键的作用。

调查研究与市场经济

在市场经济条件下，企业成为独立的经济实体，自主经营、自负盈亏，享有充分的自主权，这就加重了企业的责任，使得企业责无旁贷地承担起自主决策的职能。而自主决策要想做到科学，就必须通过深入的调查研究，掌握精确的客观事实。

建立和发展社会主义市场经济，给企业带来新的发展机遇，也使企业面临着严峻考验。较之于计划经济体制，市场经济体制下的企业独立性很强，需要有很强的市场取向，需要企业不断地在瞬息万变的市场经济大海中明辨方向，把握时机，机智灵活地采取各种对策。在这种情况下，搞好调查研究，了解客观实际，从宏观市场和企业自身的具体情况出发搞好企业，是决定企业生存命运的重要问题。

在计划经济体制下，企业是政府的附属物，企业的独立性十分有限，没有更多的责任，决策的职能受到很大限制，其主动性、自主性也就难以充分发挥。在这种情况下，调查研究在企业管理中的重要地位体现得还不十分突出。而在市场经济条件下，企业成为独立的经济实体，自主经营、自负盈亏，享有充分的自主权，这就加重了企业的责任，使得企业责无旁贷地承担起自主决策的职能。而自主决策要想做到科学，就必须通过深入的调查研究，掌握精确的客观事实。在市场经济条件下，企业面临的内部情况和外部环境十分复杂，且处于不断变化之中，这就为调查研究增加了较大的难度，提供了广阔的舞台。通过调查研究，深入了解实际，以为科学决策提供依据，也就显得格外重要。

众所周知，那种"鸡犬之声相闻、老死不相往来"的自给自足的自然经济时代已经过去，而那种"一只绵羊等于两把斧头"的简单商品交换也早已"俱往矣"。发展市场经济尤为需要信息，谁拥有信息资源，谁就能赢得市场，把握工作的主动权。信息不灵，企业就如同盲人骑瞎马，只能在市场经济中盲目乱闯。信息对企业如此重要，它是如何得来的呢？正是通过调查研究获得的。

据小鸭集团销售公司总经理周平说，小鸭集团至今，已成为中国较大的滚筒洗衣机生产基地。他们取得成功的重要原因，在于不断地进行市场调查、市场分析——把收集、处理从市场反馈回来的信息当作一件大事来抓，并不定期地向消费者散发各种调查表，征询用户意见，了解用户需求。这些来自市场的"声音"总是迅速反映在新产品设计上……

生产"三威"牌洗衣粉的沈阳油脂化学厂，一度处于半停产状态。该厂与沈阳万众股份有限公司合资后，首先通过市场调查，掌握了大量信息，为确立品牌定位、价格策略、产品策略、分销策略提供了市场依据，打响了民族品牌第一枪。

加拿大的戴马雷看到鲍尔电车公司濒临倒闭的信息后，经过多方面调查分析，认定加拿大的电车业还有一定的发展潜力，鲍尔公司负债累累皆因内部经营管理不善。于是他购得该公司的 25％股份，承担起运营这家岌岌可危的小公司的责任，第二年便扭亏为盈。后来，逐步成为该国最大的控股公司之一。据鲍尔公司反映，戴马雷的 80% 时间用于调查研究和看报读书，他每天的工作不是到市场去逛，就是到公司下属的企业去观察听汇报，从中了解到大量的信息，使自己能"知己知彼"，审时度势，及时作出准确的决策。

许多国家的企业巨头都高度重视建设自己的信息网。重庆钢铁集团有限责任公司信息中心通过计算机联网，每天接收上百条国内外重要经济信息，输送给企业高管传阅。他们还对市场商情，包括对钢铁市场供求情况经常进行分析预测，经常对所属单位信息进行筛选，编发《重钢信息》，向领导反馈。三井商社是日本颇有名气的大企业，无时不注意千方百计搜猎经营中的情报信息：从东京连接着世界 87 个国家和地区的 149 个海外分支机构，全部用专线电传；依靠东京、纽约、伦敦、悉尼和巴黎 5 个电脑控制中心，分别管辖亚洲、美洲、欧洲、大洋洲和中东地区。这 5 个中心之间用通信卫星连接，所有通信线路总长度达 44 万公里，可绕地球 11 圈。这个网络昼夜 24 小时不停地运转，信息通信滚滚而来，每天达 5 万件以上，就如源源不断的美元，流向该商社的钱柜。[①]

事实证明，一个企业的经营成效，还受到职工的情绪、心理、价值取向、企业向心力、凝聚力等各种因素的制约和影响。因此，企业的调查研究活动，还应该把那些对企业经营活动密切相关的非经济因素列入调查研究日程。

我们正处于一个重要的历史关头，面对着严峻挑战，更面临着大好机遇。江泽民说："谋事在人，成事也在人。可以这样说，坚持做好调查研究这篇文章，是我们谋事之基，成事之道。"让我们大兴调查研究之风，加强调查研究工作，及时抓住机遇，不断提高决策水平，作出出色业绩。

---

① 余仁编著：《经商良策》，广东旅游出版社，1993 年版，第 4 页。

调查研究与系统科学

正确地认识问题和处理问题，就必须认识和掌握事物普遍联系和相互制约的规律，如果把事物的各个方面看成是互不联系、互不相关、彼此孤立存在的东西，就会犯表面性和片面性的毛病，甚至会导致决策的失误。

新兴的系统科学的形成和发展，为人类认识客观事物拓宽了视野，提供了新的方法武器，它对于领导干部调查研究活动及其方法的影响也是十分深刻的。

系统科学是包括系统论以及与系统有关的学科群，即信息论、控制论、网络理论、管理理论等多门学科的理论和方法。所谓系统论是以系统作为研究对象的学科，它研究自然、社会、人类思维领域以及其他多种系统、系统原理、系统联系和系统发展，从整体出发来研究系统整体和组成系统整体要素的相关关系，从本质上说明其结构、功能、行为和动态，以把握系统整体，达到最优的目标。

系统论的基本思想是把研究和处理的对象当作一个整体系统来对待。就是说，研究整体时要注意与部分之间的关系，在研究部分时要从整体联系中研究各组成部分之间关系。

在系统论看来，宇宙间的一切事物都是自成系统的。一个工厂、一个行业可以看成是一个系统，一个家庭乃至单个人，都可以看成是一个系统。这些系统都是由若干相互联系、相互作用的要素所组成的具有特定功能的有机整体。例如，一个企业就有许多构成要素，职工人员要素、机械设备要素、技术工艺要素乃至人工环境要素、群体心理要素等。根据系统论的理论和方法，我们在进行调查的时候，一定要有系统整体眼光；在调查全面情况的时候，要考虑到各个系统要素及其相互关系，还要考虑到系统各种要素与整体之间的相关关系。在调查某一方面问题时，要考虑到全面情况，考虑到整体情况与某一方面情况之间的相关关系，还要考虑到某一方面的问题与其他各方面问题的相关关系。

系统论的思想，对于调查研究的各个实施阶段都具有重要的方法论意义。在调查选题以及调研准备阶段，要通盘考虑调查对象的整体状况，包括调查对象本身的系统整体状况以及系统的背景情况；在调查实施阶段，即具体收集各种情况时，要充分考虑到各种情况之间的联系；在分析研究阶段，要用系统要素的观点，分析研究各要素之间的相互关系，在各要素的相互关联中认识系统的整体功能。

根据系统论的观点，任何系统都具有层次性。一个大的系统中包含有一系列小系统，一个小系统又包含有许多更小的系统。大系统是小系统的母系统，小系统则是大系统的子系统，大、小系统形成无限多的层次。系统内部由各子系统即系统的要素构成，系统的外部世界，包括它的相邻系统则构成系统的环境。系统整体与各要素之间，系统整体与系统环境之间都是互相联系、互相作用的。

系统的整体性是系统的核心。任何系统都不是各个部分（要素、子系统）的简单相加或机械拼凑，而是有机结合，因而具有特定的整体性功能。这一思想对于调查研究工作具有重要的方法论意义，就要求我们对调查对象要注重全面的整体分析、综合分析，防止以偏概全。例如，对于一些西方经济发达国家的生活水平，不仅要看到人均水平，而且要看到大量社会财富集中在少数人手里这一重要事实。在我们国家进行调查研究也一样。例如，要调查一个企业的职工收入状况，不仅要看到人均收入，还要看到职工收入的集中趋势，哪一个区间人数比较集中，可能是两头大中间小，也可能相反，两头小中间大。进行整体分析、综合分析，就可能较为全面地认识事物的本来面目，否则就可能发生偏误。整体分析、综合分析，不但能排除个别材料所造成的假象，而且也可以从大量的各种调查材料中找到解决问题的对策性思路。列宁曾经精辟地指出："如果不是从全部总和、不是从联系中去掌握事实，而是片断的和随便挑出来的，那么事实就只能是一种儿戏，或者连儿戏也不如。"①

系统论、信息论、控制论等系统学科重视信息方法和定量分析。信息方法与传统方法不同，它不是着眼于物质和能量，而是着眼于信息。它撇开物质与能量的具体形态而把任何通讯和控制系统看成是一个信息的传输和加工处理的系统，认为由于内部存在信息流才使系统维持正常的有目的的运动，在任何实践活动中，信息流都起着支配的作用。在解决实际问题时，信息方法总是把物质和能量转换为信息的形式之后再加以处理。

当今时代被称为信息的时代。在这个时代，信息处理问题日益尖锐地显现出来，成了社会发展的主要矛盾。信息在社会物质生产和人类生活中显示了越来越大的作用，出现了诸如"情报爆炸"、通信、图像信息的自动处理和识别，以及对各种复杂系统的控制问题等。这些都说明随着人类活动领域的日益扩大和研究问题的深入，信息的作用也越来越显著，以往那些原来只依靠人的智力进行信息处理的工作方式已不能适

---

① 《列宁全集》第 23 卷，人民出版社，1958 年版，第 279 页。

应，于是，自然赋予人的智力的局限性暴露出来了，突破人脑的局限性已成为刻不容缓的任务。正是在这种情况下，人脑的延伸物——电子计算机得以发明并迅速推广。系统科学打破了传统方法的局限，不再把人看成是思维的唯一主体，不再把人脑看成是信息加工的唯一器官，它提供了人作为思维主体利用电脑组成人机系统最佳处理问题的方法。这种人机系统方式大大加强了认识主体——人的思维能动性。

系统科学的方法亦即系统方法对于调查研究活动的现代化、科学化，具有重要意义。它广泛地适用于调研工作的各个阶段和各个环节，贯穿于调查研究的全过程。许多传统的调研方法，正在受到或将要受到系统方法的洗礼，从而日趋现代化和科学化，因此将会面目一新，工效倍增。在调研活动中，系统方法是哲学方法和其他科学研究方法之间的中介环节，是唯物辩证法的具体化和实际应用，它与数学方法以及其他的各种科学方法紧密配合，互相渗透，相辅相成，它在促进调查研究方法论知识的整体化，在促进调研方法的更新与现代化、科学化等方面，将要发挥越来越大的作用。

调查研究的基本类型

调查研究的类型很多，一般的社会调查类型划分，原则上适用于各单位的调查。

一、根据对调查对象和调查内容的了解与研究程度分类

（一）**探索性调查**。探索性调查通常是在对调查对象和调查内容不够熟悉、不大了解的情况下进行的，目的是为了对调查对象和调查内容有一个初步了解，以便完善调查方案，确定调查的方法步骤，为进行正式调查作好准备。探索性调查的内容和方法一般包括阅读有关文献资料，征询请教有关行家，初访有关对象。

（二）**描述性调查**。其目的是如实地反映客观情况。古人刘向在《说苑·攻理》篇中说过这样的话："耳闻之不如目见之，目见之不如足践之，足践之不如手办之。"这就是说，通过实际调查，获取有关资料，对实际情况加以客观地描述反映，作为解决问题和进行决策的客观依据。

（三）**解释性调查**。其目的在于了解和掌握客观事物的因果性联系、调查对象的实际状况及成因，这是一种难

度较大、要求较高的调查类型。朱熹在《朱子文集》中说过："行之力，则知愈进；知之深，则行愈达。"言外之意说：对客观事物只有先去探索它、了解它之后，才能去办理，了解得越深，办理就越顺达。

二、依据调查的基本性质分类

（一）**实际调查**。其直接目的在于解决实际问题，指导实际工作。这种调查所形成的调查报告，或作为制定决策之依据，或用于宣传教育和制造舆论。

（二）**科学调查**。其直接目的是为了建立科学理论，形成某种理论观点。实际调查贵在实用，科学调查贵在精深。后者较之前者有着更加严格的调查程序，不仅要有探索性调查，而且要建立理论假设，形成理论构架，然后做进一步调查、测量，验证理论假设，对正确的理论加以确认，对错误的理论加以修正。

三、依据调查的规模分类

（一）**宏观调查**。它是一种涉及较大范围、较长时期和众多调查对象的调查类型，关系到全局。在方法上大都采用问卷，利用各种计算工具对大量的统计资料进行数据分析。

（二）**微观调查**。往往是根据调查课题选择有代表性的单位或个人，进行具体的观察，深入的了解和细致的访问、交谈。这种调查搜集的资料一般比较具体、全面。

四、依据调查的组织实施途径和资料搜集渠道分类

（一）**直接调查**。包括：由调查者亲自调查；调查者委托他人进行调查；通过邮寄表格和问卷请被调查者填写后寄回的通讯调查；通过汇集统计核算结果和统计报表进行统计分析的调查。

（二）间接调查。即通过购买、借用、抄录来获得他人掌握的现成资料的方法。

五、依据调查对象的分布状况和确定方式的不同分类

（一）普遍调查。涉及范围广、工作量大、时间性强，耗费的人力物力财力多。这类调查形式主要有两种：一种是专门组织调查对象对有关调查内容进行登记，如新中国成立以后全国进行的四次人口普查；另一种是汇集逐级上报的统计核算结果和统计报表，在此基础上进行统计分析，如基本建设项目普查和科技工作普查。

（二）抽样调查。就是从调查对象的总体上，按照一定的比例、规则和科学方法，选择抽取其中的部分对象实施调查。抽样调查与普遍调查相比，后者是全面调查，而前者是对一部分调查对象进行调查，用以代表调查对象的全部。如人口抽样调查，是按照概率原则，按照 2% 的比例，实施统计调查，经过推算反映出全部人口情况。又如对市场抽样调查有如下优点：有助于克服生产和经营的盲目性，更好地把握市场经济发展规律；有助于搞好经济调节，使之产销合理，供求平衡；有助于新产品的发展，开辟更新的市场；有助于改善管理，增强竞争力。

（三）重点调查。重点调查不是根据统计概率，而是根据调查对象在数量和规模上占优势的单位进行系统周密的调查，从而掌握整个调查对象的基本情况。例如，要调查了解全国钢铁工业情况，可以选择其中一个或几个大型钢铁公司调查，就能基本上了解全国钢铁企业的情况。

（四）典型调查。这种调查与重点调查有相似之处，即都要选择有代表性的调查对象进行调查。但重点调查的代表性体现在调查对象的数量和规模在全部调查对象中的比重占有优势，而典型调查的代表性主要体现在调查对象的性质、特点和发展趋势在同类对象中具有代表性。也就是说，典型调查对象的代表性主要不是根据数量和规模上的比重来判

定，而是根据它本身的性质来判定。以钢铁企业调查为例，如果调查企业管理优化组合的情况，就需要在初步了解和分析钢铁企业优化组合基本情况的基础上，选择其中在实行优化组合方面发展最为充分，因而最突出、最集中地反映出钢铁企业优化组合的特点、本质和发展趋势的钢铁企业，那么，这样的典型单位就不一定是一些大型钢铁企业，如果这些大型企业根本没有实行优化组合，那么它在这方面就没有代表性，就不能充当典型，就不具有代表性。典型调查方法是毛泽东同志所倡导的"解剖麻雀"的方法。这种方法的科学性，就在于它体现了辩证唯物主义哲学关于事物的共性寓于个性之中，个性与共性既矛盾又统一的原理。一个麻雀当然不是天下所有的麻雀，但解剖其中的一个，了解了它的生理构造，天下所有麻雀的生理构造也就基本上掌握了。

（五）**个案调查**。就是对单个调查对象进行的调查，调查对象通常是一个单位，也可以是一个具体的人。这种调查的最大特点是细致周密，往往采取实地观察和实际参与的方法，与调查对象直接接触，对与调查对象有关的各种因素、现象、特征、环境条件和发展过程做深入、细致、系统周密的观察、访问、体验，详细地了解它的历史、现状和发展趋势，以求获得对调查对象全面、完整的了解。一些司法案件的调查，一些个别事件、灾害、事故的调查，即属于个案调查。个案调查虽然与典型调查有相似之处，如两者从研究方法的角度看都属于定性研究，典型调查的对象往往也是个别单位或个人，但两者的区别也是严格的：典型调查的对象务必是典型，具有代表性；个案调查不必具有代表性，不必具有典型意义。

调查研究的基本原则

根据马克思主义哲学及其认识论的基本原理，领导干部调查研究必须遵循以下一些基本的原则性要求。

一、客观性原则

调查研究必须真实地反映客观情况，坚持实事求是，这是调查研究必须遵循的基本原则。调查研究的性质和目的就在于正确地认识客观实际，如果调查研究的结果不能真实地反映客观实际，那么这种调查研究不仅徒劳无益，而且会造成危害。在虚假的调查材料基础上必然作出错误判断，得出错误结论，如据以制定政策，指导实际工作，必然遭到挫折和失败。所以，在调查研究的全过程中，从确定调查选题、组织调查实施一直到对调查材料进行分析研究，最后形成调查报告，都必须坚持客观性的原则，唯实求真，来不得半点虚假。

二、科学性原则

科学性的要求最根本的就是要在真实性的基础上做到精细准确，尽量避免可能出现的误差。例如，通过一般调查，得出某某单位职工"大多数生产积极性很高"这样一个结论，这个结论也许是真实的，但它过于笼统，很不精确。"大多数"究竟是多少？60％是大多数，90％也是大多数，数量粗而不细，难以给人一个准确的概念。这样的调查结论虽然不能说它不真实，但也不能说明它很准确。这就不符合科学性的原则。科学性的原则，就是要求我们的调查做到"心中有数"，不只是掌握事物的性质，而且要掌握事物的数量关系。凡是涉及数量关系，务求了解得精细，计算得准确，不允许有半点马虎。古人讲要深入到细枝末节中去，才能达到准确，"披五岳之图，以为知山，不如樵夫之一足；谈沧溟之广，以为知海，不如估客之一瞥；疏八珍之谱，以为知味，不如庖丁之一啜"（魏源《默觚上·学篇二》）。由此可见，调查研究的科学性原则，在于深入到细枝末节之中。

要使调查研究达到科学性、准确性的要求，须高度重视在调查研究中运用数学方法，对调查对象进行定量的分析研究。马克思曾经指出，一种科学，只有在成功地运用数学时，才算达到真正完善的地步。马克思在研究资本主义经济规律时就很重视数学方法的运用，《资本论》中就有许多反映经济关系的数学公式。毛泽东在进行调查研究时，也非常重视数学分析和统计方法的运用。尽管受到统计技术的限制，毛泽东在革命战争时期的许多重要调查研究活动还无法充分运用数学和统计方法，但他对数量关系的分析是极为重视的。他曾强调："对情况和问题一定要注意到它们的数量方面，要有基本的数量的分析。任何质量都表现为一定的数量，没有数量也就没有质量。我们有许多同志至今不懂得注意事物的数量方面，不懂得注意基本的统计、主要的百分比，不懂得注意决定事物质量的数量界限，一切都是胸中无'数'，结果就不能不犯错误。"[1] 如今，随着科学技术的发展，新的数学工具和统计方法为

---

① 《毛泽东选集》第4卷，人民出版社，1991年版，第1442页。

我们提供了十分优越的条件，要对它们加以掌握并在调查研究中自觉加以运用。

三、整体性原则

整体性原则也就是综合性、系统性的原则。任何事物都是在与其他事物的普遍联系中存在的。一事物不仅在外部与其他事物存在着多种多样的联系，而且在事物内部也有各种因素之间的复杂关系和联系。因此，调查研究必须有整体性的眼光、综合性的思路，既要看到事物的外部联系，又要看到事物的内部联系，不能固守于一个方向、一个角度、一种因素、一种模式。调查一个企业，既要了解企业内部的各个方面、各种因素及其相互之间的联系，还要了解该企业与外部的各种联系，包括这一企业与市场的联系，与同类和不同类的各种企业之间的联系，与政府有关部门的联系等。即使是调查某一企业中的某一个问题，甚至是某一个具体的个人，也必须从这一个问题、这一个人同企业中各个方面乃至整个社会各个方面的复杂关系和多样的联系中进行综合考察，只有这样，才可能获得对于调查对象的全面认识。

这种综合性、整体性的原则，从思维方法的角度看，就是一种"多维度"或"多向度"的思维方法，它与"单维度""单向度"的思维方法是对立的。后者固守一隅，只从一个方面、一个角度、一种因素、一种模式上观察问题，这就难以避免认识上的表面性和片面性。

四、动态性原则

在调查研究中坚持动态性原则，也就是用发展的眼光、历史的眼光去观察了解调查对象。任何客观事物都是一个运动、变化和发展的过程，客观事物这种动态的性质要求我们用动态的而不是凝固静止的眼光去观察和认识它。调查研究要有动态的眼光才能跟上时代步伐。通常所说的纵向分析，是指从历史发展的角度对社会现象的变化过程进行动态分析。横向分析是指对同一时间内各个方面的现象进行共时性的比较分析。横向分析实际是一种静态分析，在统计指标中有一种指标叫作时点指标，如性别、年龄构成等，根据这种指标统计的资料反映的是某一特定时点的情况，具有静态的性质。动态性调查、动态性资料和动态性分析与静态性调查、静态性资料及静态性分析的界限是相对的，两者之间相互依存并互相转化。静态性调查连续不断地进行，即会变成动态性的追踪调查，把静态性资料连贯起来并联系在一起进行分析，静态资料也就具有了动态的性质，把不同时间的静态资料联系在一起进行分析，静态分析也就变成了动态分析。反之，一个时期的动态资料，相对于更大的时间跨度，又具有了静态的性质。所以，在整个调查研究过程中，要把动态调查与静态调查、纵向分析与横向分析很好地结合起来。

调查研究的方法理论

从理论上讲，调查研究的方法问题是一个很大的系统，具有很多不同的层次。最高层次的是方法问题的基础理论，其次是一般的方法理论，最低层次的是具体的可供直接操作的具体方法和技术、技巧。

最高层次的方法理论是哲学理论。哲学理论是一切具体科学、具体理论的基础，因而也是调查研究方法理论的基础理论。任何哲学理论都具有方法论的意义。马克思主义哲学即辩证唯物主义和历史唯物主义，既是科学的世界观，也是科学的方法论。马克思主义哲学揭示了整个世界存在、发展的一般规律，因而对我们认识和研究一切问题，对我们进行的一切实践活动都具有指导意义。我们进行调查研究活动，必须掌握和精通马克思主义哲学的基础理论，加强马克思主义哲学的理论修养，只有这样，才可能掌握和运用调查研究的科学方法。

与调查方法有关的各种专门理论是调查研究方法理论的中间层次，也就是调查研究方法的一般理论。这些理论对调查研究的实践活动具有直接的指导意义。调查研究的一般原理、基本原则、技术性理论，以及有关的数学理论（如概率理论）、社会统计学的理论等，都属于调查研究的方法理论。比如有关调查研究的一般程序、一般规则、基本要求，实行抽样调查的概率原则，进行数量分析的数学理论和统计学理论等，都是在调查研究过程中要直接加以运用的。此外，与调查对象、调查内容有关的专业理论，对于调查研究也具有方法论的意义，适当了解和掌握有关的理论知识，有助于实施调查，有益于提高调查质量。

在调查研究方法的一般理论中，需要引起高度重视的是系统科学理论。所谓系统科学理论，是信息论、系统论、控制论、协同论、耗散结构的理论等现代科学理论的统称。系统科学具体地揭示了客观世界的一般存在方式和一般发展规律，包含着一种崭新的科学方法论。系统方法所包含的整体性原则、综合性原则、相关性原则、有序性原则、动态性原则、协调性原则、最优化原则和定量化原则等，都是调查研究中需要遵循和坚持的基本原则。系统科学理论对于认识客观世界、认识人类社会的指导意义和对于调查研究的方法论意义越来越充分地显示出来。

调查研究的具体方法和技术包括实际调查方法技术和分析研究方法这两个方面。实际调查方法也就是搜集资料的方法，又可分为实地调查方法和文献方法两种。实地调查的具体方法主要有访问法、座谈法、观察法、参与法、问卷法、测量法、统计法、实验法等。实地调查是一种直接调查，上述方法都是用于收集第一手资料的专门技术和具体方法。

所谓文献法，就是根据一定的目的和课题，通过查阅有关文献获取有关资料的一种方法。相对于直接调查的各种具体方法，文献法具有间接性，采取这种方法收集的是第二手资料，具有静态性和历史继承性，适用于探索性研究、历史和现实的比较研究，以及专门的历史课题研究。

文献的类别很多，除了文字文献以外，还有数字文献和音像文献。

文字文献包括书籍、报刊、档案、记录、简报、史志、日记、笔记等。数字文献包括统计年鉴、统计报表和各种数据表格等用数记录的历史资料。音像文献即声音和图像文献。声音文献就是用录音记载的有关资料。图像文献则是以电影、电视、图片、绘画、雕塑等作为载体的各种资料。文献调查的具体方法有索引法、考察法、访问法、卡片法、笔记法、复印法、摘录法、抄写法和专家咨询法等。

分析研究是整个调查研究活动中的另一个重要方面。分析研究是运用抽象思维和逻辑推理对通过调查收集的各种资料进行系统的处理，把感性认识提高到理性认识。分析研究的具体方法很多，其中常用的有分类法、比较法、因素分析法、统计分析法、内容分析法、因果分析法、矛盾分析法、系统分析法、数理模型法、社区分析法、历史分析法、预测研究法、假设研究法、逻辑研究法、功能分析法、语义分析法、投射技术法等。这些方法，有的适用于资料描述，有的适用于资料解释，有的适用于定性研究，有的适用于定量研究。它们之间是互相交叉的，在具体的分析研究中需要结合起来综合运用。但各种方法又有各自的特点，具有不同的作用，因而适用的范围也就互有差异。

调查研究的一般步骤

调查研究的步骤也就是调查研究的程序。认真掌握并自觉遵循调查研究的程序或步骤，有助于提高调查研究的效率，更好地达到调查研究的目的。

调查研究的种类不同，它们的具体步骤也会有某些区别。一般说来，科学调查的程序较之实际调查更为严格，更为周密。但各类调查研究的基本步骤大体上是一致的，一般总要经历调查准备、调查实施、分析研究和总结写作这四个步骤，即四个阶段。

一、调查准备阶段

调查准备不仅包括物质条件和组织（人员）条件的准备，而且包括思想准备和理论准备。前者包括配备必要的调查工具和器材（记录本、登记表、调查问卷以及必要的设备如录音机、照相机乃至录像机等），建立一定的调查组织，并对参与调查活动的有关人员进行必要的培训；后者包括对调查对象进行初步分析，对调查的有关问题、有关内容进行理论思考，学习有关的理论著作、文献资料和方针政策等。

调查研究的准备阶段，又有若干个具体的工作步骤：

（一）确定调查选题。调查选题确定得好与否，是关系到调查质量高低乃至决定调查最终成败的关键性环节。确定调查选题的基本要求，一是要有明确的目的，有针对性地选择那些具有现实意义的重大课题，对那些迫切需要解决的问题要优先考虑。二是要从实际出发，从实际工作和现实生活出发，避免单凭主观想象，关起门来脱离实际地选定调查选题。三是要根据调查的主、客观条件，考虑调查实施的可行性，确定那些经过努力可以胜任的调查选题。四是选题要尽可能具体，避免抽象空泛，选题范围的大小要适当。

（二）制订调查计划（方案）。调查计划是实施调查的蓝图，要精心制订。调查计划的内容包括调查的目的意义、指导思想、调查提纲、表格、问卷、调查对象、调查的人员组织、方法步骤和时间要求等。务求具体周密、切实可行。

（三）建立必要的组织。把参与调查活动的人员按照一定的形式组织起来，明确分工和协作的方式。根据需要和可能，把调查人员集中起来加以培训，说明调查的目的意义，提出相应的各项要求，交代具体的调查方法。与此同时，需要同有关部门和被调查单位取得联系，争取有关方面的支持和协助。

二、调查实施阶段

这一阶段即通过各种形式的实际调查活动，实现调查计划。但这并不意味着把调查计划当成固定不变的框框。相反地，在实施调查的全过程中，都要从实际出发，根据需要和可能，灵活掌握调查计划的各项要求，对于调查计划以及调查提纲、表格、问卷的不妥之处要及时加以纠正，不足之处要尽量加以补充。

调查实施阶段是整个调查活动的主要阶段，是实现全部调查任务的基础。在一项有较多人参与的调查活动中，对于调查实施必须精心组织，随时对调查的组织形式和力量配备加以调整，对调查实施中的缺陷及时加以补救，以尽可能提高调查工作的时效和减少工作中的失误。

三、分析研究阶段

这一阶段首先要对通过调查获得的各种情况进行整理，包括对原始资料进行审查、汇总、分类、统计、计算以及绘制统计图表等工作。

在此基础上，方可进入分析研究。所谓分析研究，就是通过对各种情况进行分类比较，运用统计分析、内容分析、相关分析、因果分析等分析方法以及判断推理、归纳演绎、分析综合等逻辑方法，进行定量研究和定性研究，把从各种经验材料中获得的感性认识上升为理性认识。正如李瑞环同志所说："……要善于琢磨，学会分析综合，认真把情况搞全了、弄准了，把材料掰开了、揉碎了，把关系理顺了、摆正了，把措施具体了、落实了。"

四、总结写作阶段

如果说实施调查是春天的耕耘，那么总结写作就是秋天的收获。一次调查的成败，最终要体现到调查成果上，而总结写作阶段正是形成调查成果的阶段。这一阶段的任务，就是要把通过调查获得的资料，经过整理以后如实地加以反映，并且通过分析研究、总结概括，从调查资料中形成观点，作出判断，引出结论，提出解决问题的途径、办法、对策、建议，把这些形诸文字，这就产生了调查报告。除了写作调查报告外，还应对整个调查活动进行必要的回顾总结，成功的经验加以肯定，调查工作中的失误引为教训。这样就会使调查研究的能力和水平得到提高。

定性研究与定量研究

我们在调研中需要把定性和定量两种分析结合起来，避免"单打一"，才能有效地克服那种用个别例子和典型来做事关全局的定性分析的做法，克服那种带着结论、带着框框去找例证的背靴找脚式做法，才能克服堆砌数据、缺乏理性提炼概括、拿不出准确观点的毛病，从而在经验之石上激起创造性思维的火花，实现认识的第二飞跃。

所谓定性研究，就是重在对事物的性质方面进行分析。定性研究一般是以某一个案作为研究单位，对其中若干现象的发展变化过程及其特征进行深入调查，占有大量合于客观实际的材料，然后运用分类比较、抽象思维和逻辑推理等思维方法，对这些材料进行去伪存真、去粗取精、由此及彼、由表及里的加工制作，从中找出事物自身所固有的规律性。个案调查和典型调查是定性研究收集资料的主要方式。

所谓定量研究，就是运用数学工具和数学方法对事物之间在数量方面的相互联系和相互作用进行科学分析，并通过对事物之间的数量关系的精确把握，进而把握事物的本质及其发生、发展和消亡的内在规律。可见，定性研究与定量研究的最终目的是相同的，但两者的侧重面和具体方法不同。定性研究侧重研究事物的性质，而定量研究侧重研究事物的数量和数量关系。在定性研究中，虽然也有一定的数量分析，但这种分析的比重小，而且这种分析的目的不在于揭示事物的数量特征和数量关系，而在于更好地说明研究对象的性质。在调查方式上，个案调查和典型调查更适合于定性研究，而普遍调查、抽样调查和统计调查则很适合于定量研究。

定性研究与定量研究各有自己的优越性，又各有自己的局限性。定性研究是一种古老的研究方法。在我国革命和建设事业中，我们在定性研究方面积累了丰富的知识和经验，这种研究方法至今仍然是进行调查研究不可缺少的方法。定性研究着重考察事物的历史渊源和发展过程，注重分析事物的内部联系和"质"的方面，这是调查研究的基本方法。定性研究长于对事物进行全面的概括，有利于从总体上认识事物。但定性研究一般比较粗略，往往带有很大的模糊性，缺乏定量研究那种具体、精确的优点。定量研究可以为有关现象的总体提供精确度较高的数据，计算出诸多变量之间的关系，预测其发展趋势，提出解决问题的比较方案以便进行优化选择。定量研究，使得调查研究的科学性、可靠性大大增强。

当年马克思不仅重视定性研究，而且注重定量研究，这不仅在《资本论》巨著中得到证明，而且在马克思主义理论的"重要一页"《工人调查表》中得到体现。1880年，马克思在拟制《工人调查表》时，曾列出99个题目，其中有34个题要求直接填写数量，而且在定量分析上独具匠心，在微观定量研究上尤为精细，实现了定量与定性研究之完美结合。

鉴于客体事物本身无不包含着质和量这两个方面，鉴于定性研究和定量研究各有自己不可代替的功能和特点，所以，定性研究和定量研究不仅是必要的，而且是必然的。在调查研究中，既要看到现代调查研究发展的数学化趋势，充分重视定量研究，又不能忽视定性研究的重要性，要把定量研究和定性研究的方法有机地结合起来，从而在调查研究中达到对事物的全面认识，并在调查研究方法上逐步建立起具有我国特色的新的体系。

定性分析是应用知识、经验和能力从"质"的方面进行分析研究，从总体上把握某一问题的实质。定性分析的缺点是有主观成分，缺少严格的论证。定量分析是对客观情况从"量"上加以分析，运用数学方法研究和考察事物的发展程度。定量分析的缺点是对那些不确定、不清晰的相关因素常常束手无策。我们在调研中需要把定性和定量两种分析结合起来，避免"单打一"，才能有效地克服那种用个别例子和典型来作事关全局的定性分析的做法，克服那种带着结论、带着框框去找例证的背靴找脚式做法，才能克服堆砌数据、缺乏理性提炼概括、拿不出准确观点的毛病，从而在经验之石上激起创造性思维的火花，实现认识的第二飞跃。可以说，定性分析与定量分析结合得越好，决策的失误就越少，工作成功的把握就越大。

宏观研究与微观研究

> 如果宏观研究是拉开距离拍摄的全景镜头，微观研究就是推近距离拍摄的特写镜头。只有把宏观研究和微观研究结合起来，只有在进行宏观研究时辅之以微观研究，在做微观研究时注意从宏观上考察事物的全局和整体，才可能全面地、深刻地把握调查研究的对象。

任何事物的总体都是由各个局部组成的，把握事物的总体有助于把握它的各个局部，反之，把握事物的各个局部也有助于把握事物的总体。根据客观事物的这个特点，在调查研究过程中，需要把宏观的分析研究与微观的分析研究紧密地结合起来。

所谓宏观研究，就是在总体上分析研究事物，对于事物各个局部、各个侧面、各种构成因素进行综合性地全面考察。微观研究则是对事物总体中的个体或局部进行分析研究。以雕塑为喻，如果说宏观研究展示的是一部完整的大型雕塑作品的全貌，那么，微观研究所展示的则是雕塑作品中一个具体的细部。如果宏观研究是拉开距离拍摄的全景镜头，微观研究就是推近距离拍摄的特写镜头。只是远远地领略作品的全貌，而没有细细地鉴赏作品细部生动细腻的刻画，仍然不能全面深刻地认识作品的精妙；反之，只是观赏到作品细部的精细刻画（有时还需用放大镜看得更仔细），而没有从远处、从整体上领略一下作品的全部轮廓，同样难以对作品完美的艺术风采获得全面认识。有一首描写庐山的古诗写道："横看成岭侧成峰，远近高低各不同。不识庐山真面目，只缘身在此山中。"身在山中而不能认识山的真正面目，原因何在？原因在于在山中看山，横看也好，侧看也好，看到的都只是整座山中的一个局部。要想认识山的全貌，那就需要坐上飞机，从空中俯瞰全山。当然，仅仅只是在飞机上俯瞰一番，而没有深入山中细细观赏，那么，山中的种种奇风异景也就无从体察和领受了。

由此可见，宏观研究认识的事物的全貌，具有整体性和综合性的特点；而微观研究认识的是事物的局部，具有具体性和深刻性的特点。宏观研究和微观研究各有所长，又都有自己的局限性。只有宏观研究而没有微观研究，对事物的认识就会带有表面性和模糊性；反过来，只有微观研究而没有宏观研究，对事物的认识往往又会陷于破碎和片面。只有把宏观研究和微观研究结合起来，只有在进行宏观研究时辅之以微观研究，在作微观研究时注意从宏观上考察事物的全局和整体，才可能全面地、深刻地把握调查研究的对象。

人们对客观事物的认识，一般是从个别到一般，从局部到整体。从事物本身的结构特征来看，整体包含着各个局部，局部是个别的体现，整体则表现为一般，一般寓于个别之中。根据事物的特性和认识的一般规律，调查研究一般应从微观到宏观，即从局部的个别方面开始，扩展到全局和整体。在调查研究方法上，则是从个案调查、典型调查到抽样调查和普遍调查，从定性分析到定量分析。当然，在微观研究中，也可以从整体的全面考察入手，从定量分析到定性分析。也就是说，宏观研究与微观研究相结合，同个案调查、典型调查和抽样调查、普遍调查相结合，同定性分析和定量分析相结合是一致的。

至于宏观和微观在空间规模上并不是绝对的。对于一个整体进行全面调查研究时，应以对各个局部的深入细致的调查研究作为基础；同样，对于某一个局部的小范围进行深入细致的调查研究时，也需要从整体和全局的角度上加以全面考察。只有把两者有机地统一起来，才能使调查研究系统而又细致，全面而又深刻。

调查研究中的分析与综合

分析与综合既有显著的区别，又是紧密联系的，在研究过程中，分析与综合是交替进行，不可分割的，两者是对立统一的完整的认识过程。总体的综合须以局部的分析作基础，局部的分析有待于通过综合而还原为总体。只有把分析与综合结合起来，统一起来，才可能对调查对象获得一种全面而又深刻的认识。

研究问题是一种抽象思维过程，而分析与综合是研究任何问题都必须使用的最基本的思维方法。

所谓分析是相对于综合而言的，这是一种把有机的整体分解成各个部分而加以分别研究的方法。经过调查获得感性材料，形成对于调查对象的初步印象，需要加以分解和剖析，方能从感性认识提高到理性认识。这种分解剖析的方法就是分析的方法。

分析一般需要经三个步骤：一是进行比较鉴别，弄清各个部分的表面现象和外部特征，亦即进行关于调查对象"是什么"的分析。二是进一步对调查对象各个部分的各种特征和各数值（如百分比、平均数、标准差等）及其相互关系等进行分析。第三个步骤则是进一步对这些特征和数量表现的因果关系进行分析。如果说第一个步骤是要解决"是什么"的问题，第二步骤是要解决"是多少"的问题，那么，第三个步骤所要解决的就是"为什么"的问题。

如果说分析是对调查对象从整体到对各个组成部分加以认识的过程，那么，综合则恰好相反，它是在分析基础上，把调查对象的各个部分还原为一个整体，从各个部分到整体的认识。综合作为一种研究方法，它与分析方法不同的主要特征在于，它是从整体和相互联系的角度去认识调查对象的各个部分以及由各个部分构成的整体。

综合作为一种认识过程，一般也可分为三个步骤或阶段：第一阶段是对事物基本轮廓的认识，综合的第一阶段与分析的第一个步骤相对应，并以其作为基础，也就是在通过分析弄清事物各部分的表面现象和外部特征的基础上形成对于事物的总体印象，这一阶段所形成的总体印象仍然是表面的、笼统的。综合的第二阶段是对事物基本结构的认识，它与分析的第二个步骤相对应，并以其作为基础。这一阶段形成的是关于调查对象总体各部分之间的数量关系和位置关系的认识。综合的第三阶段是对事物的本质的认识，即在分析的第三个步骤的基础上，揭示出调查对象总体各部分之间的内在联系和因果关系，以形成对总体全面的、完整的、本质的认识。

从分析和综合的上述特征中可以看出，分析与综合既有显著的区别，又是紧密联系的，在研究过程中，分析与综合是交替进行，不可分割的，两者是对立统一的完整的认识过程。要认识事物的整体，分析的过程是不可缺少的。但是经过分析，又需要在分析的基础上加以综合，把分解的各个部分还原为整体。如果只有分析而没有综合，那么我们所得到的关于事物的各个组成部分的了解，只能是一种零碎的、片段的、孤立的、静止的认识，这样，分解出来的各个部分就不是事物的有机组成部分，而是变成了脱离整体的独立的片段。分析只是研究问题时的一种抽象方法，是为了便于研究而把事物进行分解。要真实地认识事物，还必须在分析的基础上进行综合，把分解的各个部分还原到它们原来在事物整体中所处的位置上，从部分还原到全体，从抽象回归到具体。反过来，综合如果没有分析作为基础，这种综合必定是空洞的、表面的、笼统的、模糊的。例如，我们调查一个企业，如果我们只是停留在模糊的、笼统的一般印象，不加以具体分析，直接进行综合概括，那就只能作出粗略的概括，得出一些诸如"大致上""差不多""大多数职工是好的和比较好的"这一类空洞无物的结论。相反地，如果我们把整个企业的总体情况，或者按内容和问题（产值、利润、品种、管理、职工素质、领导班子状况等），或者按组织结构（科室部门、车间班组等）分解为各个部分加以分析，然后加以综合概括，这样，就会对企业的各个方面、各个组成部分及其相互联系形成一种全面、深刻的认识。这种综合，才是有血有肉的，既明确清晰，又充满丰富的具体内容。

由此可见，分析与综合是一个完整的认识过程和思维运动过程，这个过程就是从具体印象到抽象，再从抽象到明确的、充满丰富内容的具体概念。这一过程简化为一个公式，就是：综合—分析—综合，前一个综合是初步的综合，是研究的起点，后一个综合是高层次上的综合，是研究的结果。总体的综合须以局部的分析作基础，局部的分析有待于通过综合而还原为总体。只有把分析与综合结合起来，统一起来，才可能对调查对象获得一种全面而又深刻的认识。

分析与综合不仅在调研过程中的研究阶段要加以运用，而且在实际调查阶段也要加以运用。首先，在调查准备阶段，需要对调查对象的产生或现状、发展和变化以及与之相关的各种复杂因素加以初步的分析与综合，借以确定调查的选题、目的、范围和方法步骤等。此后在调查实践中，在资料整理和研究每一个问题时，都需要不断地在不同程度和不同层次上运用分析与综合的方法，从而在调查研究的整个过程中，经过多次分析与综合，把认识推向更高的阶段，以取得质量更高的调查研究成果。

延伸⋯⋯

阅读

白居易诗云："草萤有耀终非火，荷露虽团岂是珠。"如果分辨不出真伪，就会上当受骗。去伪存真，即剥掉虚假的、虚妄的东西，发现事物的真相，不要认假为真，以假乱真，被假象所迷惑。

美国平民领袖、第16届总统林肯，年轻时当过律师。这期间他处理了许多案件，最让人难忘的是他巧妙地破获了一桩诬告案。有一次，他根据10月18日月亮是上弦月，夜间11点钟已西沉，不会有月光，进而做出正确判断：此谋财害命案纯属诬告，证词说"他那一副凶恶的样子叫我很害怕，特别是月光还照在他脸上，我会看错吗"，是编造的——因为证人福尔逊藏在树东边草堆后，根本看不清作案人的面容。证人哑口无言，只得承认被人收买提供假证陷害被告的事实。被诬告的人被当庭释放，而证人和原告则受到了应有的惩罚。

调查研究中的归纳法与演绎法

在调查研究的过程中，归纳推理和演绎推理是同等重要的，并没有先后之分。归纳是演绎的基础，但归纳又要以演绎为指导。这就要求我们在调查研究过程中把两者紧密结合起来加以综合运用。

归纳法与演绎法是在分析研究问题时必须加以运用的两种基本的逻辑推理方法。所谓归纳，是从个别性的前提推出一般性结论的一种推理形式。

魏徵辅佐唐太宗 17 年，进谏数百次，且多被唐太宗采纳。他的建言多半充满逻辑力量。贞观六年，群臣奏请唐太宗前往泰山举行封神大典，以显文治武功。唯独魏徵一人反对，认为此时封禅不妥：

"陛下功业虽高，但恩泽尚未遍及全国；国家虽已太平，但物资还不丰富；外邦虽已臣服，但还不能满足他们的要求；祥瑞虽多次出现，但法网还嫌繁密；收成虽说不错，但仓库还嫌空虚。所以，我以为此时不宜举行封禅。"

魏徵一口气举出五个特殊事实，采用归纳推理的方法，得出"不可封禅"这一结论，具有很强的说服力。

归纳推理又可分为完全归纳推理和不完全归纳推理两种。完全归纳推理是在考察某一类事物中的所有对象之后才作出一般性的结论，它的结论并没有超出前提的范围，因此是可靠的。换言之，在结论与前提之间，具有必然性的联系。例如，我们在考察了某一个班组中所有成员的情况之后，了解到这个班组的所有成员都具有初中以上文化程度，那么我们就可以肯定地得出结论：这个班组工人的文化程度在初中以上。完全归纳推理虽然具有真实可靠的优点，但它只适用于那些数量较少的对象或现象，如果数量众多，进行完全归纳推理就很困难，有时候根本就不可能。例如，我们要想对全国30岁以下的青年职工有多少喜欢跳迪斯科舞通过完全归纳推理作出一个结论性的判断，那就非常困难。

不完全归纳推理是对某类事物的部分对象进行考察之后对该类事物作出一般性结论的一种推理。这种推理的前提是对同类事物中的部分对象的考察，结论却包括了所有对象，结论的适用范围超出了前提的范围，因而其依据是不充分的，结论就不一定真实可靠，结论与前提之间的联系不是必然的，而是或然的。例如"天下乌鸦一般黑"的结论就是通过不完全归纳推理得出的。人们看到了许多许多乌鸦，它们都是黑的，由此得出"天下乌鸦一般黑"的结论，但人们毕竟不可能把"天下"的乌鸦全都考察完，不能绝对保证不存在不黑的乌鸦。所以"天下乌鸦一般黑"的结论并不是绝对真实可靠的。

再如，人们通过简单枚举归纳法所得出的"天鹅都是白色的""鱼都用鳃呼吸""一切酸都含氧"这类结论，由于人们在大洋洲发现了黑色的天鹅，在南美洲发现了用肺呼吸的鱼——肺鱼，在无机酸中发现盐酸、氢氟酸等不含氧酸，因而就不能成为科学结论了。

尽管不完全归纳推理的结论是或然性的，却是一种适用于对象数量众多的研究对象，因为它至少可以作为一种有价值的假设，待结论的虚假性被发现后再加以修正。此外，不完全归纳推理中的科学归纳推理，其结论是依据一类事物中部分对象与某种属性之间的必然联系作出的，反映了事物的内在规律性，因而是必然的，可靠的。

所谓演绎推理，是指从一般性的前提推出个别性或特殊性的结论的一种推理形式。例如，从某一个班组所有成员的文化程度都在初中以上的判断中，我们可以推出这一班组的某一个成员的文化程度也在初中以上的结论。演绎推理中的结论包含在前提之中，结论与前提之间具有必然的联系，只要前提是真实的，结论也就必然是真实可靠的。

人们的认识要从感性阶段上升到理性阶段，就必须运用推理。调查研究作为一种认识活动，同样离不开推理。从人们的认识规律来看，总是从接触和认识个别事物开始，从个别到一般，以此获得带规律性的本质认识，然后又以带规律性的本质认识为指导去研究个别，从个别中丰富和加深对一般的认识，因此，归纳推理是演绎推理的基础。但是，在调查研究的过程中，归纳推理和演绎推理是同等重要的，并没有先后之分。归纳是演绎的基础，但归纳又要以演绎为指导。以演绎推理作为指导，才能明确调查的目的和搜集资料的方向。只有从一般性的原理出发进行演绎推理，我们才能确定收集哪些资料，为什么要搜集这些资料而不是另一些资料，以及如何搜集这些资料等。另一方面，根据获得的资料进行归纳推理，从中得出应有的结论，是调查研究的基本要求，但通过归纳推理得出的结论毕竟大多是或然性的，并不是完全可靠的。因为我们在大多数情况下只能考察调查对象中的一部分，只能搜集到一部分资料，很难做到"竭泽而渔"。要使调查研究作出的结论充分可靠，那就必须依靠演绎推理来检验、补充和修正。

然而，演绎推理又必须以归纳推理作为基础。因为作为演绎推理的前提的一般性原理，都是人们运用归纳推理对众多事物进行考察认识的结晶。没有归纳推理，一般性原理就无从概括出来，没有一般性原理，演绎推理也就丧失了前提。在调查研究过程中，演绎推理的前提，有些就是直接来自调查研究过程中通过归纳推理形成的一般性的结论，这些一般性结论的正确性和真实性，直接决定了演绎推理的结论的正确性和真实性。

归纳推理与演绎推理之间的对立统一关系，要求我们在调查研究过程中把两者紧密结合起来加以综合运用。一方面，要运用归纳推理，通过调查大量的个别事例，从中引出一般性的结论，从感性认识上升到理性认识，从实际经验上升为科学理论；另一方面，又要在归纳的基础上，在正确的理论观点的指导下，运用演绎推理去验证、补充、深化、丰富和修改业已形成的观点和结论，而不是局限于经验研究的范围，就事论事，满足于一得之功和一孔之见。综合运用归纳推理和演绎推理，可以使调查研究及其形成的观点、作出的结论，具有更高的科学性和可信性，从而保证依据调查研究提出的对策和决策的正确性和可行性。

二、方法篇

要了解情况，唯一的办法是向社会作调查，调查社会各阶级的生动情况……要做这件事，第一是眼睛向下，不要只是昂首望天。没有眼睛向下的兴趣和决心，是一辈子也不会真正懂得中国的事情的。

——毛泽东

我们办事情，做工作，必须深入调查研究，联系本单位的实际解决问题。

——邓小平

向毛泽东学调查研究

一代伟人毛泽东一生极为重视调查研究，他在极其繁重的革命和建设工作中，亲自做过无数次大量的、深入系统的调查研究，是全党公认的调查研究的行家和高手。毛泽东把调查研究作为实现马克思主义与中国实际结合的根本途径。

毛泽东认为，只知道背诵马列著作而不去进行调查研究也是缺乏党性的表现。毛泽东提出"没有调查，没有发言权""做领导工作的人要依靠自己亲身的调查研究去解决问题""凡是没有办法的时候，就去调查研究"的珍贵名言和科学论断，一直影响到今天。在毛泽东的倡导下，我们党形成了调查研究传统和作风。

一、毛泽东一生极为重视并亲自调查研究，以实际行动作出了榜样

纵观毛泽东的一生，他始终坚持了"没有调查就没有发言权"的思想。每当革命和建设面临一系列重大的复杂问题的时候，毛泽东总是率先调查研究，从大量的第一手材料中找出带有普遍性、规律性的东西，确定解决问题的办法。

　　毛泽东早在学生时代，就崇尚调查研究。青年毛泽东在湖南第一师范求学期间，常常利用课余时间到附近的工厂、农村进行访问。1917年8月，毛泽东"身无分文，心忧天下"，邀请同学萧子升，到长沙、宁乡、安化、益阳、沅江五县城，进行了"游学"式社会调研，行程九百余里，历时一个多月，结交了农民、船工、财主、老翰林、寺庙方丈等各色人物，体察社会情状，写下了许多笔记。毛泽东通过这些调查研究，加深了对中国国情的认识，激发了他探索救国救民道路的社会责任感，为后来用马克思主义的阶级观点具体分析中国各阶级的经济地位和政治态度奠定了基础。恩师杨昌济向章士钊推荐他和蔡和森时说：二子海内人才，前程远大，君不言救国则已，救国必先重二子。游学，是毛泽东有意识地了解社会的初始方式，也是他调查研究方法的萌芽状态。

　　中国共产党创立初期，毛泽东开始系统深入开展调查研究。他脱去长衫，换上粗布短褂，赤脚穿着草鞋，进行了大量卓有成效的调查研究，深入分析近代中国的具体实际，提出了农村包围城市、最后夺取城市的革命发展道路。自1925年春开始指导农民运动的实践后，毛泽东同志花费大量心血和精力开展农民问题的调查研究。1926年5月，他主持广州第六届全国农民运动讲习所工作。他把来自全国各地的学员按地区组织成13个农民问题研究会，列出36项农村调查研究项目，进行调查研究。

　　没有调查，就没有发言权。1931年4月，毛泽东在起草一份《总政治部关于调查人口和土地状况的通知》时提出"不做调查没有发言权""不做正确的调查同样没有发言权"的科学论断。调查研究不能停留在表面，应在获得丰富的第一手资料的基础上，对感性认识的材料进行"去粗取精、去伪存真、由此及彼、由表及里"的加工制作，由感性认识上升到理性认识，才能做出正确的判断。

没有周密细致的调查研究，就不能了解实际情况，也就不可能做出正确决策。毛泽东最反对不做实际调查，不了解实际情况，凭借主观想象瞎说一顿的人，认为"是共产党的耻辱"。"'闭塞眼睛捉麻雀'，'瞎子摸鱼'，粗枝大叶，夸夸其谈，满足于一知半解，这种极坏的作风，这种完全违反马克思列宁主义基本精神的作风，还在我们党许多同志中继续存在着。"（《改造我们的学习》，1941 年 5 月）"对于国内外、省内外、县内外、区内外的具体情况，不愿作系统的周密的调查和研究，仅仅根据一知半解，根据'想当然'，就在那里发号施令，这种主观主义的作风，不是还在许多同志中间存在着吗？"（《改造我们的学习》，1941 年 5 月）"不调查不研究就不得了，就要亡国亡党亡头。"（《在西北局高级干部会议上的报告》）。1941 年，毛泽东在《〈农村调查〉的序言二》再次重申和强调这个观点："没有调查就没有发言权"这句话，虽然曾经被人讥为"狭隘经验论"，"我却至今不悔；不但不悔，我仍然坚持没有调查是不可能有发言权的"。为了使调查研究真正做到实事求是，毛泽东认为，一切结论产生于调查情况的末尾，而不在它的先头。调查一定要抓住要点或特点，也就是矛盾的主要方面。他在一次指导调研的讲话中说："有同志要问：'十样事物，我调查了九样，只有一样没有调查，有没有发言权？'我以为如果你调查的九样都是一些次要的东西，把主要的东西都丢掉了，那末，仍旧是没有发言权。"他还提出了"离开实际调查就要产生唯心的阶级估量和唯心的工作指导观点"。

在严酷的革命战争环境下，毛泽东对做过的调查研究工作以及形成的调查报告，有着深刻记忆。《长冈乡调查》《才溪乡调查》是毛泽东在 1933 年 11 月进行的。当时正是红军第三次反围剿最紧张的岁月，毛泽东仍然在战斗间隙，抽出时间调查，并亲自撰写调研报告。由于条件和环境恶劣，一些调查报告损失了。毛泽东痛心地说："失掉别的任何东西，我不着急，失掉这些调查（特别是衡山、永新两个），使我时常念及，永久也不会忘记。"除了已经痛失的"永久也不会忘记的"调查报告以外，毛泽东还留下了一些有重要价值的调查报告。我们可以看出，毛泽东凡做调查，目的都非常明确，针对性也很强，调查期间都是自己做记录，结束后又亲自写调查报告。毛泽东反复强调："自己当记录员，这是调查的一个要点。"自己做记录可以深入地掌握第一手情况，及时发现问题。这一时期，随着调查研究的深入，以一切从实际出发、实事求是为精髓的毛泽东思想也开始有了雏形和基础。

二、调查研究是科学决策的基础，调查研究的目的就是解决问题

马克思《关于费尔巴哈的提纲》有句名言："哲学家们只是用不同的方式解释世界，而问题在于改变世界。"同理，通过调查研究获得真知，其根本目的是为了解决问题、改变世界。"调查就像'十月怀胎'，解决问题就像'一朝分娩'，调查就是解决问题。"这是毛泽东1930年5月在《反对本本主义》中提出的精彩论断。通过调查研究，把问题的来龙去脉搞清楚，就容易找到解决问题的办法。毛泽东在《兴国调查》中指出："实际政策的决定，一定要根据具体情况，坐在房子里面想象的东西，和看到的粗枝大叶的书面报告上写着的东西，决不是具体的情况。倘若根据'想当然'或不合实际的报告来决定政策，那是危险的。过去红色区域弄出了许多错误，都是党的指导与实际情况不符合的缘故。所以详细的科学的实际调查，乃非常之必需。"

毛泽东同志指出："要解决某个问题，就必须通过调查研究获取大量的材料，然后对材料进行分析综合得出解决问题的根本方法。""你对于那个问题不能解决吗？那末，你就去调查那个问题的现状和它的历史吧！你完完全全调查明白了，你对那个问题就有解决的办法了。""要钻进去调查研究，发现问题，揭露问题，解决问题"（《在各省市自治区党委第一书记会议上的讲话》，1959年2月）；"我的经验历来如此，凡是

忧愁没有办法的时候，就去调查研究，一经调查研究，办法就出来了，问题就解决了"（《在广州中央工作会议上的讲话》，1961 年 3 月）。调查研究是科学决策、防止失误的工作方法，是倾听群众呼声、感受群众疾苦、总结群众经验、吸取群众智慧的重要途径。毛泽东说："今天需要我们调查，将来我们的儿子、孙子，也要作调查，然后，才能不断地认识新的事物，获得新的知识。"

早在第一次国内革命战争初期，为了回答党内外对于农民革命斗争的非难，解决关于农民运动是否"过火""幼稚"的争论，从 1927 年 1 月 4 日开始，毛泽东深入湖南农村进行实地考察，历时 32 天，步行 700 余里，亲自考察了湖南湘潭、湘乡、衡山、醴陵、长沙，一连做了 5 个调查，邀请有代表性的农民及农运同志开调查会，找下层人士、县衙门的小职员、开明绅士交谈，边问边记，充分了解社会。在此基础上写出两万多字的《湖南农民运动考察报告》，以真实具体的实例，记录了处于社会底层的湖南农民起来争取自己权益的轰轰烈烈的实践，热情讴歌了农民的斗争精神，提出了解决中国民主革命农民问题的理论和政策，为几个月后大规模的秋收起义和湘南暴动打下了很好的群众基础。此后，毛泽东关于农民问题的一系列观点逐渐被国民革命队伍中不少人所承认，被工农群众尊称为"中国革命的领袖"，被时任中共中央局（政治局）委员的瞿秋白称为"农民运动的王"。

20 世纪 30 年代初，是毛泽东调查研究的高峰期。他一方面领导红军在极为艰难的条件下转战南北，另一方面在战斗间隙进行大量的社会调查。毛泽东早期留下的大量详尽的调查笔录和亲自整理出来的调查报告，是我们党的一笔极为宝贵的精神财富。其中著名的有《寻乌调查》（1930 年）、《兴国调查》（1930 年）、《木口村调查》（1930 年）、《才溪乡调查》（1933 年）等。这些调查坚持用马克思主义原理分析材料，探讨中国革命的实践问题，特别是中国革命的土地问题，指出了革命根据地的建设方向和发展前途，同当时那些"把马克思主义教条化和把外国经验神圣化的幼稚病患者"形成鲜明对照。这一时期，随着调查研究的不断深入，以一切从实际出发、实事求是为精髓的毛泽东思想也开始有了雏形和基础。

"寻乌调查"是毛泽东所做的规模最大的一次社会调查。 1930 年 5 月，红四军以寻乌红五十团配合攻克寻乌县城后，毛泽东利用红四军在赣州第二次分兵的时机，在中共寻乌县委书记古柏的协助下，在寻乌开展 20 多天的实地调查，详细了解寻乌的政治区划、交通、商业、旧有的土地关系、土地斗争等内容，对寻乌的政治、经济、文化、社会等方面各历史阶段和现实状况进行全面而详细的考察分析。他写的《寻乌调查》，有 8 万多字。毛泽东在寻乌等地开展的系列调查研究，史料翔实，数据精细，论述严谨，堪称调查研究的经典范本，是中国共产党人把马克思主义理论与中国具体实际相结合的光辉典范。

毛泽东在江西寻乌调查后，写作了《调查工作》一文。这篇重要著作是毛泽东进一步向党内和红军内的同志阐明调查研究的重要意义和推进科学的调查方法，是毛泽东同党内教条主义错误思想斗争的一个重要历史总结。他在文章中指出，"中国革命斗争的胜利要靠中国同志了解中国情况"，提出了"没有调查，就没有发言权""调查就是解决问题"等观点，第一次明确提出了马克思主义必须同中国革命实际相结合的实事求是的思想原则。

1930 年 10 月初，红军进到袁水流域，兴国有许多农民来当红军。毛泽东兴奋地抓住这个机会，找了 8 个人，对兴国永丰区进行了调查。1931 年 1 月 26 日，在江西宁都小布圩，毛泽东整理调查得到的材料，写成了《兴国调查》。他还写了"整理后记"，介绍了这次调查的经过、调查的主要问题、调查的目的等，并详细介绍了调查采用的方法。

延安时期，毛泽东的农村调查思想对于全党的社会调查工作具有重要的指导和引领作用，其意义是巨大的。毛泽东收集了自己以往有关农村调查的一些报告，编印了《农村调查》一书，其目的是"为了帮助同志们找一个研究问题的方法"。他在序言中强调："必须明白：群众是真正的英雄，而我们自己则往往是幼稚可笑的。"并告诫党内，如果我们的同志"还保存着一种粗枝大叶、不求甚解的作风，甚至全然不了解下情，却在那里担负指导工作，这是异常危险的现象"。1941 年 8 月 1 日，中共中央专门发出毛泽东起草的重要文件《关于调查研究的决定》，明确提出"系统的周密的社会调查，是决定政策的基础"。"我党现在已是一个担负着伟大革命任务的大政党，必须力戒空疏，力戒肤浅，扫除主观主义作风，采取具体办法，加重对于历史，对于环境，对于国内外、省内外、县内外具体情况的调查与研究，方能有效地组织革命力量，推翻日本帝国主义及其走狗的统治。"同日，中央发布了《关于实施调查研究的决定》，提出了落实《关于调查研究的决定》的具体办法。不久，毛泽东又高瞻远瞩，发人深省地对党的高级干部们说："不调查不研究就不得了，就要亡国亡党亡头。"

新中国成立后，中国共产党从局部执政走向全国性的大党，毛泽东又进行了一系列调查研究，全面探索社会主义建设规律。在建设新中国的过程中，为让党员领导干部了解新情况，克服本领恐慌，懂得社会主义建设规律，他号召全党大兴调查研究之风，明确提出"一切从实际出发，不调查没有发言权，必须成为全党干部的思想和行动的首要准则"。毛泽东说："我们有许多同志对新情况、新事物不做调查研究，自己又不懂得，就在那里办事，不懂货就不识货，这怎么能办好事情呢？"他提出明确要求，我们的干部要"注意研究情况"，"懂得新的工作方法"。

为了加快社会主义建设步伐，毛泽东又组织全党进行了大量有分量的调查研究。1956 年，毛泽东等中央主要领导同志进行了一次比较全面、系统、深入的调查研究。《中国共产党的九十年》写道："1956 年 2 月 14 日至 4 月 24 日，毛泽东分别听取国务院 35 个部委关于工业生产和经济工作的汇报，度过了紧张繁忙的 43 天。他先后听了 34 个部门的工作汇报。他又用 6 天时间，听取国家计委关于第二个五年计划的汇报，并进一步了解各地方的工业、运输、财贸等方面的情况。毛泽东还要求各省、市、自治区党委从 10 个方面准备经济工作的汇报材料，并提出汇报材料中"应当有形象的材料，有批评、有议论、有主张，不要枯燥无味，千篇一律""内容好，写得有骨有肉，生动活泼，不妨长一点，否则宜短，几千字也可以"。这次调查研究活动历时两个多月。毛泽东的调查，既是为八大做准备，同时又超出了这个范围，提出来一些对社会主义建设有长远指导意义的思想，成为我们党全面探索适合中国情况的社会主义建设道路的重要开端。《论十大关系》，就是这次调查的直接成果，为中国共产党人提供了正确解决社会主义建设面临的十种关系的战略思考和哲学逻辑，展现的极富前瞻性、革命性的重要思想以及蕴含的科学方法论，是毛泽东同志运用普遍联系观点阐述社会主义建设规律的典范。毛泽东后来回忆说："那个十大关系怎么出来的呢？我在北京经过一个半月，每天谈一个部，找了三十四个部的同志谈话，逐渐形成了那个十条。如果没有那些人谈话，那个十大关系怎么会形成呢？不可能形成。"

20 世纪 60 年代，毛泽东多次倡导全党"大兴调查研究之风"。1960 年底至 1961 年初，在中央召开的工作会议上，毛泽东向全党发出号召："请同志们回去后大兴调查研究之风，一切从实际出发，没有把握就不要下决心。"在随后召开的党的八届九中全会上，毛泽东提出，希望 1961 年"成为一个调查年，大兴调查研究之风"。他曾明确地提出："民主革命阶段，要进行调查研究，社会主义革命和社会主义建设阶段，还是要进行调查研究，一万年还是要进行调查研究工作。"1961

年 3 月，毛泽东在他亲自拟定的党中央关于调查研究致全党同志的一封信中指示："调查是为了解决问题，不是为调查而调查……在调查的时候，不要怕听言之有物的不同意见，更不要怕实际检验推翻了已经作出的判断和决定。"毛泽东说过不止一次，中央领导机关只是一个制造思想产品的加工厂，如果不了解下情，没有原料，也没有半成品，怎么能出产品？

在毛泽东的号召下，20 世纪 60 年代初，中央领导同志带头深入基层搞调查，留下了许多调查研究的精彩文章，这对于摸清各方面的实情，作出实事求是的正确调整，克服严重困难，起到了非常重要的作用。

三、毛泽东一系列调查研究的科学方法，闪烁着真理的光芒

要了解情况，取得普遍指导的资格，一个基本方法就是"解剖麻雀"式的典型调查。典型调查是对若干调查对象进行初步考察分析之后，选取少数有代表性的调查对象作为典型，进行深入调查研究，探索其内在规律性，集中某一类事物的共性，借以大体估计总体情况，用以指导实践。

典型调查由于调查的单位少、范围小，能够对所有研究的问题做比较深入透彻的了解，集中全部精力解剖典型，同时可以节省时间和人力。毛泽东多次运用这种典型调查的方法进行农村调查，要有调查提纲，要选好到会人员，开调查会时，按照调查纲目提出的问题和大家讨论，把问题引向深入，集中大家的意见，做出正确的结论，提出具有靶向性、开创性、时效性的思路措施。毛泽东把典型调查作为制定政策、检查政策偏差的基础，对推动中国革命走向胜利具有重要的指导意义。

调查研究要采取科学的方法。典型调查是一种定性调查，亦即从个别到一般的一种定性认识方法。它是通过调查有代表性的个别事物去了

解一般情况。因为每一个事物都有普遍性的一面，其中必然存在有代表性的典型。只要抓住这个典型，做周密的调查研究，弄清它的本质、产生的变化发展的规律，就大体上可以看出同类事物的本质和变化发展的规律。毛泽东称这种方法是"解剖麻雀"，"麻雀虽小，肝胆俱全"。解剖一个麻雀，就可以了解所有麻雀的共同的生理结构。毛泽东在《我们党的一些历史经验》一文中指出："调查有两种方法，一种是走马看花，一种是下马看花。走马看花，不深入……这是很不够的，还必须用第二种方法，就是下马看花，过细看花，分析一朵'花'，解剖'麻雀'。""如果有问题，就要从个别中看出普遍性。不要把所有的麻雀统统捉来解剖，然后才证明'麻雀虽小，肝胆俱全'。从来的科学家都不是这么干的。只要有几个合作社搞清楚了，就可以作出适合的结论。""这就叫做'解剖学'。"

毛泽东提倡调查研究深入第一线，真正"沉"下去，深入基层、深入群众，选择一个调查点，"解剖麻雀"，以取得经验，指导全局。毛泽东多次运用这种典型调查的方法进行农村调查，并对这种调查方法给予很高评价，做过许多精辟阐述。他指出："任何领导人员，凡不从下级个别单位的个别人员、个别事件取得具体经验者，必不能向一切单位作普遍的指导。""人们总是首先认识了许多不同事物的特殊的本质，然后才有可能更进一步地进行概括工作，认识诸种事物的共同的本质。"①通过了解"个别"中体现的客观普遍性，就可以在一定程度上对总体（或全局）作出判断和认识。

搞好典型调查，关键是要选有代表性的调查对象。要根据调查目的，先对总体情况进行初步概括了解，然后进行科学分析和比较，根据总体内部差异性和不同特点，选取各种具有代表性的典型，进行深入具

---

① 《毛泽东选集》第1卷，人民出版社，1991年版，第309、310页。

体的调查，从中获得丰富的第一手材料，然后加以综合分析，从个别上升到一般，进而得出一般的规律性认识。毛泽东把这种"下马看花"式的调查方法，又称为"解剖麻雀"。他说，要了解麻雀，不需要解剖每个麻雀，只解剖一两个就够了。党的领导机关，包括全国的、省的和县的负责同志，从总书记到支部书记，都要亲自调查一两个点，解剖一两个"麻雀"。通过"解剖麻雀"，然后从个别中看出普遍性。毛泽东在谈到典型调查时说："怎样找调查的典型？调查的典型可以分为三种：一、先进的，二、中间的，三、落后的。如果能依据这种分类，每类调查两三个，即可知一般的情形了。"以上虽只有寥寥数语，但是指导意义很大。

典型调查通常是一种面对面的直接调查，能获得比较真实可靠的第一手资料。典型调查是系统、深入的调查，它不仅要考察调查对象的各个方面，而且要对其进行深入的剖析，把事情真相摸得清楚，把问题本质看得透彻，把思路对策谋得科学。任弼时同志也很善于典型调查，如他的《土地改革中的几个问题》的报告，通篇突出了一个典型材料，即山西兴县蔡家崖的调查，他把这个典型材料用活了，用得那样自然、有力。毛泽东同志对此很称赞，说任弼时同志抓住了一个典型，解决了全国性的问题。

在调查研究中，毛泽东很重视用马克思主义的阶级分析方法。他在《〈农村调查〉的序言和跋》中指出："调查社会各阶级的生动情况，对于担负指导工作的人来说，有计划地抓住几个城市、几个乡村，用马克思主义的基本观点，即阶级分析的方法，作几次周密的调查，乃是了解新情况的最基本的方法。"他强调，只有分析农村各阶级、各阶层的状况，才能正确地、全面地认识农村。

毛泽东在调查研究方面，注重身体力行，也重视间接调查来的材料。这种方式成为毛泽东联系群众、了解实际情况的辅助方法。毛泽东大量地利用历史资料、报纸刊物、侦察情报、下级汇报甚至是反面的和敌人的材料进行间接调查。新中国成立后，毛泽东除采用开调查会进行深入调查外，大量的是通过视察、请下面的人上来、通过身边的工作人员等方式进行间接的调查研究。毛泽东称这些方法为"走马看花"。他曾多次要求身边工作人员利用回乡探亲、写家信和写调查报告等多种形式进行社会调查。对此，他曾风趣地说，见到了他们，就等于间接地见到了农民。毛泽东编辑《中国农村的社会主义高潮》（上、下），就是利用间接调查的手法对社会主义建设实施正确领导的一大亮点。

在无产阶级革命领袖中，毛泽东的调查研究做得最多，毛泽东专门论述调查研究的著作也最多。在整个革命战争年代，毛泽东同志通过密集调研，写出《中国社会各阶级的分析》《湖南农民运动考察报告》《寻乌调查》《兴国调查》《木口村调查》《长冈乡调查》《才溪乡调查》等调查名篇，为找到中国革命的正确道路打下了坚实基础。1982年人民出版社出版的《毛泽东农村调查文集》，收录了毛泽东从1926年到1933年11月有关调查研究的文章和调查报告17篇。前4篇专题阐述为什么要搞调查研究以及调查研究的方式、方法，后13篇是作者撰写的调研报告。

毛泽东同志还写出《反对本本主义》《改造我们的学习》《整顿党的作风》《反对党八股》《关于领导方法的若干问题》等一系列经典著作，系统总结了他的社会调查思想，为探索适合中国国情的革命道路打下了重要的认识基础，展现了毛泽东领导艺术的精华，使我们党的整个作风得到了根本好转。

四、调查研究必须树立群众观点，要有甘当小学生的精神

多交群众为友，对搞好调查研究、作出正确决策十分有益。毛泽东调查研究方法与群众路线是紧密相连的。调查研究要"为了群众，依靠

群众，从群众中来，到群众中去"。调查研究的过程就是拜群众为师的过程。基层群众最了解情况，最有发言权。基层群众最聪明，群众的语言最生动，群众的经验最丰富。向基层群众做调查，必须有甘当小学生的精神，老老实实向群众请教。在《〈农村调查〉的序言和跋》中，毛泽东表明："和全党同志共同一起向群众学习，继续当一个小学生，这就是我的志愿。"①

新中国成立后，毛泽东派人去河南调查人民公社化运动时，特意嘱咐，要能够保持冷静的头脑。不要各级领导作陪，要找生产队长就只找生产队长，不要公社书记、大队长参加，要找群众谈话就不要找干部参加，要找县委书记也只请他本人来谈，因为人多了谈话就有顾虑。所以，勤于动脑筋，就能更好地了解调研的真实情况。毛泽东有个精辟总结："群众不讲真话，不怪群众，只怪自己。"

毛泽东强调，"主要的一点是要和群众做朋友，而不是去做侦探，使人家讨厌"。"群众不讲真话，是因为他们不知道你的来意究竟是否于他们有利。"所以，要"给他们一些时间摸索你的心，逐渐地让他们能够了解你的真意"。多交朋友，面对面交流，心与心沟通，了解四面八方的动态，即听顺耳话，又听逆耳言，不至于孤陋寡闻被蒙蔽。

调查研究不能为了应付任务而走过场，更不能成为攀比政绩的"秀场"。只有眼睛向下，同群众打成一片，才能知道许多闻所未闻的东西，进而作出正确的决策。毛泽东指出，做调查研究"第一是眼睛向下，不要只是昂首望天。没有眼睛向下的兴趣和决心，是一辈子也不会真正懂得中国的事情的"。他喜欢开调查会，作讨论式的调查。1941年4月，毛泽东曾回顾兴国调查的情况。当时他请了几个农民开调查会，一开始这些农民心中很疑惑，不敢发言，毛泽东第一次只和他们拉家常，后来

---

① 《毛泽东选集》第3卷，人民出版社，1991年版，第791—792页。

又请他们吃饭，晚上把宽大温暖的被子给他们盖。这样一来，感情慢慢地融洽了，他们了解毛泽东开调查会的真意，脸上有了笑容，话也多了起来，最后达到了毫无拘束，热烈讨论，无话不谈，亲得像自家人一样的程度，达到了调查的效果。

要放下架子，俯下身子，拜群众为师，甘当小学生。要有虚心的精神，认真搞好调查研究，上联"天气"，下接"地气"，及时发现和总结群众在实践中创造出来的好办法、新经验，善于运用群众创造的经验来指导工作，使各项决策部署得民心、顺民意。毛泽东认为，只凭一个人讲他的经验的方法，是容易犯错误的；只随便问一下子，不提出中心问题在会议席上经过辩论的方法，是不能得出正确的结论的。他批判了那种浮在上面，坐在机关里打瞌睡，从不屑伸脚到群众中去调查的官僚主义作风。如果不接触基层群众，就不可能了解到真正的情况。毛泽东说："没有调查研究，理论对于实践就不可能有正确的指导，路线、政策就不可能符合中国革命的实际……我就是这么个人，要办什么事，要决定什么大计，就非问一问工农群众不可，跟他们谈一谈，跟他们商量，跟接近他们的干部商量，看能行不能行。"

《中国党政干部论坛》2012年第4期刊发的《建国初期"毛泽东式"的调研》（作者马社香）记载，1952年10月，毛泽东视察山东济南、曲阜等地后，10月29日深夜，专列停在河南兰封（今兰考）支线上。次日清晨6时，随行干部还在熟睡，毛泽东已撇开河南省党政大员，独自暗访了支线旁一个小山村许贡庄。等领导干部赶去时，只见毛泽东正在一个打粮场和一位中年农民谈话，问收成、负担等情况，随即又进入许贡庄农民孟宪德家里。这家只有老两口，老汉赶早集去了。毛泽东问农妇吃的什么、够不够、床上被子厚薄，正谈时，赶集老汉回来了，又问了一些具体生产情况。恰逢一位小学生上学路过，看到毛泽东走出农院，脱口喊出："毛主席！毛主席！"两位老农才梦幻般地瞪大双眼，一时间感动得不知所措。毛泽东握握他们的手，才回专列用早餐。

中国共产党人掌握了马克思主义理论，把握了中国实际，并通过调查研究的中介，把二者具体地结合起来，形成正确的方针与政策，成为广大干部群众的行动指南，这是中国革命取得成功的一条核心经验。作为伟大的马克思主义者和无产阶级革命家、战略家，毛泽东一生从事调查研究的时间之长、规模之大、投入精力之多，在调查研究史上是空前的。毛泽东亲笔撰写的调查报告，为中国革命理论增添了宝贵内容，给我们留下了弥足珍贵的精神财富，对于今天建设中国特色社会主义、实现中华民族伟大复兴具有重要意义。

由毛泽东的"寻乌调查"说开

毛泽东是全党从事调查研究的典范。可以说，坚持调查研究，把马克思主义基本原理同中国实际结合起来，是毛泽东领导艺术的精华所在，也是他留给后人的宝贵精神财富。毛泽东在中国革命的一些重大问题上提出过许多好办法，这与他长期深入群众做调查、虚心向群众学习是分不开的。

早在青年学生时代，他就开始调查研究。1917 年、1918 年，毛泽东先后到湖南的长沙、宁乡、安化、益阳、沅江、浏阳等地进行了"游学"式的考察，加深了他对中国国情的认识，并激发了革命热情。五四运动后，随着马克思主义在中国的广泛传播，毛泽东开始自觉运用马克思主义理论指导调查研究。

在著名的《寻乌调查》中，毛泽东谈到为其提供城市材料的两位先生时说："多谢两位先生的指点，使我像小学生发蒙一样开始懂得一点城市商业情况，真是不胜欢喜。"

1930 年 5 月，红四军攻克了江西的寻乌县城后，作了短暂停留，在寻乌、安远、平远一带发动群众。就在这战事频仍、难得安定的一个月内，毛泽东也没有休息，而是在寻乌县委书记古柏的协助下，接连召集有关人士开了10多天的座谈会，进行了一次大规模的社会调查，掌握了大量第一手材料，诸如该县各类物产的产量、价格，县城各业人员数量、比例，各商铺经营品种、收入，各地农民分了多少土地、收入怎样，各类人群的政治态度，等等，都弄得一清二楚。毛泽东把这次调查的结果整理成《寻乌调查》，共5章39节，8万多字。

《寻乌调查》是我党调查研究的光辉典范，也是毛泽东一生中农村调查的一篇经典之作。毛泽东调查了寻乌地区的政治区划、交通、商业、旧有土地关系、土地斗争等。《寻乌调查》客观地反映了那个时代的中国国情，为切实解决中国问题提供了一个有效的范本。这是马克思主义中国化的起步。毛泽东说："中国的富农问题我还没有全般了解的时候，同时我对于商业状况是完全的门外汉，因此下大力来做这个调查。""我作了寻乌调查，才弄清了富农和地主的问题，提出解决富农问题的办法，不仅要抽多补少，而且要抽肥补瘦，这样才能使富农、中农、贫农、雇农都过活下去。假如对地主一点土地都不分，叫他们去喝西北风，对富农也只分给一些坏田，使他们半饥半饱，逼得富农造反，贫农、雇农一定陷于孤立。"

就在寻乌调查的同时，毛泽东写出了他的名作《反对本本主义》（原名是《调查工作》）。毛泽东在这篇名作中强调了调查研究工作的重要性，号召全党同志要到实际中进行调查研究。"没有调查，没有发言权"的珍贵名言和科学论断，是毛泽东在《反对本本主义》一文中提出的，一直影响到今天。毛泽东思想的活的灵魂的三个基本点，即实事求是、群众路线、独立自主的思想，由此初步形成。

新中国成立后的十多年间，毛泽东仍十分重视调查研究，大小调研上百次。1952年10月，毛泽东在河南考察人民胜利渠时，正碰上牧民尚景富赶着羊群迎面走来，尚景富一见小车，就准备赶羊群下堤让车。毛泽东立即指示停车让道，并步行上前同他拉家常，了解其生产生活情况。尚景富想不到国家主席会到路边跟自己说话，还让"官车"给自己和羊群让道，这让他非常激动、终生难忘。

决策是否对头，直接关系到一个地区、一个单位能否生存和发展。一个正确决策，不是从天上掉下来的，不是闭门造车造出来的，只能从准确判断客观情况中来，准确判断客观情况则来自系统缜密的调查研究。没有调查，就没有发言权；没有正确、客观、全面的调查，同样没有发言权。陈云同志说过："我们犯错误，就是因为不根据客观事实办事。但犯错误的人，并不都是没有一点事实根据的，而是把片面当成了全面。"20世纪30年代末，为了了解敌后根据地党的建设情况，他先后找9个乡的党支部书记谈话，边谈边记，反复谈了多次，直到把有关情况彻底弄清为止。陈云一生提倡"不唯上、不唯书、只唯实，交换、比较、反复"，前9个字是唯物论，后6个字是辩证法，体现着共产党人认识问题、分析问题的思想精髓。

作为党的领导成员之一，张闻天同志深感自己对中国实际情况缺乏深入了解，为补上这一"课"，经党中央同意，他从中央几个部门抽调9名干部，包括自己的夫人刘英，组成"延安农村工作调查团"，自己担任团长，到陕北、晋西北农村进行调查。从1942年1月至1943年5月，调查团先后到陕北神府县直属乡8个自然村，米脂县杨家沟村，晋西北兴县二区14个自然村等地调查；调查的重点是陕北和晋西北根据地的生产力和生产关系。在调查过程中，张闻天同志身体力行，同调查对象谈话后总要实地查看；调查材料分析研究汇总之后与被调查者见面，避免了"夹生饭"。

一个错误决策，譬如为匆忙上马没有市场的项目投资几百万元，会无情地导致企业"败走麦城"——产品大量积压，设备大都闲置，资金严重损失。决策错误的基本原因之一是忽视调查研究，不会调查研究，"不知有汉，无论魏晋"，不善于咨诹善道、察纳雅言。由此观之，调查研究尤为重要，是各级领导干部第一位职责，是做好一切工作第一步，是实事求是之基石，开创新局之途径。可见，调查研究之于领导干部，恰如大地之于安泰，不可以离开。

2011 年 11 月，习近平同志在中央党校秋季学期第二批入学学员开学典礼上，曾这样评价毛泽东的寻乌调查："直接与各界群众开调查会，掌握了大量第一手材料，诸如该县各类物产的产量、价格，县城各业人员数量、比例，各商铺经营品种、收入，各地农民分了多少土地、收入怎样，各类人群的政治态度，等等，都弄得一清二楚。这种深入、唯实的作风值得我们学习。"

2012 年 12 月，习近平履新不久就顶风踏雪来到太行山深处，这里道路狭窄崎岖，属全国连片特困区，人均年收入 900 多元，他对干部们说：如能看到真贫就值了！可见他对缩小城乡和区域差距的关心。

"空谈误国，实干兴邦。"在这个世界上，什么最容易、最省劲？空谈。空谈是"语言的巨人、行动的矮子"，比实干来得容易和轻巧，是一种形式主义，会误事、误国的。有些地方和部门习惯于"文山会海"，却感觉良好，鲜见改进工作作风的具体措施，尤其是忽视调查研究。

建设中国特色社会主义，是一项前无古人的开创性事业，需要培养和造就一批又一批崇尚实干、善于调查研究和敏于正确决策的领导干部队伍。我们前进在中国特色社会主义道路上，各种复杂的新情况需要我们去认识，许多重大的新问题需要我们去解决。我们一定要大兴调查研究之风，继承和发扬党的光荣传统，坚持深入基层，深入第一线，深入困难较多、矛盾尖锐的地方，开展系统的调查研究，以甘当小学生的精神，虚心向群众学习，了解真实情况，掌握工作主动权，努力做到决策成果的最优化。

在调查研究中坚持马克思主义哲学原则，就要坚持马克思主义的认识论。坚持马克思主义认识论，就必须始终坚持实事求是的原则。实事求是是调查研究的生命线。调查研究工作的优劣，归根结底取决于是否坚持实事求是。真正做到实事求是，才能从根本上保证党的路线方针政策和各项决策的正确制定与贯彻执行，保证我们在工作中尽可能防止和减少失误，即使发生了失误也能迅速得到纠正而又继续胜利前进。

什么样的调研深受群众欢迎？永远都是身入心入群众中间调研，提出的问题得到了有效解决。那些蜻蜓点水、走马观花式的调研，浪费时间和精力，历来为群众所反感。1988年，习近平同志在福建宁德任地委书记，到任3个月就走遍了9个县，后来又跑遍了全地区绝大部分乡镇，还走山路去了不通公路的偏远山区。这样的调查，生动体现了他所推崇的"吃别人嚼过的馍没味道"的求实作风。

调查研究始终是了解情况最有效的方法之一，也只有真正了解、掌握方方面面的情况，才能做到去伪存真。2002年，习近平同志到浙江不到9个月，就跑遍了69个县，亲力解决了老百姓所反映的大量问题。他每一次下基层调研，除了相关的必要人员外，轻车简从，不搞层层陪同、不带框框，既到条件好、发展快的典范区去总结经验，也到问题多、困难大的地方去研究问题、解决问题，力求做到听真话、摸实情、办实事、求实效。他到上海担任市委书记后，在不到半年时间里，就把上海市19个区县调研了一遍。2005年，习近平同志全年有117天在外调研，大的调研有30次，足迹遍及浙江全省各市。

中央的"八项规定"第一条就是改进调查研究，强调"到基层调研要深入了解真实情况，总结经验、研究问题、解决困难、指导工作，向群众学习，向实践学习"，由此可见，调查研究是改进作风的重要突破口和着力点，分量是十分重的。领导干部一定要搞好调查研究，坚持从群众中来、到群众中去，广泛听取群众意见，使决策符合实际情况，符合客观规律。调研过程中，要真正了解群众想什么、盼什么，把存在的问题和症结搞清楚，拿出管用的解决方案。要看落实了多少、进度怎样、群众是否满意，要让群众看到解决问题的明显成果。

这里须强调的是，调查就要解决问题。如果调查来调查去，调查材料放进办公桌里，能解决的问题也不着手抓紧解决，这样的调查无异于泥牛入海，胎死腹中。此乃调研之大忌。通过调查，看准的，就要敢于打破常规和旧框框，敢于探索和采用新思路、新举措，解决新问题，创造性地开展工作。正如一位领导同志所说，抓一件事就解决一个问题，解决一个问题就把工作向前推进一步，积小胜为大胜。

陈云调研十五字诀

陈云经历了中国革命、建设和改革各个时期：25 岁时成为中央候补委员，29 岁时成为中央政治局委员、常委，直到 1987 年党的十三大之后因身体和年龄的原因退出中央委员会。毛泽东曾夸陈云"人才难得"。邓小平曾称陈云是"改革开放的副总设计师"。

历史证明，坚持实事求是思想路线，是我们革命和建设事业取得成功的保证。实事求是中国共产党的决策哲学，是中国的决策成功之道。无论是在革命战争年代还是在和平建设时期，无论是做政治工作还是做经济工作，无论是在顺境还是在逆境，陈云都一以贯之地坚持实事求是的思想作风。

树立实事求是的作风，是党员干部作风修养中"最主要、最根本的东西"。陈云从他几十年的实践经验中总结出来的 15 字箴言："不唯上、不唯书、只唯实，交换、比较、反复"，概括提出了充满唯物辩证法的领导原则和工作方法，前 9 个字是唯物论，后 6 个字是辩证法，是对毛泽东的实事求是思想的创造性阐发。

陈云认为，"不唯上"，并不是可以不听领导的话，更不是不执行上级的决定，而是要吃透上级指示的精神实质，从实际出发，与本地区、本部门的实际结合起来，创造性地开展工作、抓好落实，反对照抄照转、生搬硬套。对不符合本地区、本部门实际情况的，就要如实地向上反映。对某个领导人讲话或者某一文件本身出现错误之处，要敢于和善于提出意见，不能盲目照办。一切要从当时当地群众的根本利益出发，把对上级负责和对群众负责统一起来。

"不唯书"，不是说书本、文件不要读，更不是离开马克思主义基本原理，而是不能把书本、文件当作教条，去搞教条主义，而是学习书本知识要以领会精神实质为主，注重按照客观规律办事，发扬理论联系实际的学风，真正做到知与行的统一。

"只唯实"，就是只有从实际出发，察实情、讲真话、办实事，具体情况具体分析，反对简单化、片面性和绝对化，实事求是地研究处理问题，使主观与客观相统一、认识与实践相符合，这才是最靠得住的。陈云说："从实际出发的关键是，从片面的实际出发，还是从全面的实际出发。"一定要把实际看完全，把有关的各种情况弄清楚，这才真正算是从实际出发。他说："我们犯错误，就是因为不根据客观事实办事。但犯错误的人并不都是没有一点事实根据的，而是把片面当成了全面。"他认为，重要的是把实际看完全，把情况弄清楚，其次是决定政策，解决问题。难者在弄清情况，不在决定政策，只要弄清了情况，不难决定政策。

怎样弄清事实和解决问题，陈云概括为"交换、比较、反复"。"所谓交换，就是通过交换意见，使认识比较全面。交换意见，不仅要听正面意见，更要听反面意见。所谓比较，一是左右的比较……二是前后的比较……所谓反复，就是事情初步定了以后还要摆一摆，想一想，听一听不同意见。即使没有不同意见，还要自己设想出可能有的反对意见。

我们反复进行研究，目的是弄清情况，把事情办好。"

为了全面地而不是片面地把握事实，必须集体讨论，交换不同的观点和看法，彼此启发，克服片面性，从"交换"中取长补短，达到思想认识的统一，全面地看问题。

不同的意见、方案进行对比，判断优劣，包括正确和错误的比较。如果只拿出一种方案作为拍板的依据，就很可能出现片面性和失误，因而必须通过对两种以上的方案做比较和鉴别，把握矛盾的特殊性，把情况搞得更清楚，权衡利弊得失，做出最佳选择。

交换、比较不是一次就可以了，决定问题不要太匆忙，还必须留一个反复考虑的空间，多想想、多听听、多看看，认识才能全面、准确，认识事物的本质。陈云讲的"反复"，是对马克思主义认识论的生动表述。认识一个事物不是一次完成的，需要实践、认识、再实践、再认识的循环往复过程。"交换、比较、反复"是达到"不唯上、不唯书、只唯实"的基本途径。

这15个字，陈云说了一辈子，也做了一辈子。抗日战争胜利后不久，党中央派彭真、陈云、伍修权等6人首批到达东北。在崭新而复杂的国内外形势下，党的工作应该采取什么方针和步骤是一个十分棘手的问题。陈云运用不唯上、不唯书、只唯实，交换、比较、反复的思维方法，经过两个多月调查研究，主持起草了《对满洲工作的几点意见》，得到了中共中央的充分肯定。

实事求是的过程从根本上说，就是从客观实际出发，揭示事物的客观规律，得到正确的认识，再用正确的认识指导实践。陈云非常注重调查研究工作。陈云主持会议、研究重要问题，总是请持有不同意见的同志把观点摆出来，畅所欲言，多方面听取意见，即使是极端的意见，他也仔细推敲。他说："不怕人家说错话，就怕人家不说话。"他有一句名言："我们做工作，要用百分之九十以上的时间研究情况，用不到百分之十的时间决定政策。"他针对有的同志天天忙于决定这个、决定那个，很少调查研究的做法指出："这种工作方法必须改变。要看到，片面性总是来自忙于决定政策而不研究实际情况。"

许多干部反映，在革命和建设中许多难题，到了陈云同志手中，他三调查两调查，就找到了正确的出路，使难题得以解决。越是解决关键时刻的关键问题，越能显示出他调查研究的功力。

陈云奉命到东北工作，通过调查研究，很快熟悉了情况。他纵观东北全局，并根据他在农村发动群众建立北满根据地的经验，向中央建议要依靠广大农村和中小城市建立东北根据地，受到毛泽东的称赞，并依此为中央起草了建立巩固的东北根据地的指示。以后他又提出坚持南满斗争的方针，取得了四保临江的胜利，配合三下江南及夏秋季攻势的胜利，赢得了东北战略进攻的转变。沈阳是全国第一个解放的大城市，中央委任陈云担任军管会主任。他深入调查研究，使接管顺利完成，并取得了丰富经验，上报中央后，毛泽东亲自批示全国各地参照执行。

更令人敬佩的是，陈云在受到严厉批评指责后，仍然坚持实事求是的原则。在错综复杂的经济形势下，他从实际出发，为减少国民经济损失作出了巨大贡献。

1958年，陈云因1956年反对冒进，两次受到毛泽东的严厉批评。

在"大跃进"搞得如火如荼之际，钢、煤、粮、棉四大指标层层加码。陈云认为不切实际，向中央有关领导建议不要对外公布目标，但没有受到重视。

到1959年春，工业生产形势表明，2000万吨或1800万吨钢的指标已不可能实现，而且各地反映，许多春耕农用物资、人民生活用品等纷纷告急。在不久后召开的上海会议上，毛泽东高度评价陈云："真理有时掌握在少数人手里，甚至一个人手里。"毛泽东委托陈云落实钢铁生产指标。

在当时极为复杂和困难的情况下，陈云坚持实事求是，从实际出发，妥善处理了这个关系全局的重大问题，对当时及以后若干年稳定国民经济和人民生活、发展生产，起了重大作用。

现在有些领导缺少调查研究，对实际情况不够了解，只得讲一些官话、套话；有些官员怕得罪人，影响自己的利益，于是讲些官话、套话，这样不痛不痒、四平八稳。改变这种不良的作风，就要学习陈云实事求是的思想作风、敢讲真话的高尚品格，多深入基层调查研究。

深入一线亲自调查研究

习近平同志于 2012 年 12 月 29 日下午，冒着严寒，驱车 300 多公里，来到太行山深处的阜平县，连夜听取当地工作的汇报。习近平说："专程来这里看望大家，就是为了解我国现在的贫困状态和实际情况。你们（当地干部）得让我看到真正情况，不看那些不真实的。所以走得远一点，哪怕看得少一些，是真实的，才是值得的。"

从阜平县继续往西走约 50 公里，经过一段山路，就到了龙泉关镇骆驼湾村。2012 年 12 月 30 日之前，连阜平县城里的很多居民都不了解这个村子的存在。

30 日，习近平在河北省委书记陪同下，踏着残雪，来到骆驼湾村，走进困难群众唐荣斌家、唐宗秀家看望，盘腿坐在炕上，同乡亲手拉手，询问他们一年下来有多少收入、粮食够不够吃。看到一些乡亲尚未摆脱贫困、生活还比较困难，习近平强调，只要有信心，黄土变成金……

随后，习近平来到龙泉关镇顾家台村看望困难农户。习近平同村干部、群众、驻村干部促膝相坐，共商加快脱贫致富之策。他叮嘱要原原本本把党的政策落实好，想方设法尽快让乡亲们过上好日子。

记者在阜平县总书记所住宾馆看到一餐单——4 个热菜：红烧鸡块、阜平炖菜、五花肉炒蒜薹、拍蒜茼蒿；一个猪肉丸子冬瓜汤；主食水饺、花卷、米饭和杂粮粥。特别交代不上酒水。宾馆餐厅经理贾春红说，都是家常菜，比以往一些接待简单多了。

宋朝大理学家朱熹在《语类》卷十四中指出："知之愈明，则行之愈笃；行之愈笃，则知之益明。"这两句话的核心是指出作为领导者要想情况明，必须自己深入下去，这样才能相得益彰。

因此，作为领导者特别是一把手，要做到正确实施对工作的领导，养成工作积极向上主动抢先的习惯，单靠领导者地位和权力的影响力以及单凭个人的智慧、水平、品质的带动力是不够的，仅凭老经验、老办法和传统的思维方式是不行的，那些照转上级指示、照搬外地经验的形式主义更是无益的，必须时刻把调查研究挂在心上，牢牢抓在手上，坚持深入一线，从多方面改进和坚强调查研究，集中大家的智慧，才能形成正确决策。由于新情况和新问题层出不穷，因而要求我们调查研究这个老做法永远要做新文章，使原有决策臻于完善和丰富发展。从认识规律来说，人们面临的事物、矛盾越是复杂、多样、变化快，就越需要防止认识的简单、片面和僵化，因而越需要搞好调查研究。

一直以来，习近平同志有一句话广为流传："当县委书记一定要跑遍所有的村；当地市委书记，一定要跑遍所有的乡镇；当省委书记应该跑遍所有的县市区。"他主政浙江时，仅用了 9 个月就跑遍了 69 个县，亲力解决了老百姓所反映的大量问题。

习近平 2011 年在中央党校强调："现在的交通通信手段越来越发达，获取信息的渠道越来越多，但都不能代替领导干部亲力亲为的调查研究。因为直接与基层干部群众接触，面对面地了解情况和商讨问题，对领导干部在认识上和感受上所起的作用和间接听汇报、看材料是不同的。通过深入实际调查研究，把大量和零碎的材料经过去粗取精、去伪存真、由此及彼、由表及里的思考、分析、综合，加以系统化、条理化，透过纷繁复杂的现象抓住事物的本质，找出它的内在规律，由感性认识上升为理性认识，在此基础上作出正确的决策，这本身就是领导干部分析和解决问题本领的重要反映，也是领导干部思想理论水平和工作水平的重要反映。领导干部不论阅历多么丰富，不论从事哪一方面工作，都应始终坚持和不断加强调查研究。"

2012 年 12 月 29 日下午，总书记冒着严寒，驱车 300 多公里，来到太行山深处的阜平县，连夜听取当地工作的汇报。他说："专程来这里看望大家，就是为了解我国现在的贫困状态和实际情况。你们（当地干部）得让我看到真正情况，不看那些不真实的。所以走得远一点，哪怕看得少一些，是真实的，才是值得的。"

从阜平县继续往西走约 50 公里，经过一段山路，就到了龙泉关镇骆驼湾村。2012 年 12 月 30 日之前，连阜平县城里的很多居民都不了解这个村子的存在。

30 日，在河北省委书记陪同下，总书记踏着残雪，来到骆驼湾村，走进困难群众唐荣斌家、唐宗秀家看望，盘腿坐在炕上，同乡亲手拉手，询问他们一年下来有多少收入、粮食够不够吃。看到一些乡亲尚未摆脱贫困、生活还比较困难，习近平强调，只要有信心，黄土变成金……

随后，总书记来到龙泉关镇顾家台村看望困难农户。同村干部、群众、驻村干部促膝相坐，共商加快脱贫致富之策。他叮嘱要原原本本把党的政策落实好，想方设法尽快让乡亲们过上好日子。

身体力行地搞好调查研究，必须克服"工作忙顾不上""遇事拍脑门、出事拍大腿"的不良作风，把调查研究这门软科学作为第一位工作始终不渝地坚持下去。要从管理层特别是决策层抓起，从领导者自身做起，到车间班组去，到最艰苦的地方去做细致的调研，发挥好感官作用，拿出有分量的决策方案和依据。实践证明，这样调研的好处是工作重心明确，主攻方向突出，节奏感较强。在调研中要把陈云同志所说的"不唯上、不唯书、要唯实"和"全面、比较、反复"作为座右铭，不能希图调研一两次就完全弄清了事情的来龙去脉，就把握了它的内在联系；特别是对重大而复杂的情况，更不能抓到一鳞半爪就乱发议论或匆忙作结论。必须虚心体察和详细掌握情况，在调查中研究，在研究中再调查，才能逐步对问题的本质以及各部分各方面之间的联系有正确的认识，引出正确的结论。

身体力行地搞好调查研究，需要抓好超前性调查研究。为了抓好工作，重视决策后的贯彻落实很关键，而决策前的研究分析论证也不容忽视。我们过去有不少工作失误，与没有好的思路、决策不对路有直接关系。超前性调研具有探索的性质，是产生新思路和预见之源泉，是正确决策之先导。据资料记载，1970年9月基辛格看到几张航空照片后预言："古巴大修足球场，可能意味着战争。"古巴人传统上不踢足球，而苏联人爱踢足球，修建足球场后，会有大批苏联人来古巴。后来证实，苏联人果然在古巴建立了军事基地。我们应高度重视超前性调研，使这种工作思路的研究比决策有个"提前量"，为正确制订工作方针、目标、措施提供依据。

搞好调研就要坚持实践第一，一切从实际出发，敢于突破框框。要思前人之未思，做前人之未做，走前人之未走。要敢碰书本上说过的，特别是经过后来实践证明是站不住脚的；敢碰文件上规定的，尤其是前后文件有矛盾的、错误的；敢碰领导人讲过的，尤其是被多数人公认的；敢于率先推出新经验，适时创造好方法，特别是带有方向性的，提出符合实际而独到的新见解。在调研中，要善于从整体和全局高度提出问题，了解情况，制定对策。既要对微观的具体问题进行调研，也要重视对宏观的全局性问题进行调研；既要从一个侧面解剖问题，更要从多侧面分析综合。对于复杂问题，应当组织各方面力量调研，以便集中更多见解和智慧，使认识得到升华，使理性认识能够指导实践。

搞好调研就要有乐于听取不同意见的度量。不要一听到不同意见便脸露不快，立即顶回去。不管谁提意见，只要对工作有利，就应当给予热情鼓励；要严格剖析自己，勇于对自己的缺点、错误作自我批评；对提出的问题能改就改，不应敷衍应付。古人说："江海所以能为百谷王者，以其善下之。"作为领导者，当你到所属单位调研，职工提意见还缺乏胆量时，应该扪心自问：我是否有"江海"一般的度量？

领导干部到下面调查研究，其作风的好坏，是否清正廉洁，基层干部和群众都看在眼里，记在心上，而且会有所评价。如果他们评价好，就会从内心感到敬佩，在工作上积极配合；反之，虽然表面顺从，实则敷衍了事，搪塞过关，也就会影响调研质量。所以，领导干部下去调研，一定要轻车简从、清正廉洁，切不可兴师动众、前呼后拥，给基层徒增麻烦；更不能借调研、考察之机，去吃喝玩乐、游山玩水，"早晨车轮转，中午桌子转，晚上裙子转"。

事实雄辩地证明，调查研究既是制定方针政策之基础，又是争创第一流工作之前提。哪个领导者带头深入基层调查研究，把调研贯穿于领导工作始终，哪个单位工作就思路对、办法多、效果佳、有生气。反之，领导者如果经常奔波或被卷入文山会海、迎来送往、宴请作陪、开业庆典等活动，就没有时间深入基层调查研究，就会出现靠拍脑门指导工作，问题就难以解决，就会成为糊涂官，陷入官僚主义和形而上学的泥坑，决策就有失误之虞。因此可以说，不会调查研究就不会当领导者，没有调查研究就没有资格去做决策。遇事拍脑门，想咋干就咋干，是对党的事业不负责的表现。

特别需要指出的是，为使领导者调研经常化，应实行领导者调研课题负责制，即定期把工作重点和群众关心的"热点"问题，把工作难点问题列出题目，分别落到人头。不准动口不动手，不准挂名不出征。要亲自拟订提纲，亲自俯身调查研究，亲自撰写调查报告。上级领导要定期考核调研进展情况，包括有多少调研成果转化为领导者的思想、观点和方法，对整体工作有多大的促进。

调查研究接地气

深入调查研究是"党的一项基本工作方法和领导制度"。要了解不断变化的实际情况，作出正确决策，不能从"本本"出发，不应靠主观臆断，只能从实际出发，深入实际进行调查研究，把客观存在的事实搞清楚，把事物的内部和外部联系弄明白，从中找出能够解决问题、符合群众要求的办法来。

毛泽东是我们党内从事调查研究的开创者。他撰写的《中国社会各阶级的分析》《湖南农民运动考察报告》《寻乌调查》《兴国调查》《井冈山的斗争》《论十大关系》等重要文献，都是在深入调查研究的基础上完成的。

毛泽东曾精辟概括："领导者的责任，归结起来，主要的是出主意、用干部两件事。"无论哪个层次的领导，首先遇到的就是出主意的问题，也就是拍板、决策。领导干部做决策时，都需要通过调查研究去弄清情况。陈云说过："难者在弄清情况，不在决定政策。只有弄清了情况，不难决定政策。"可见调查研究、弄清情况，是出好"主意"之基础和前提，是"谋事之基，成事之道"。决策是否对头，直接关系到一个国家、一个地区、一个单位能否生存和发展。有些同志"情况不明决心大，心中无数点子多"，制定的决策和办法针对性和可操作性不强，归根结底还是调查研究少了一点。一个正确决策，不是从天上掉下来的，不是闭门造车造出来的，只能从准确判断客观情况中来，准确判断客观情况则来自系统缜密的调查研究。

一些党员领导干部忙碌于迎来送往，满足于看材料、听汇报、上网络，很少深入基层，坐在办公室关起门来作决策；有的领导干部在工作作风上存在形式主义，讲排场、比气派，注重工作形式，忽视实际效果，满足于会议开了，文件发了，就会议传达会议，就讲话学习讲话，就文件落实文件，调查研究少，实际检查少，工作落实少；有的自认为熟悉本单位、本部门情况，对出现的新矛盾、新问题反应不敏锐，对客观情况变化提出的新课题新挑战应对不得力，凭经验主义办事，拍脑袋决策；有的领导干部下基层，人没到电话先到，刻意强调一些"要求"，生怕基层接待不周；有的要求警车开路，官员陪同，记者随行，前呼后拥，派头十足；有的借下基层之名，行"吃拿卡要"之实；有的调研走过场，只看"盆景式"典型，满足于听听、转转、看看，蜻蜓点水、浅尝辄止。这些不良倾向影响了党和政府在人民群众心目中的形象。官僚主义、形式主义已经让人民群众焦虑、厌烦、厌恶。

一直以来，习近平同志有一句话广为流传："当县委书记一定要跑遍所有的村；当地市委书记，一定要跑遍所有的乡镇；当省委书记应该跑遍所有的县市区。"他主政浙江时，仅用了 9 个月就跑遍了 69 个县，亲力解决了老百姓所反映的大量问题。他每一次下基层调研，除了相关的必要人员外，轻车简从，不搞层层陪同、不带框框，既到条件好、发展快的典范去总结经验，也到问题多、困难大的地方去研究问题、解决问题，力求做到听真话、摸实情、办实事、求实效。习近平同志说，调研中可以有"规定路线"，但还应有"自选动作"，看一些没有准备的地方，搞一些不打招呼、不作安排的随机性调研，力求准确、全面、深透地了解情况，避免出现"被调研"现象，防止调查研究走过场。

要大力克服主观主义尤其是决策上的主观主义，反对不顾客观实际盲目的决策、指挥和干事，身子要沉下去，心思要向基层，解决作风漂浮的毛病。习近平曾说，到边远地方去，同群众聚一聚，见见面，聊聊天，有什么不好？有些地方待上一天也可以，把情况摸透了，心中更有数。搞得深一些，比浮光掠影、走马观花走好几个点效果要好。关键是不要弄虚作假。他说，"要拜人民为师、向人民学习，放下架子、扑下身子，接地气、通下情"。

2012年12月，中共中央召开政治局审议通过关于改进工作作风、密切联系群众的八项规定。第一项规定就是："要改进调查研究，到基层调研要深入了解真实情况，总结经验、研究问题、解决困难、指导工作，向群众学习、向实践学习。"中央"八项规定"，从改进调查研究入手，是对群众诉求的一个及时回应，是密切联系群众、转变工作作风的一个非常好的切入点。

不会调查研究就不会当领导者，没有调查研究就没有资格去做决策。要大力克服主观主义尤其是决策上的主观主义，大力反对不顾客观实际盲目地决策、指挥和干事，身子要沉下去，心思要向基层，解决作风漂浮的毛病。

实践证明，各级领导干部深入基层、深入群众调查研究，多为群众办实事、解难事，在基层群众心目中树立起人民公仆的良好形象，是新形势下密切党群干群关系、深入贯彻落实科学发展观的有效途径。党员领导干部在下基层时，要防止出现"四多四少"现象：浮在上面靠手机、报表、汇报搞"遥控"调查多，深入基层调研少；当"先生""下车伊始"的多，甘当"小学生"虚心向群众学习的少；讲求享受、实惠的多，做艰苦工作的少；"走马观花"、蜻蜓点水的多，脚踏实地、亲自动手、真正解决问题的少。应给自己来个"约法三章"，少一些事前通知，多一些微服私访；少一些前呼后拥，多一些轻车简从；少一些隆重接待，多一些自找吃住；少一些迎来送往，多一些克己自律，不给基层添麻烦、加负担。

深入实际调查研究，包含着我们党的许多传统的优良作风，包含着许多马克思列宁主义的科学的工作方法。领导干部一定要坚持从群众中来、到群众中去，广泛听取群众意见，搞好调查研究。历史的和现实的经验证明，思路对，办法多，效果佳，得益于深入基层调查研究；决策失误，走弯路，受损失，也与没搞好调查研究密切相关。

调查研究是科学决策的根本途径。科学决策需要掌握多方面的情况，需要分析研究事物发展规律，需要积极借鉴外地的成功经验，这些都离不开调查研究。二十大《党章》第三十六条规定：党的各级领导干部必须"坚持解放思想，实事求是，与时俱进，开拓创新，认真调查研究，能够把党的方针、政策同本地区、本部门的实际相结合，卓有成效地开展工作，讲实话，办实事，求实效"。

加强调查研究不仅仅是一个工作方法问题，还是制定方针政策之基础，是实事求是的必然要求，又是争创第一流工作之前提，关系党和人民的事业得失成败。

调查到情况，研究出成果，必须围绕大局，把握中心，确定调研选题。要围绕大事、要事调研，不要纠缠于小事。既要置身事中，增强感性认识，在具体工作中发现问题，总结经验和教训；又要置身事外，站到一个高点重新审视，从宏观上把握。

要善于解剖"麻雀"，发现典型，总结典型，以点带面，用典型指导来推动工作。要改进领导方式的和领导方法，少一些行政命令，多一些示范引导，把党委的思想和意图化为群众的意愿，变为群众的自觉行动。

在调研中，倾听很重要，是尊重别人的表现。外国有句谚语："用十秒钟的时间讲，用十分钟的时间听。"善于倾听，是调研深入有实效的要诀之一。

倾听是信息的来源，是心灵的交融。学会倾听，就能够对人多一分理解，多一分关怀；就能对事情、对道理多一分体会，多一分判断。

我们党员领导干部，每周拿出两三天时间到基层调查研究、检查工作，是办得到的。这样坚持数年，善莫大焉，益处多多。

多向群众请教

南宋诗人杨万里，一生作诗二万首。他的"小荷才露尖尖角，早有蜻蜓立上头"，为千百年来人们所传诵。当然，这样的大才子也并非无所不知。有一天，杨万里说话时把"晋于宝"说成"晋干宝"，一旁的小吏告诉他乃"于宝"，非"干"也。杨万里高兴地称小吏："汝乃吾一字之师也！"这个故事从一个侧面说明诗人学者向周围的人学习的虚心态度，而能成为"一字师"者，往往也是肯于钻研、知识面广的人。

诚如大家所言，给人一杯水，自己得有一桶水。换言之，"博观而约取，厚积而薄发"。如今全面改革开放，有许多东西我们尚不熟悉。缺乏知识而孤陋寡闻，容易产生片面认识，难以左右逢源、举一反三。黑格尔认为："无知者是不自由的，因为和我对立的是一个陌生的世界。"

若要进步，要成事，需高人指路。当年刘邦打仗不如韩信，谋略不如张良，治政不如萧何，但他能虚心请教、学其精华、补己短板、察纳雅言，最后打败了强大的项羽。当过和尚、实力不强的朱元璋，能够战胜很厉害的陈友亮和张士诚，一个重要因素是他诚恳听取刘伯温、高升的谋划和指点，长袖善舞，以谋取胜。

老革命家吴玉章有过拜小服务员为"一字之师"的故事。1958年，他应《红旗飘飘》编辑部的约稿，把1942年写的五言古诗《和朱总司令游南泥湾》拿出来抄写。身边一位姓张的青年服务员看到诗中"纵横百余里，'回乱'成荒地"两句，不解其意，便问吴老。

吴老说：南泥湾原来是回族聚居地，物产丰富。由于清政府横征暴敛、残酷剥削，逼得回族群众起来造反，被清兵镇压，使南泥湾荒无人烟。那位小同志说：你经常给我们讲，哪里有压迫，哪里就有反抗，回族群众造反有理嘛。"回乱"二字，看上去仍觉得南泥湾"成荒地"的责任是在回民身上。吴老赞赏地说："对，对，对，提得好！我写诗只是沿用历史上的说法，没有仔细推敲。"

经过一番斟酌，把"回乱"改成了"剿回"。符合了历史的本来面目，既歌颂了回民的革命精神，又鞭挞了清朝政府的反动统治。后来吴玉章称这位小服务员为"一字之师"。

"一个人必须随时随地向别人学习，而且活到老，学到老，才能不断取得进步，才能避免发生错误和及时纠正错误。"吴玉章既是这样说的，也是这样身体力行的。

深入群众，放下架子，拜群众为师，始终是共产党人的永恒课题。学习人民、尊重人民，才能更好地服务人民。习近平同志在全国创先争优表彰大会上明确提出，要"拜群众为师，向群众问计"。拜人民群众为师，是共产党人的优良传统。火热的基层，沸腾的一线，有许许多多没有名气但颇有真才实学的人，都各有所长，正所谓人才济济也，领导干部深入群众，博采众长，就能提升灵性、充实自己，将群众的智慧集于一身。只有问政于民、问需于民、问计于民，才能摸清情况、发现短板、增加本领。

千万不要认为群众的文化水平低，知识面没有自己高，不愿把群众当作老师。认为自己比群众高，放不下身段当小学生，不仅疏远了群众，容易造成干群隔阂，而且失去了向群众学习的一个个好机会。领导干部再聪明、再博学，也不可能尽知天下事，总有些知识不晓得，总有些经验不具备。智慧从哪里来？来自向别人请教、咨询。孔子曰："三人行，必有我师。"不耻下问之时，就是增添智慧之日。

拜群众为师，向群众学习，是领导干部克服官僚主义、勤政为民、彰显人生价值的实现途径。领导能力和领导水平，只有在工作实践中才能得到提高。实践是认识的源泉——一切知识都是从实践发源的。人民群众是一切实践活动的主体，基层是工作实践的大课堂、干事创业的大舞台。群众是最好的老师。向实践学习，从实践中总结经验，实质上就是向人民群众学习，总结人民群众的实践经验。毛泽东说过："我们应该走到群众中间去，向群众学习，把他们的经验综合起来，成为更好的有条理的道理和办法，然后再告诉群众（宣传），并号召群众实行起来，解决群众的问题，使群众得到解放和幸福。"

坚持群众路线，是我们党夺取各项事业胜利的根本保证，是取之不尽的力量源泉。人民群众中蕴藏着无穷的力量和智慧。基层的群众最聪明，基层的语言最生动，基层的课堂最精彩，基层的经验最丰富。离开了群众就是无水之源、无本之木。"从群众中来，到群众中去"，这个传家宝永远不能丢。因此，领导干部在实际工作中，必须摆正自身位置，想问题、办事情都要虚心向群众学习，从群众那里学真经、寻答案，善于运用群众创造的经验来指导工作，开创新局。

只有拜群众为师，甘当群众的小学生，向群众学习，才能提高自己的能力和素质，增强服务群众的本领。毛泽东有句名言："群众是真正的英雄，而我们自己则往往是幼稚可笑的，不了解这一点，就不能得到起码的知识。""'三个臭皮匠，合成一个诸葛亮'，这就是说，群众有伟大的创造力。"毛泽东说，"中国人民中间，实在有成千成万的诸葛亮，每个乡村，每个市镇，都有那里的诸葛亮。我们应该走到群众中间去，向群众学习"，并表示要"和全党同志共同一起向群众学习，继续当一个小学生"。

领导干部拜群众为师，向群众学习，要克服高高在上、不把群众放在眼里、自己比别人知道得多的优越心理。近些年，一些领导干部把我们党长期坚持的深入基层、服务群众、面对面做好群众工作的好传统丢掉了，不深入群众调查研究，缺少对普通群众生活的切身体验，习惯于用电话、网络与群众沟通，只闻其声，不见其人，工作拍脑袋、想当然，丢弃了向基层群众学习的好机会。2019年10月，《求是》杂志发表习近平总书记重要文章《推进党的建设新的伟大工程要一以贯之》。他在文中指出，不能搞做指示多、虚心求教少的"钦差"式调研。把古代的钦差大臣与调研联系起来，指的就是有的领导干部出去调研之前，电话先行、要求这要求那，到基层后端着官架子，颐指气使，自以为是，认真调研少，空泛的指示多。

这种状况不能再继续下去了。一定要摒弃官僚主义、降低身段、俯下身子，以小学生的姿态，虚怀若谷、真心实意地向群众学习请教，倾听群众呼声，态度真诚，开诚布公，推心置腹，这样才能听到真言，听得入耳入心。如果高高在上、盛气凌人，就不会去倾听群众呼声，也听不到真言。20世纪90年代，习近平同志到福州任职不久，倡导推动"进万家门，知万家情，解万家忧，办万家事"，提出4点具体要求，第一条就是"要深入扎实，不搞形式主义，要真心实意地深入群众，与群众交朋友，而不是为下基层而下基层"。

"谦恭和之，客必争趋。"应拜群众为师，多向群众请教，多向经验丰富的同志学习，谦虚谨慎，宽宏大度，才能不断提高自身素质、有新的作为。高尔基说得好："智慧是宝石，如果用谦虚镶边，就会更加灿烂夺目。"在群众和下属面前，要做到谦恭而不失原则，委婉协商而不以势压人，态度坚定而不颐指气使。在上一级领导面前，既要敢于陈述己见，又要善于全面领会上级意图，学会适应不同领导的思维方式、领导方法，"心有灵犀一点通"。无论在什么时候，都不要以为自己知道了许多，更不要巧伪、骄狂、刚愎，应当虚心向群众求教，同大家保持融洽的关系。

只有拜群众为师、善于做群众学生的人，才可能做群众的先生。工作中遇到问题时，先问问群众怎么看、怎么干，问政于民、问需于民、问计于民，诚恳地与人民群众进行交流，从群众的思想和实践中汲取有益经验，集中群众智慧，完善工作思路，改进工作方法，引领群众前进。

延伸 阅读

从前，有一只海鸟从大海上飞来，栖息在鲁国京城的郊外。鲁国的君侯看见后以为是只神鸟，便派人小心翼翼地捉住，亲自在宗庙设宴隆重地迎接它，并恭恭敬敬地把这只海鸟供在了庙里，让它生活得和自己一样。

鲁侯令乐师为海鸟演奏虞舜时的《九韶》乐曲，派厨师做出丰盛佳肴供它食用，献出最好的酒请它喝。

海鸟被弄得不知所措、心惊胆战，不敢吃一块肉，也不敢饮一口水，也不敢尝美酒，三天后就连饿带吓地死掉了。鲁侯看到海鸟死了，怅然若失地哀叹："唉，这海鸟怎么会不明不白就死了呢？"这位君侯的愿望是好的，他哪里知道，他是用供养自己的方法来供养海鸟，而不是从实际出发，掌握鸟的习性，用养鸟的方法来养鸟啊！

客观事物是复杂多样的，各有各的特点。办任何事情都不能仅凭主观愿望，必须深入地了解、认识客观实际，按规律办事，不明真相就进行调查，向群众请教，进行周密的研究，良好的愿望才能实现。

做实事求是派

实事求是，始终是中国共产党人认识世界和改造世界的根本要求，是我们党的基本思想方法、工作方法和领导方法。共产党人要始终贯彻执行党的实事求是的思想路线，时时处处牢记实事求是、践行实事求是，以实事求是的思想作风洗涤灵魂、付之于行，才能将中华民族伟大复兴推向前进。

在党的十九大报告中，习近平同志强调："弘扬忠诚老实、公道正派、实事求是、清正廉洁等价值观，坚决防止和反对个人主义、分散主义、自由主义、本位主义、好人主义，坚决防止和反对宗派主义、圈子文化、码头文化，坚决反对搞两面派、做两面人。"

实事求是，是马克思主义大厦的基石，是毛泽东思想的精髓，是中国共产党的思想路线的本质特征，是党的生命线和活力所在。实事求是，是中国革命和建设事业兴衰成败之关键，是我们党永葆蓬勃生机之法宝，同时也是坚持求真务实政治品格的真谛。实事，就是客观的、变化的实际情况；求是，就是找出事物本身固有的规律。实事求是是树立正确世界观的基础，是党员干部从事各项工作的一种科学精神和优良作风，是为人处事的根本原则和政治品格。无论是对己、对人，还是对事，都要努力做到不唯书、不唯上，只为实。毛泽东同志曾指出："聪谓多问多思，实谓实事求是。持之以恒，行之有素，总是比较能够做好事情的。"

求"是"的前提是见"实"。现在有了网络、有了手机，不出门也可以"尽知天下事"。不过，"打打电话、发发微信，听听汇报、看看材料"而来的"知"，终究少了些实实在在的感知，也少了些人无我有的发现，更可能听不到那些"沉没的声音"，看不清那些"模糊的背影"。1961 年 5 月，周恩来在河北伯延与乡亲们同吃同住同劳动，了解到真实情况，伯延由此成为全国第一个取消集体食堂的人民公社。"我们党讲党性，我看实事求是就是最大的党性。"改革开放前夕，习仲勋深入广东基层调研，看到三个人拉一张犁耕地，感叹"解放 29 年了，还是刀耕火种时代的耕作水平"。以此为契机，他带领广大干部找到了经济恢复的突破口。

习近平同志指出："实事求是作为党的思想路线，它始终是马克思主义中国化理论成果的精髓和灵魂，即是毛泽东思想的精髓和灵魂，是包括邓小平理论、'三个代表'重要思想以及科学发展观在内的中国特色社会主义理论体系的精髓和灵魂；它始终是中国共产党人认识世界和改造世界的根本要求，是我们党的基本思想方法、工作方法和领导方法，是党带领人民推动中国革命、建设、改革事业不断取得胜利的重要法宝。"

实事求是的过程从根本上说，就是从客观实际出发，揭示事物的客观规律，得到正确的认识，再用正确的认识指导实践。实事求是讲起来容易，真正实践并不容易——客体复杂难把握，主体素质难提高，但我们又不能离开实事求是—— 一切活动都需要寻找这个规律，符合、驾驭和享用它。除此之外别无其他，就像人无法提着自己的头发离开地面一样。忽视和丢弃实事求是，我们的事业就会发生失误，受到挫折。在历史上的一些时期，我们曾经犯过错误甚至遇到严重挫折，根本原因就在于当时的指导思想脱离了中国实际。我们党能够依靠自己和人民的力量纠正错误，在挫折中奋起，继续胜利前进，根本原因就在于重新恢复和坚持贯彻了实事求是。

在为中华民族谋复兴的伟大征程中，能否做到实事求是，是做好工作之关键。值得注意的是，一些地区、单位和个人仍然存在着程度不同的违背实事求是原则的现象。其主要表现在：有的领导干部热衷于、善于搞那种图虚名、装门面、掺水分的"假""大""虚""空"；有的干起工作来总爱搞些"花架子"忽悠组织，摆些"假样子"糊弄群众；有的论起政绩来不是端些"盆景"虚晃一下，就是亮出"样板"炫耀几下；工作不结合本地区、本单位实际，热衷于一阵风，简单地搞形式主义，主观武断，重大事情一个人说了算；定项目时拍脑门，争项目时拍胸脯，项目搁浅时拍屁股（一走了之）；为达到小团体利益和个人私利，对上弄虚作假，对下坑蒙拐骗，如产值利润胡编乱造，财政虚收虚报。上述种种表现无实事求是之意，是党性不纯、不正、不真的表现，是想法不切实、做事不扎实、工作不落实的表现。

共产党人党性的一个重要表现，就是坚持实事求是。把坚持实事求是作为思想作风建设的重要课题，掌握理论精髓和精神实质，解决好世界观和方法论问题，使自己在行动上自觉防止脱离实际。加强党性修养锻炼，摆脱名、权、位的私欲，做决策、办事情，从具体工作实际出发。

二十大党章指出："坚持解放思想，实事求是，与时俱进，开拓创新，认真调查研究，能够把党的方针、政策同本地区、本部门的实际相结合，卓有成效地开展工作，讲实话，办实事，求实效。"把实事求是牢记在心，坚持实事求是，终生实践，做出表率，必须有科学的思想方法和工作方法，应从以下几个方面入手：

用习近平新时代中国特色社会主义思想武装头脑。学会用马克思主义世界观和方法论观察分析问题，在主次杂糅、互为因果、纷繁复杂的情况面前，头脑清醒，是非分明，抓住关键，把握事物发展的必然性和发展方向，注意事物发展的质的规定性，科学地掌握事物发展的"度"，避免一种倾向掩盖另一种倾向，不断开创工作新局面。

要经常深入实际调查研究，吃透上情、掌握下情、了解外情，求真务实。坚决杜绝所谓会议调研、宾馆调研、酒桌调研等脱离实际的调研。有的下基层调研走马观花，坐在车上转，隔着玻璃看，只看"门面"和"窗口"，不看"后院"和"角落"，有的明知报上来的是假情况、假数字、假典型，也听之任之。这种调研，蜻蜓点水，报喜不报忧，华而不实，解决不了实际问题。如果到基层调研，看到的全是精心准备的"亮点"、认真包装的"景点"，听到的都是"标准答案"，调研就会变味、脱离实际。

能否把握客观实际，乃是做到实事求是的大前提。实际有表层和深层之分，深层的实际蕴含在事物内部。实际有局部和全局之别，如果从局部的实际出发，而无视大局的实际，往往会脱离实际。客观实际总是处于不断变化发展的状态之中，今天的情况和对策未必适应明天的客观要求，如果用"刻舟求剑"的思维方式或遇事只会找"本本"，就会导致思想与实际相脱节，主观和客观相脱离，阻碍事物的发展。

可见，能把握客观"实际"，一切从"实际"出发，不是简单的，而是复杂的，需要系统的而不是褊狭的调查研究，在求知、真知、深知上下苦功，需用理性的思考才能把握它，始终从客观的、全面的、动态的实际出发，从变化、发展的实际出发。坚持尊重实践、尊重事实，研究事物的内在规律，把握"实事"的发展现状、方向和趋势；发挥主观能动性，开动脑筋、勤于思考，寻找规律，提炼经验。

不管客观情况与领导者意愿是否合拍，也不管实际工作中成绩大还是问题大，都要如实讲、如实听，在个人意见与领导者的观点不一致时，要坚持实事求是的勇气，宁肯揭露矛盾受批评，也不掩盖问题图表扬，有喜报喜，有忧报忧。反映情况、总结经验、宣传典型都要实事求是，是就是，非就非。"尤其在困难和问题面前，更需要党员干部以强烈的先进性、原则性和战斗性，始终坚持党的原则第一、党的事业第一、党的利益第一，面对矛盾问题敢于坚持原则，面对不良风气敢于坚决斗争，面对错误认识敢于思想交锋，在真理与谬误的较量中坚强有力、作风顽强、扶正祛邪。"

在个人工作得心应用、游刃有余之际，注意保持清醒头脑，防止"想当然"，避免犯主观主义、经验主义的错误。在遇到难事和思想困惑时，深入基层调查研究，找准问题症结。"少讲空话，多干实事"，摈弃只说不干、只当"裁判员"不当"运动员"的坏作风。

"仰望星空"的战略思维固然重要，"脚踏实地"的务实精神更不可少。要突破思想障碍，只问求是否正确，不被个人的私利、杂念所困扰，不以个人、小集团利害关系为转移，不被脱离实际、落后于现实或被扭曲了的思想意识所束缚，不想对自己有利还是不利，不屈服于困境，不畏惧于险阻，有一说一，有二说二，旗帜鲜明地表明自己的立场和态度，敢于向权威等挑战，坚持说真话、出实招、办实事，使实劲、求实效，以实打实的努力，为中华民族谋复兴，为中国人民谋幸福。

要改变"西瓜掉进油缸里——圆滑"——置客观事实于不顾，明知错而为之；改变缺少广阔的思维背景，停留在感性直观上，被动地"跟着感觉走""牛头不对马嘴"；改变机械地生搬硬套，用理论"裁剪"实际，固守一成不变的框框，不问对错，而只问有无先例；改变思想浮躁，急功近利，追求表面化的政绩，好大喜功；改变缺少党内民主，权力过分集中，擅自决策大事。

实践是人民群众改造自然、改造社会的具体活动。如果脱离群众，也就脱离了实践，就根本做不到实事求是。群众中蕴藏着丰富的真知灼见，有着无穷的智慧和力量。因此，要坚持实事求是，就必须坚持群众路线。只有真正做到从群众中来，到群众中去，才能保证决策正确，提高领导水平。广泛接触群众，同群众打成一片，广开言路，兼听群众意见，集中群众智慧，才能防止偏听偏信、主观臆断。群众中提出不同意见和反对意见，常常是独立思考的产物，是正直、忠诚、负责、勇气的表现，因而不要反感，应注意听取。心中没有群众，不把群众放在眼里，对群众的批评、建议不屑一顾，判定和执行决策就容易主观武断、唯上唯书。

要有无私的品格和无畏的勇气。牢记权力是党和人民给的，保持清醒的头脑，有问题敢指出，遇事能正确分析和处理，有坚持真理的胆识和勇气，对是非昭然的问题敢于说"是"或"不"，不徇私情，不兴伪事，不务虚名，成为真正的"实事求是派"。

怎样搞好调查研究的选题

> 选准和确立调研课题是整个调研过程之第一
> 步，也是关键一步，制约着整个调研方式和调研
> 进程，关系到调研活动之成败。

搞好调查研究，首要问题是选准课题，选择带有方向性、倾向性、政策性的问题，选择企业和市场某一方面或某些方面之症结所在。一旦选准一个课题，提出一个有价值的问题，就是"成功的一半"。其调研活动一经结束往往会举一反三，很快进入决策并具有实践意义。可见，选准和确立调研课题是整个调研过程之第一步，也是关键一步，制约着整个调研方式和调研进程，关系到调研活动之成败。科学家爱因斯坦说过："提出一个问题往往比解决一个问题更重要，因为解决一个问题也许仅仅是一个数学上的或实验上的技能而已。而提出新的问题、新的可能性，从新的角度去看旧的问题，都需要创造性的想象力，而且标志着科学的真正进步。"[①] 这个见解对我们的调研

---

① A. 爱因斯坦、L. 英费尔德：《物理学的进化》，上海科学技术出版社，1962 年版，第 66 页。

选题同样适用。如果选题不当，拿出的东西对实际工作就没有指导意义，就会造成人力物力浪费。那么，如何选择调研课题呢？

一、领导者头脑中的蓝图，是调研者的思想指南

领导者的思路大多涉及党的建设、生产经营和改革等实践中重要、复杂、疑难的问题。其中有的思路是决策者亟待决断的，因矛盾错综复杂，而未摆上议事日程。调研者首先要认真听、记，弄清领导在酝酿什么工作思路，其主要内容是什么，要解决什么问题，涉及哪些部门和单位，然后联系实际情况，从宏观与微观的最佳结合点上选择重要课题。上海船舶工业集团公司纪委、监察部门根据党政领导的思路和要求，围绕强化内部约束机制的主题，分成五条线开展专题调研活动，就如何把好对外采购关、发包关、联营关和外来资金关等方面，分别写出了有分量的调查报告，得到了党政领导的高度重视，对工作起到了重要指导作用。为了抓好选题，应与领导"换位思考"，站在领导的位置上，站在党的方针、政策和法规的高度，把握和根据领导需求选题。或者采取"抛砖引玉"的办法，向领导反映情况，引起领导思考，捕捉领导意图，及时选出课题。从领导意图中选题，有利于上下左右明确主攻方向，协调动作，促进选题落实。

二、群众反映强烈的问题，是选题的重点

加里宁有句话："你如果讲出了人们最关切的问题，即使你讲得很平常，也能引起强烈的反响，因为你拨动了社会上绷得最紧的弦。"群众是一个地区、一个单位最基本、最重要的力量，其强烈反响关系事业之兴衰。"知屋漏者在宇下，知政失者在草野"（王充）。因此，我们选择调研课题，就要经常研究群众在想什么、盼什么、欢迎什么、反对什么、一段时间议论的热点是什么，选择群众急需解决的关键性问题。

三、深入"虎穴"得来的选题，是直面现实的真谛

领导干部在深入实际调研中，或在上面重大决策出台、重要事件出现后，能够率先接触到或预见到一些新情况新问题。要有见微知著的洞察力，抓住和选择有新意、有价值的问题，作为调研的课题。比如，在新的形势下，会产生哪些新的腐败现象，应采取哪些措施防范；在公司制企业里，纪检监察与监事会的关系怎样摆，怎样优势互补等。要积极阐述发现的课题的重要意义，把问题放到宏观大局上去衡量去分析，争取让领导确认，及早抓住快出手。

四、搞好调研选题应注意的问题

选准调研课题是科学性、创造性和实践性的综合运用，绝非轻而易举。实行市场经济，从企业到市场经济内容丰富多彩，经济现象瞬息万变，经济关系错综复杂，这种状况给调研选题提出了更高要求。为了选准课题，还须注意几个问题：

（一）**不要以主观愿望和想象作为选题的出发点**。调研课题应来自面临的新问题，同时要尽可能估计到将来的发展趋势，立足现实，审时度势，在条件允许的情况下，不失时机地选择一些超前的课题。但是，如果选择的课题是主观想象，违反客观规律要求，把需要将来办的事情作为调研课题，把现阶段必然出现、允许存在的东西加以排斥，就达不到预期目标，甚至会导致决策失误。

（二）**应选择经济效益和社会效益大的课题**。由于课题产生效益有先后大小之分，因而决策者一方面应选择见效快的课题，也要选择见效慢但效益大的课题。有的效益大的课题已经他人提出并取得成果，可以在此基础上研究他人没有论及或很少论及的问题，提出更有深度、更有广度的课题，在不同时间、地点和条件下调研，避免人云亦云，减少重

复劳动。有的效益大的课题前人未曾涉足，可能形成更大的效益，更要及时抓住并重点突破。在调研课题很多且都可能带来效益时，可以通过抓主要矛盾的方法选好突破口，这样打开了缺口，可以牵一发而动全身，"一江通，百川畅"。

（三）选题要适合调研者的特长。"骏马能历险，耕田不如牛。坚车能载重，渡江不如舟。"专兼职调研人员有不同的经历、不同的学历、不同的特长，有的能抓到别人抓不到的问题、有的擅长总结正面的典型经验，有的思维敏捷善打"短、平、快"，有的稳重深沉勤于钻研时效大、分量重的课题。"梅须逊雪三分白，雪却输梅一段香"。一个明智的领导者应"知己之短，不掩人之长"，应摈弃个人成见和狭隘心理，既容人之所长，又善于用人之所长，这就要求选题应与承担人的知识结构、专业特长和兴趣爱好相匹配；应与调研者之性格特点相吻合，让思维敏捷但不够深刻的人员承担时效短的课题，让思考缓慢而深沉的人员承担时效长的课题，让经验丰富的领导同志承担层次高、综合性强的课题，使每个人都各得其所，发挥出自己的才能。

（四）选题要求新。北宋诗人黄山谷说："文章最忌随人后。"戴复古说："须教自我胸中出，切忌随人脚后行。"郑板桥说，写文章应该是"删繁就简三秋树，领异标新二月花"。同样，调研选题没新意就没有价值。选题最好是他人未接触或虽有接触而言犹未尽的领域，亦即匠心独运，探求前人未开垦的处女地，或者深入开掘他人浅尝辄止的低产田，并就此提出新观点，形成独特价值。此外，要善于抓角度。同一个事物，包括"热门"的东西，观察的方位、角度一变，它往往会呈现一种"新"的面貌。方法是：人大我小，小的题目开掘得深，同样"打炮"；人窄我宽，课题宽一点容量大，可拓宽思路，搞出的调研成果分量重；人顺我逆，如果从习惯性思维相反的角度思考，提出有异于一般看法的新见解，那么调研就会新颖，引人重视。

（五）**选题要避免重复**。调查研究始于选题，而不是始于查阅资料，不是始于领导一声令下便下去了解情况。一些单位由于头头多、部门多，且都有积极性，如果忽视沟通协调，可能会越俎代庖，造成选题重复。从调研综合部门来说，应注意发挥"总合成"的优势，选择涉及各部门的综合性问题进行调研；或选择一两个重点问题，与兄弟部门或所属单位搞调研"大合唱"，联合攻关，发挥整体优势。

如何深刻领会领导的意图

善于领会领导意图与看领导脸色行事不是一回事。看领导脸色行事亦即把整个心思和机灵劲都用在琢磨上司的一举一动、一颦一笑上，而这里所讲的善于领会领导意图是指及时准确地了解领导以客观事实为根据、反复酝酿、考虑成熟提出的思路。

搞调研、写文稿，能否全面、准确领会和体现领导的思想、意图，是一个很重要很现实的问题。在很大程度上，对领导意图领会得准确，就能够及时而准确地提供有理、有据、有用的参谋意见，当好领导的"智囊型"助手，工作起来就"顺"，就能达到预期效果；领导意图领会偏了，就会抓了目，丢掉纲，事倍功半，劳而无功，甚至会把事情干"砸"。领会好领导意图，大体须把握两个环节：

一、勤于捕捉领导的思想，做善于"领会"的有心人

善于领会领导意图与看领导脸色行事不是一回事。看领导脸色行事亦即把整个心思和机灵劲都用在琢磨上司的一举一动、一颦一笑上，探究其内心世界有何深刻寓意，以便溜须拍马。诸如宰相寇准就餐时，不小心被菜汤弄脏了胡须，刚一皱眉头，那丁谓便捷足先登，率先替上司擦去了污渍。这里所讲的善于领会领导意图，是指及时准确地了解领导以客观事实为根据、反复酝酿、考虑成熟提出的思路。因此，按照领导意图去开展调研，与坚持实事求是的原则去开展调研、反映实际情况，是一致的而不是相悖的。因此，作为下属就应当作有心人，勤于捕捉并准确地领会、吃透领导意图。领导意图的表达方式，有在会议上讲话、报告和日常工作中对某件事、某个问题的指导性意见；有时是跟下属讲几句；有时听汇报时引起他的思考，引出他的思路；有的是用文字方式贯彻上面的精神，有时在下级报来的材料上批示。这些意图、意见、要求，有时系统，有时分散，如果不及时用心领会，就容易稍纵即逝。

这里要着重掌握三点：一是要注意收集和领会一个时期领导同志围绕某项工作、某个政策性问题，多次讲到的那些意见、观点，归纳几个要点，作为调研选题综合到文稿中。曾任武汉钢铁集团公司办公室副主任的刘剑平，多次给总经理写讲话稿、会议报告，能准确把握领导在想什么，因而常常顺利过关。据他讲，他兜里常揣个笔记本，随时记下总经理讲的意见，包括平时在办公室谈工作时讲的"只言片语"，由此整理归纳，作为拉提纲、写文稿的基本思想、基本内容。这样做虽然麻烦一些，但常常会事半功倍。二是要研究掌握领导的思维方式的特点。每年的年初、重要节日、年底的重要活动，领导都有一套规律性的思想方式和习惯性的工作思路。作为部下要潜心研究，掌握其思维方式并加以运用，就可以举一反三。三是要细心捕捉领导思想的"闪光点"。领导有时提出的意见言简意赅，见解独到，往往一闪即逝，需要细心领会，及时捕捉，要特别注意听取对方的最后一句话，因为最后一句话常常概括他讲的内容实质。在捕捉时要注意发现某些重要的暗示。捕捉到的这些思想火花很可能成为调研、文稿中有价值的创见，或"点睛之笔"。

二、敢于将领导的思想融会贯通，做善于"发挥"的参谋长

对于领导讲过的思路、意图，要认真领会，连贯起来思索，在调研工作中不断深化、合理发挥，而不要不假思索地一律照搬，因为事物构成是多侧面的，而领导者的实践活动和认识总是有限的，即使是天才的领导者，其思路、意图也有考虑不周、不完全符合实际的时候，甚至可能出现某些疏漏和偏差，不可能"绝对正确""一贯正确"。当然这绝不是说应另辟蹊径，南辕北辙，更不是去当领导意志的决定者，不宜俨然以领导行命，而应善于融会贯通，丰富完善领导意图和思路，发挥好服务功能。

这里我们不妨借鉴一下我国古代《左传》记载的晏子"调味说"。有一次，齐景公打猎回宫，晏子在遄台陪着他，看见梁丘据正骑马飞奔而来。齐景公说："梁丘据跟我，称得上相和了。"晏子回答说："梁丘据跟你只是相同罢了，哪能算得上相和！"齐景公问："和与同不一样吗？"晏子说："当然不一样。相和就像厨师调和菜肴滋味，哪种味不足，就增加些；哪种味过分，就减少些。君主与臣子的关系，也应与调味一样，君主认为可办而尚有不当之处，臣子能够否定那些不当之处而使可行的事更加完备；君主打算否定的事而尚有可行之处，臣子能提供那些可行的，使否定的方面更恰到好处。这样，才能政局稳定，民无争斗。"晏子又分析道："梁丘据这个人就没有这种品质。君主认为可行他也说行；君主认为不行他就说不行。就像拿白开水调和白开水，谁还愿意吃？就像琴瑟乐器全是一个调儿，谁还愿意听？君臣只能相和而不宜相同，道理是一样的。"

晏子这段精彩论述，耐人品味。从一个地区、一个单位来说，客观情况有许多不确定因素。作为部下应善于融会、完善领导意图，看其思路、意图是否正确反映客观实际，反映程度如何，在哪些方面有创见，

哪些方面有不足，然后本着遵循而不是拘泥、机械地录制的原则，凡是正确意见要吸收进来，通过调查研究得到合理发挥和多方面论证；如果是领导者原来没有想到或没有想全的，要补充、丰富、完善领导的意见，把活生生的实践经验充实到领导处于半成品状态的思想和意向中去；如果领导的意见是分散的，思路未形成条理，则要进行综合归纳，使之系统化、条理化；要把领导近一个时期反复讲的思想、观点、决策、措施联系起来，逐步加深领会，形成系统的东西；要善于分析领导思想的发展趋势，按此去拓展思路，挖掘更新更深的东西，使这种东西符合客观事物的发展变化；要善于把领导某一方面有指导价值的东西，移植到其他方面去，或者是从这一思想得到启发，进行联想、发挥，产生出辅助决策的新思想；要在本单位工作与上级制定的方针政策的结合上去发挥。对于领导脱离实际的提法及错误的意见，要通过调查予以推敲和修正，形成系统的思想、观点、意见、办法。这就是自下而上的实践经验总结和自上而下的理论主张概括相统一的过程。这样做，才能使领导的思想、意图表达得更准确、更完善、更深刻，真正做到运筹帷幄而不失误，决胜千里而不错乱。我们应当从实际出发，万不可"言必称好"，曲意逢迎，依样画葫芦，做照抄照搬的专家；也不要恃才自负，唯我为是。

领会、深化、完善领导意图、思想，是一项政策性、实践性、综合性、开拓性很强的工作。作为下属平时就要提高政策水平，加强调查研究，提高综合、分析和推理能力。进入"战时"，就要使自己站到领导位置上，"当一把经理""做一回书记"，站在领导层次和全局高度来把握和思考问题。这样才能冲破本部门和本人的思想局限，将自己的智慧恰到好处地融进领导者决策之中，才能有缘捕捉、完善领导的决策思想，成为指导工作的一种力量。

调查研究假设方法的科学性

作为一种调查研究的科学方法，假设的科学性并不在于所有的研究假设都是真实可靠、正确无误的。假设的科学性在于对其能够加以检验。

英国科学家普列斯特利指出："……任何进步都是由于接受了某些专门的假说。"调查研究中的假设，是指对所研究的对象之特征，以及与调研对象有关的现象之间相互关系作出推测性的判断和解释。

请看下列一组命题：1. 高科技密集型的企业经营效益好；2. 技术人员在职工中的比重大小与企业赢利多少成正比；3. 领导作风不正的企业，职工积极性不高；4. 不实行经营机制转变，企业难以发展。

上述四个命题都可成为调查研究的假设。在调查研究完成之前，这些命题都是假设性的，它们是否真实，能否成立，有待于通过调查研究加以验证。经过调查研究的验证，正确的假设即变成了结论，错误的假设则需得到纠正或者被推翻。

调查研究中的假设往往被人们所忽视。有人把假设看得可有可无，有人甚至把假设看成是主观武断的东西。这是对假设的一种莫大的误解，是对假设的必要性、科学性缺乏认识的表现。

在人类的认识史和科学史上，不乏成功运用假说方法的范例。例如，古希腊亚里士多德曾断言，两件不同重量的物体，在自由落体中其速度与重量成正比。这一论断被视为公理，流传近 2000 年。伽利略提出新的假说，认为轻重不同的物体在自由落体中都以相同速度下落，经过反复实验，被证明是正确的，才纠正了亚氏的错误论断。地球围绕太阳旋转，在人类历史上，曾经只是科学家的一种假设判断。然而正是这一假设，打破了"地球中心说"的宗教教义，使得人们的思想获得解放，促使人们去探索、去研究，从而使这一科学假说成为客观真理。

调查研究的假设，是在调查研究活动中进行理论思维的一种形式，也是人们在调查研究过程中逐步接近客观真理的一种科学方法。假设主要来源于三个方面：1. 来源于实际经验。假设虽然还没有现时的实际作依据，但它有以往的事实作依据。它是研究者通过查阅文献等一系列初步探索后，根据以往的实际经验，对研究题目产生的一种猜测性或试探性的想法。2. 来源于理论。理论是从大量实际现象中概括而来的，不仅具有现实性和普遍性的品格，而且具有相对稳定性的品格。一种科学理论，对于我们认识现实生活中新接触的各种现象，具有极大的指导意义。假设正是研究者根据科学理论对于所要研究的问题形成的初步认识。3. 来源于猜测。复杂的客观事物中有许多未被人们所认知的领域，有许多以往的理论所未曾接触过的领域，对于那些未曾经验过、理论上也难于解释的现象，就需要通过思考，得出一些猜测性的预感，以形成一种假设。

既然假设并非从现时的实际现象和实践活动所获得，那么，它是否有悖于认识来源于客观实际、来源于社会实践的历史唯物主义原理呢？回答是否定的。

　　人类对客观世界的认识活动是一个从实践到认识，再从认识回到实践这样一个循回往复、无限循环的过程，这一过程是一条永无尽头的链条。认识的本源固然来源于客观实际，来源于社会实践，但调查研究并非无意识地重复人类的认识过程。调查什么，向谁调查，都是有目的的；观察哪些东西，接受哪些信息，都与调查者已有的生活经验、知识结构、心理特点、主观感受有关。研究假设的作用在于把调查研究的目的性更加明确，从而为资料的收集、调研的进行指明方向。研究假设可以充分发挥理论对于调查研究的指导作用，在抽象的理论与具体的观察之间架起桥梁、充当中介，使得调查的方向更加明确，注意力更加集中。

　　作为一种调查研究的科学方法，假设的科学性并不在于所有的研究假设都是真实可靠、正确无误的。假设的科学性在于它能够加以检验。牛顿看见苹果落地而从中作出假设，假设这是受到地面某种引力作用的结果。这一假设可以通过实践来加以证明。科学的万有引力定律已经并将不断地为人类无数次的实践活动和科学实验所检验。因此，我们可以说上述假设是科学的。如果把苹果落地现象归因为上帝的意旨，这种判断就完全无法验证。把苹果落地假设为上帝的意愿，这只是一种无稽谬说，是不能得到验证的，因此这种假说就不是一种科学的假设，亦即这种假说不具备科学性。

　　调查研究中假设的科学性，还表现在这种假设只是为调查活动提供了一个中心，从而使整个调查活动可以有目的地围绕着这个中心进行。假设并不是调查的结论，假设必须通过调查来加以验证。必须防止把假设当成调查的框框，把调查变成为了这个框框去寻找例证的过程。假设产生于调查之前，而结论则只能产生于调查之后。正如毛泽东同志所说:"一切结论产生于调查情况的末尾,而不是在它的先头。"① 把假设当作调查活动的向导,我们就会一步一步接近客观实际,使调查研究活动具有科学性和可信性;而把假设当作调查研究的结论,调查活动只是为了证实它而不许推翻它,这样的调查当然不可能有什么科学性可言,因为它完全背离了历史唯物主义的基本原则。

调查结论和研究假设之间,是一种验证和被验证的关系。研究假设是有待于验证的。调查结论对于研究假设来说,存在两种可能:一种是验证假设正确,事实支持了假设;一种是验证假设谬误,事实推翻了假设。无论是支持了正确的假设还是推翻了谬误的假设,都达到了调查的目的,也都体现了假设的科学性以及包括假设在内的整个调查研究活动的科学性,因为以上两种情况对于科学的发展具有相同的作用。一个正确的假设在多次调查活动中、在不同的情况下反复被证实,那么它就具有说明、解释某一类现象的价值,它就可以上升为理论的一部分。一个谬误的假设不能为调查结果所证实,部分或全部被推翻,在这种情况下,假设可以称作被证伪,也就是说,它的谬误通过调查而被证实。在科学研究中证伪的意义并不亚于证实。证伪不仅从根本上对假设的谬误作出判断,而且可以促使人们寻找谬误的根源,进一步考察推敲调查过程的每一步骤。如果问题不在于调查过程本身,那就需要重新考虑提出新的研究假设,为解决问题选择新的途径。恩格斯说:"只要自然科学在思维着,它的发展形式就是假说。一个新的事实被观察到了,它使得过去用来说明同类事实的方式不中用了。从这一瞬间起,就需要新的说明方式了——它最初仅仅以有限数量的事实和观察为基础。进一步的观察材料会使这些假说纯化,取消一些,修正一些,直到最后纯粹地构成定律。"②

① 《毛泽东农村调查文集》,人民出版社,1982年版,第2页。
② 《马克思恩格斯选集》第3卷,人民出版社,1972年版,第561页。

什么是典型调查

典型调查是一种定型调查，即从个别到一般的一种定性认识方法。它是通过调查有代表性的个别事物去了解一般情况的一种方法。

要了解情况，取得普遍指导的资格，一个基本方法就是"解剖麻雀"式的典型调查。麻雀虽小，但肝胆俱全；天下麻雀很多，但基本上是一样的。毛泽东同志说："麻雀虽然很多，不需要分析每个麻雀，解剖一两个就够了。"①

这种解剖麻雀式的典型调查，与个案调查有很大不同。典型调查是对若干调查对象进行初步考察分析之后，选取少数有代表性的调查对象作为典型，进行深入调查研究，探索其内在规律性，集中某一类事物的共性，借以估计总体情况。而个案调查方法是在事物的总体中认定单一个体加以调查分析，以明了其特殊情况，明了此个案与其他现象的相互关系，及其他方面的因素对此个案的影响或作用程度。个案单位并不要求具有典型单位那样的代表

---

① 《毛泽东选集》第 1 卷，人民出版社，1977 年版，第 308 页。

性，在不同的场合要就事论事，单个个案的结论不能推及总体。只有通过对各个个案进行综合研究，才能从中推导出总体性结论。

典型调查是一种定型调查，即从个别到一般的一种定性认识方法。它是通过调查有代表性的个别事物去了解一般情况的一种方法。因为每一个事物都有普遍性的一面，其中必然存在有代表性的典型。只要抓住这个典型，做周密的调查研究，弄清它的本质、产生的变化、发展的规律，就大体上可以看出同类事物的本质和变化发展的规律。

典型调查是人类认识事物的古老的思维、调查方法。古人说："有道之士，贵以近知远，以今知古，以所见知所不见，故审堂下三阴，而知日月之行，阴阳之变；见瓶水之冰，而知天下之寒，鱼鳖之藏也；尝一脟肉，而知一镬之味，一鼎之调。"这种通过个别事物了解一般事物的方法，也是认识事物的科学方法。矛盾的普遍性寓于特殊性之中，矛盾的特殊性中包含着普遍性。如果不认识事物的特殊矛盾，也就谈不上对于事物普遍本质的认识。正如恩格斯在《自然辩证法》中指出的："事实上，一切真实的、详尽无遗的认识都只在于：我们在思想中把个别的东西从个别性提高到特殊性，然后再从特殊性提高到普遍性；我们从有限中找到无限，从暂时中找到永久，并且使之确定起来。"

典型调查是许多共产党人一贯倡导的社会认识方法。这种方法对于解剖社会、指导工作具有重要作用。马克思是德国人，但他的伟大巨著《资本论》却把英国的社会经济发展情况，作为考察的对象，这不仅仅因为马克思长期住在英国，而是主要由于英国是当时资本主义发展最成熟、最有代表性的国家。马克思正是从各个资本主义国家中选择了英国这个典型的资本主义国家作几十年的考察，把握了最典型的事实，从而揭示了整个资本主义社会形态的发展规律。

马克思在《资本论》初版序言中说："我要在本书研究的，是资本主义生产方式以及和它相适应的生产关系和交换关系。到现在为止，这种生产方式的典型地点是英国。因此，我在理论阐述上主要用英国作为例证"①。

毛泽东多次运用这种典型调查的方法对农村进行了调查，并对这种调查方法给予很高评价，做过许多精辟阐述。他指出："任何领导人员，凡不从下级个别单位的个别人员、个别事件取得具体经验者，必不能向一切单位作普遍的指导。"②"人们总是首先认识了许多不同事物的特殊的本质，然后才有可能更进一步地进行概括工作，认识诸种事物的共同的本质。"③ 通过了解"个别"中体现的客观普遍性，就可以在一定程度上对总体（或全局）作出判断和认识。在第二次国内革命战争时期，毛泽东对寻乌、兴国、木口村、才溪乡等地做了深入细致的调查。为了搞清楚各阶级在土地斗争中的表现，他在 1930 年 10 月做了兴国调查。在对兴国第 10 区做了调查后他说："这一区介在兴（国）、赣（县）、万（安）之交，明白了这一区，赣、万二县也就相差不远，整个赣南土地斗争的情况也都相差不远。"④ 毛泽东把这些典型调查作为制定政策、检查政策偏差的基础，对推动中国革命走向胜利具有重要的指导意义。

据资料介绍，任弼时也很善于典型调查，如他的《土地改革中的几个问题》的报告，通篇突出了一个典型材料，即对山西兴县蔡家崖的调查。他把这个典型材料用活了，用得那样自然、有力。毛泽东对此很称赞，说任弼时同志抓住了一个典型，解决了全国性的问题。我们应当高度重视对典型进行系统周密的调查研究，而且要深入到生活的底蕴之中去，万不可停留在表面上，要坚持不懈地寻求支配事实的规律。正如邓小平所说："必须有系统地改善各级领导机关的工作方法，使领导人员

---

① 《马克思恩格斯全集》第 23 卷，人民出版社，1962 年版，第 8 页。

② 《毛泽东选集》第 3 卷，人民出版社，1991 年版，第 898 页。

③ 《毛泽东选集》第 1 卷，人民出版社，1991 年版，第 309—310 页。

④ 《毛泽东农村调查文集》，人民出版社，1982 年版，第 182 页。

有足够的时间深入群众，善于运用典型调查的方法，研究群众的情况、经验和意见。"

做好典型调查，关键是要选择有代表性的调查对象。有些情况是"剪不断，理还乱"。如果我们选择的"麻雀"没有普遍指导意义，盲目夸大典型的代表意义，就可能以偏概全，总结出来的典型经验就推广不开，不少单位学不了，就不能指导具体工作，那么这个调查就失败了。正确地选择典型，就要根据调查目的，在调查之前，通过听汇报、看材料或召开座谈会等方法，先对总体情况进行初步地概括了解，然后进行科学分析和比较，根据总体内部差异性和不同特点，选取各种具有代表性的调查对象。

毛泽东在谈到典型调查时说："怎样找调查的典型？调查的典型可以分为三种：一、先进的，二、中间的，三、落后的。如果能依据这种分类，每类调查两三个，即可知一般的情形了。"① 列宁在俄国革命胜利后，曾指示苏联中央统计局除了做好全面统计之外，还要选择好、中、差三种类型的工厂、农场和政府机关进行调查。毛泽东和列宁的分类依据，在当代企业也是适用的。

比如，鞍钢集团公司曾组织党办、经理办等部门21名同志调查鞍钢干群关系状况。鞍钢县团级企业有100多个，不可能一一做调查。他们选择有典型性的好、中、差3种类型的厂矿，每类调查两三个，然后写出了1万字的调查报告，并针对以权谋私等问题制订了若干措施，推动了廉政建设。

同样，要了解一个单位党员队伍状况，就必须先对这个单位党内的情况有所了解，诸如有多少个党支部，多少名党员及他们的分布情况，然后选择有代表性的先进的、中间的、落后的调查单位，并根据分类分

① 《毛泽东农村调查文集》，人民出版社，1982年版，第27页。

别找有代表性的调查对象进行调查，即可掌握这个单位党员队伍的大体情况。

如果我们的目的就是总结推广先进经验，那就可以在这个单位的先进党支部或先进党委中，选择具有代表性的典型单位进行调查。在调查过程中，由于调查单位数量较少，可以集中时间和力量对典型单位进行深入调查。通过座谈会、个别访谈等方式听取各种意见，掌握第一手感性材料，明晰事物面貌及其内部联系，进行综合分析和研究，找出其自身特点和内在规律，然后以具有代表性的典型单位的调查结果来推论全面情况。

这种调查，从量上看是以一代多，亦即个别事物代表许多事物，之所以能"代表"，取决于个别事物和它所代表的事物之间的质的关系，即典型的特殊性反映了多大范围的诸多事物的共性。通过典型调查，能够为领导决策提供分量重、价值大的依据；也可以检验决策实施的情况，不断加以完善。首钢总公司政策调研机构曾就宏观经济政策、企业改革发展等问题开展典型调查，进而提出多种经营和海外市场开发等建议，并转化为领导的重要决策，使首钢经营范围除钢铁外，还扩展到电子、机械、建筑、旅游、船运等行业，首钢的生产经营取得突破性进展。

在典型调查中，对典型划分各种类型，应有客观尺度或可测定的具体指标去衡量。如果发现典型没有选准，没有代表性，则应及时更换典型单位（或个人）。典型调查绝不可以按照自己调查前的主观臆断去"背靴找脚"，去猎取典型，绝不能在典型单位或典型个人情况不"典型"时，硬按自己的设想去胡乱地"削足适履"，歪曲客观事实，硬造典型。

典型调查尽管不需解剖很多"麻雀"，但不等于说是优哉游哉之美差，不像喝美酒咖啡、唱"卡拉OK"那么潇洒痛快，而需要俯下身去专心致志去"解剖"——白天累完脑，晚间得思考，得写调查报告，用辛弃疾的话说，就是"众里寻他千百度，蓦然回首，那人却在灯火阑珊处"。

为搞好典型调查，须克服"打一枪换一个地方"，对情况浅尝辄止，若明若暗；须克服思路朝一个方向想得太多而产生片面性。典型调查不能把典型单位和先进单位混为一谈，先进的、中间的、落后的都要调查。每类情况每次调查完毕后，虽然掌握一些情况，但仍有局限性，因而作结论要留有余地。作为被调查单位也不能只挑好的方面讲，只选好人主义者唱颂歌。如果那样汇报，尽管收集不少材料，但得出的结论会不切合实际。

这里须强调的是，调查就要解决问题。如果调查来调查去，调查材料放进办公桌里，能解决的问题也不着手抓紧解决，这样的调查无异于泥牛入海，胎死腹中。此乃调研之大忌。通过调查，看准的，就要敢于打破常规和旧框框，敢于探索和采用新思路、新举措，解决新问题，创造性地开展工作。正如一位领导同志所说，抓一件事就解决一个问题，解决一个问题就把工作向前推进一步，积小胜为大胜。

典型调查由于调查的单位少，调查范围小，时间可长可短，比较灵活、简便，可以节省人力与经费，可以集中全部精力解剖典型，能够重点突出。典型调查的结果可以用来大体上估计和推断调查事物的总体性质和特征。

典型调查也有局限性，即不能对客观事物的总体情况做定量分析，典型的选择易受调查者主观因素、个人好恶的影响，弄不好易出现随意性、随机性和以偏概全的倾向，把自己找到的特殊规律夸大成一般规律。如果是这样，那将是害莫大焉。这是应当注意避免的。

进行典型调查时，必须将定性分析与定量分析结合起来。单纯依靠定性分析，其认识往往不完整、不准确。因而在调查过程中，要尽量收集各种数据资料，从量上对调查对象的各个方面进行分析，以提高分析的科学性和准确性。定性分析与定量分析相结合已成为典型调查法发展的一种趋势，而现代科技的发展又使这种结合成为可能。

问卷调查的种类和特点

> 问卷调查简单、方便，具有大众化的特点，又相对不受时间和空间制约，易于为各层次的人员所接受。

问卷调查是采用问卷表来收集和研究有关情况的调查方法，对于面对面的访谈调查是一种有益的补充。按问卷的结构分类，主要有三种。

1. **结构型问卷**。也可称为封闭型问卷。这种问卷具有严格的同一规格，所有需要提问的问题以及每个问题供选择的答案，全部规则地排列在问卷中供被调查者选答。被调查者只需在问卷中精心设计的各种答案里，选择符合自己情况的答案就行了。通常，符合自己情况的答案，用特别符号"√"来表示。例如，对于被调查者的婚姻状况，可以设计为以下几种答案：①未婚；②有配偶；③离异；④再婚；⑤丧偶。

以上五种答案，囊括了婚姻状况的所有可能，无论何人都可以从中找到符合自己情况的答案。这种问卷格式最为规则，控制性最强，最能发挥问卷调查的长处，便于进行量化统计和分析。因而在大规模的调查中经常使用，是调查问卷中的基本种类。

2. **无结构型问卷**。又可称之为开放式问卷。这种问卷类似于访谈提纲，用于向被调查者提问。所谓"无结构"，是指相对于结构型问卷而言，它的结构松散一些，没有结构型问卷那种严整的格式，适合于向少数人进行有深度的调查。这类调查提出的问题不必完全固定，在不改变调查内容与方向的前提下可灵活运用；被调查者可以自由回答，不必限制在规定的答案里，调查的资料也不必量化。这种调查需要较高的现场技巧，同电视台记者的采访活动颇为类似。如果掌握得好，被调查者畅所欲言，无所顾忌，就可以收到事半功倍的效果。

3. **半结构型问卷**。这是指兼有结构型问卷和无结构型问卷两种形式的问卷。这种问卷把两种问题的提问方式融为一体，充分发挥两者的长处，既便于进行量化统计，又可以得到一些有深度的研究资料。调查者采用的问卷，多半是这一种。

问卷调查自 20 世纪 80 年代以来，在我国逐步普及，得到广泛应用。问卷调查具有以下优点：

1. **适用范围大**。问卷调查不受空间限制，适用于大面积的抽样调查，可以较少的人力、物力和财力投入，获取较多有用而可靠的信息。

2. **控制性强，适宜于作定量统计分析**。问卷调查内容严谨、格式规则，所提各种问题均根据一定的逻辑结构和内在联系加以确定和排列。被调查者的答问并非漫无边际，而是从问卷精心设计的具有相关可能性的答案中加以选择，这就非常便于进行定量统计和分析。由于问卷法提问统一，回答的内容与形式统一，对所有的被调查者都以同一种问卷进行询问，又以同一种方式发放、填写和回收问卷，具有很高的标准化程度。使用标准化工具收集来的资料，便于计算机处理，可以大大提高定性分析的质量和效率。此外，问卷适用于抽样调查，把问卷调查和抽样调查结合起来，不仅可以对样本本身进行计量统计，而且可以对样本的总体进行定量判断和推论，从而使定量分析的适用范围进一步扩大。

3. **简便易行，实施快捷**。问卷调查简单、方便，具有大众化的特点，又相对不受时间和空间制约，易于为各层次的人员所接受。问卷调查一般不要求被调查者签署姓名，这就减少了被调查者的许多顾虑。即使是一些敏感性的问题甚至是个人隐私，因为隐匿姓名，也容易得到被调查者的配合，获得较为真实的信息，减少了因怕暴露秘密而讲假话的情况。

问卷法也存在一些缺点。首先是答问方式受到限制，预先设定的一些现成的答案，无法再作更改。而且这种调查的提问方式不是面对面地双向沟通、交谈，而是采用书面语言间接地向被调查者提问，这就不可能收到现场发挥、扩展和深化调查内容的效果。

其次，问卷调查所收集的资料，都是被调查者的各种认识和判断，受被调查者主观条件影响较大。它与实地考察、测量统计有很大不同。实地考察和测量统计是直接对客观事实的验证，问卷调查则是通过被调查者的主观判断间接地了解客观事实，被调查者对调查者的提问（通过问卷这种书面语言形式）如何回答，与被调查者的文化水准、道德面貌、思想观念、价值取向、感情倾向等，都有很大关系，因而可能影响调查结果的真实程度和准确程度，其效果一般来说要低于访谈法。

怎样设计调查问卷

问卷是供调查实施使用的，工具性、实用性、有效性是它的基本特点，也是问卷在设计上的基本要求。

调查问卷是问卷调查的主要工具，问卷设计得好不好，直接关系到调查结果的可信度和整个调查活动的质量。因此问卷设计对于问卷调查来说，是一个具有决定性意义的关键环节。问卷设计主要涉及设计步骤、设计要求和设计格式。

一、问卷设计的步骤

要得到一份好的调查问卷，必须狠下功夫精心设计。这就需要认真遵循问卷设计必经的步骤：

首先是要按调查项目的要求进行初步探索性调查。这种调查一般采用走访的方法。探索性调查（又称试验性或预备性调查）的任务，主要是了解与调研课题有关的客观事实，并在此基础上确定调查的主题和调查的范围、对象、时间、地点等。探索性调查要根据需要进行一次或多次。

其次是查阅有关文献，提出调查研究假设。这一步骤包括研究探索调查所获取的材料及查阅有关理论著作和有关资料，以便对所要研究的问题有透彻了解和全面把握。在较为充分的资料准备和理论思想准备基础上，提出研究假设。研究假设是在一定理论指导下，在对所研究的问题的事实、性质、意义、目的、重点有了基本了解的基础上，对各种现象之间的相互关系作出推测性的判断和假定式的解释。研究假设的提出实际就是调查主题的确定，有了研究假设就能明确调查的中心内容，问卷设计也就有了一条贯穿其中的红线。

在前两个步骤完成之后，即可进入调查问卷的设计阶段。在进入设计阶段之后，仍可再回到前两个步骤。就是说，问卷设计阶段与设计准备阶段不必截然分开。设计问卷首先要根据研究假设，尽可能把与调查主题有关的各种问题详细排列，经过权衡比较，然后加以取舍，并且对于问卷构架、各种问题及其相互之间的逻辑联系、排列顺序要反复斟酌，精心设计。形成问卷初稿后，需要组织讨论，并在小范围内试填，再根据讨论的意见和试填的结果对问卷初稿加以修改。组织讨论和试行填写，目的都是为了发现问题，避免因问卷设计上的不妥给调查实施留下隐患。在调查实施阶段，问卷设计上的毛病如同成舟之木，要弥补也为时已晚，成为无可挽回的遗憾。

二、问卷设计的基本要求

问卷是供调查实施使用的，工具性、实用性、有效性是它的基本特点，也是问卷在设计上的基本要求。根据这一基本要求，问卷设计主要应注意以下各点：

1. 问卷内容与调查主题要有相关性，无关的内容（包括问题、语句等）都应去掉。

2. 问卷提出的问题要逐项单列，简单明了，不能兼容，使被调查者易于理解，易于回答。

3. 用语力求通俗易懂，便于被调查者回答。避免生涩的字眼、专业术语和抽象的概念，如"你认为未来十年 VCD 机在科技方面会取得哪些进步？""你记得红霞牌 VCD 机去年在广州市场的销售量是多少？"有效而优秀的问卷具有合理性、可答性的特点，并且善于运用设问技术控制杜绝虚假的回答，使答问者"无从说假话"，也"无须说假话"，甚至可以使其"不愿说假话"，即使说了假话也能检查得出来。

4. 提问注意避免需要讳言的敏感性问题。如人们的"生活隐私"，对答问者来说是"困窘性"的问题，个人的一些不愉快的经历等。这类问题，或者加以回避，或者巧妙设问，采取一种较为妥当的、被调查者易于接受的方式，避免被调查者产生厌恶或拒斥心理。

5. 设问不带主观倾向性，避免暗示和诱导性提问。设问表现出肯定或否定等倾向性，对被调查者具有一种心理暗示和诱导的作用，其后果是造成被调查者对设问者倾向性的迎合与顺应，而把自己的真实想法隐藏起来。这样得来的调查资料，其真实性就受到很大限制。

例如有这样两个问句："绝大多数人认为××领导工作抓得好。你认为如何？""医生认为多吃糖对身体没有好处，你是否同意？"这两个问句都带有一定的倾向性，应改为："一部分人认为××领导工作抓得好；另一部分人认为××领导工作抓得不好。你认为如何？""有的人认为多吃糖对身体没有好处，而另一些人认为多吃糖对身体有好处。你认为如何？"

6. 问卷的容量（篇幅）和与之相联系的填答时间要合理控制，使之保持在适度的范围。容量太小，调查所能获得的资料信息必然受到限制，从而影响调查效果；容量太大，被调查者填答时间太长，又容易产生厌倦情绪和畏难心理，可能出现敷衍应付的情况，从而使调查质量受到影响。所以，调查问卷的容量要适度，被调查者填答的时间不要过长，一般以 40 分钟以内为宜，最长不要超过 1 小时。

7. 提问避免歧义，避免模棱两可或具有双重意义的问题。设问使用的语言，切忌含糊不清，尽可能让被调查者一看就明白。设问也要防止把两个或两个以上问题合并为一个问题，使被调查者无所适从，难以作出肯定或否定的回答。如："你们企业的经济效益和职工文化素质有进一步的提高吗?"因为这一设问中包含有两个问题：一是经济效益，一是职工文化素质。在一个企业中，职工文化素质并无明显变化，但由于其他因素经济效益大有提高的情况是存在的；与之相反的情况是，职工文化素质有所提高，但经济效益并未相应提高。以上两种情况，一概肯定或一概否定都是错误的，因此容易使被调查者陷于难以回答的境地。

三、问卷的一般结构和格式

问卷一般包括开头、正文和事项记载三部分：

（一）开头。调查问卷一般应有标题，如《关于企业经营体制改革的调查问卷》《"企业家评议政府职能转换"调查问卷》等。除标题外，问卷正文之前应有一简短的开头。开头一般是说明调查的目的、意义、组织单位以及调查实施中的一些原则性要求等。开头这一段文字，通常是用书信形式表达的，向被调查者致一封简短而又热情洋溢的书信，请求对方给予支持和配合。这既有利于沟通情感，调动积极性，又可以在信中说明调查实施和问卷填写的方法，这对于被调查者是一种调查技术的指导，有利于提高调查质量。

开头举例：

_____同志：

为了正确评估党风的现状，有针对性地加强城市的党风建设，我们特进行一次问卷调查。敬请您根据实际生活中的感受向我们提供有关依据，按要求填答，并请于×月×日前寄中共××市纪律检查委员会研究室，邮编：430010。谢谢合作。

中共××市纪律检查委员会研究室

××××年×月

（二）正文。正文是问卷的主体部分。调查所要收集的资料，调查所要达到的目的，都需要通过问卷正文来实现。问卷中每个问题的答案大多有两个或两个以上的分离变量，设计答案形式要视变量类型而定。正文的格式，实际上反映了答案的形式或者回答的类型。主要类型有以下两种：

1. 选择式答案。封闭式问题的答案，为避免混淆，其排列方式往往是一行一个。每一种可供选择的答案类型后面，都特地留有专门的空当，可用（　）或□表示，也可以用一下划线＿＿表示，供被调查者填答时画上符号。通常是用"√"和"×"表示肯定（或与自己的意见和情况相符）和否定（或与自己的情况和意见不符合）。有的问卷设计不必把每一种答案都占一行，把各种答案接着排列在一行，只需在每一种答案后留下供填写符号的空当就行了。如：

职业：工人（　）农民（　）干部（　）专业人员（　）

这种格式可以大大节省篇幅。

2. 矩阵式（表格式）。为了节省篇幅，减少重复，对于若干类型相同的问题，可以把它们集中起来，用矩阵式排列，或用方格表组合。如：

	很满意	较满意	一般	不满意	很不满意
a. 你是否满意本厂的生产管理	□	□	□	□	□
b. 你是否满意本厂的福利待遇	□	□	□	□	□
c. 你是否满意本厂的文化生活	□	□	□	□	□
d. 你是否满意本厂的工作环境	□	□	□	□	□

3. 附加式（或连续式）。对于只适合部分被调查者的问题，可采取先设问一个识别性的问题，然后再对符合者提出新的附加性问题，与识别性问题构成连续式答问，对于不符合者，附加性问题就不需回答了，可以跳到后面的问题上再去作答。附加问题可加特别标识（如加方框）并用箭头加以指示与前面的问题连接。如：

你上过夜大学吗？

□上过→ 请问：你上夜大学的入学时间是_____年_____月

□没有上

（三）有关栏目记载。调查问卷的这一部分同样不是可有可无的。调查实施中的情况、问题，调查人员的经验教训、感想体会均需在有关栏目中加以体现，以便调查工作结束时加以总结。此外，调查人员、验收人员，以及问卷的填答和回收日期等，均需签署记载，以便抽查。

问卷调查的实施和应用

　　一项成功的问卷调查，需要多种调查形式的补充和结合，同时需要运用各种有关的专业性技术。

　　问卷调查的实施，其完整的过程包括调查研究的选题、试验性调查、资料准备和理论准备、提出研究假设，进行问卷设计，以及问卷的发放和回收，调查资料的整理和统计计算，直至写成调查报告并对整个调查工作进行总结等许多环节。这里所说的"问卷调查的实施"，主要是指问卷的发放和回收。

　　一项有计划的问卷调查活动，在问卷设计工作完成之后，即可进入问卷发放（资料收集）和问卷回收的阶段。问卷发放的形式主要有以下三种。

　　1. **现场发放问卷**。即由调查人员就地把问卷发放给临时集中于一处的某一部分（或全部）调查对象，请他们当场填好问卷并立即交回填好的问卷。这种方式是问卷调查经常采用的。这种方式的优点在于调查人员与被调查人员直接接触，有机会进行现场交流、沟通。调查人员可以面对面地对被调查对象进行指导，被调查人员的疑问、要求也可以当场提出求得解答。这种问卷发放方法简便易行、操作简单，节省时间和人力，有助于收集到更多的原始资料。这种方法的缺点是需要集中调查对象，受到时间和条件的制约。

2. **邮寄问卷**。邮寄问卷适宜于调查对象分散且分布面广的情况。在这种情况下，要集中调查对象进行现场发放问卷，那是非常困难的，由于条件的限制，几乎是不可能的。采取邮寄问卷的方式就可解决空间的阻隔给调查带来的困难。邮寄问卷需指定时间和地址，让被调查者填答后将问卷邮回。

3. **报刊发放问卷**。这种方法就是在报纸或刊物上公开刊登调查问卷，号召读者作出书面回答，并按编辑部地址寄回答案。这种方法利用报刊发行量大、不受地域和空间限制、也不会受调查人员素质等行为影响等优点，往往可以收到良好效果。近年来使用这种方法进行问卷调查的逐步多了起来。但报刊发放问卷和邮寄同卷的缺点是回收率低，因为调查者不能实地督促被调查者填答，又不能在填答现场直接收回问卷。此外，对于填答问卷的环境无法控制，难以保证问卷是由被调查者独立完成的。而调查对象如果对问卷有不明白、不清楚的地方，也无法得到合理的解释，由此会影响问卷填答质量，造成问卷失真或报废。所以，邮寄或通过报刊发放问卷，比较适合于文化水平较高的调查对象。

问卷只是一种调查工具，要把问卷运用好，需要与其他各种调查技术和资料处理手段结合好。问卷调查适用于普查、抽样调查，也可以应用于典型调查和个案调查，但它更适宜的还是大面积调查。因为印发的问卷可以成百上千，数量大。同时，问卷的发放方式也可以多种多样，既可以实地进行，由调查人员面对面地发放给调查对象，利用集会的机会或利用集会的形式进行发放，也可通过邮寄方式大面积在一个地区乃至全国发放，还可以委托给有关专业部门，依靠调查对象所在单位的组织进行发放和回收。问卷调查特别适宜于大面积的抽样调查，这就需要将问卷调查与抽样调查的方法结合起来，运用抽样调查技术。

　　问卷调查的广泛应用，还有赖于运用统计和电子计算机等方面的技术对调查资料进行计量处理。一项成功的问卷调查，需要多种调查形式的补充和结合，同时需要运用各种有关的专业性技术。例如，在进行问卷设计的同时，必须配合以计量设计，包括问卷中各种变量之间相关关系的设计，还要配合以抽样设计，借以确定调查样本和调查范围、调查对象。问卷调查的应用范围、应用效果与调查组织者对调查研究全面技术的掌握和运用有很大关系。虽然不要求组织者熟悉每一种专业技术，但必须善于组织，并且熟悉调查的整个流程。这个流程如果说得较为具体、详细一些，大体上有以下步骤：

　　（1）定题，即确定调查研究的题目。

　　（2）初步调查，探索性研究，包括查阅文献，掌握资料，勘查现场，了解有关情况。

　　（3）初步调查的结果分析。

　　（4）提出研究假设。在初步调查和探索性研究基础上，在一定理论指导下，对所研究问题的各种要素之间相互关系以及调查研究最终结果作出推测性的假定与解释。

　　（5）拟订调查研究总体方案，即调查研究的完整计划。

　　（6）根据调查研究总体方案拟订调查提纲。

　　（7）依据调查研究总体方案和调查提纲设计调查问卷。

　　（8）在问卷设计的同时进行计量设计，对问卷所涉及的各种变量之间的相关关系加以设定。

　　（9）进行抽样设计。确定抽样方法，样本大小，从而确定调查范围亦即调查对象。

　　（10）进行试验调查。将设计完成的问卷初稿在小范围进行试验，同时组织有关专业人员对问卷初稿进行讨论，目的在于修改问卷，使之有所完善。

（11）正式施行调查，采用实地、邮寄或通过报刊发行发放和回收调查问卷。

（12）对回收的问卷进行检验整理统计，剔除废卷，对有效问卷进行计量处理，一般是通过电子计算机处理。

（13）对计量处理结果进行分析。

（14）对研究假设进行验证。

（15）通过运用逻辑方法进行归纳、判断和推理，作出新的概括，提出新的结论。

（16）撰写调查报告，形成调查研究成果。

（17）对全面调查活动进行总结。

在整个调查实施过程中，需要调查组织者具有并善于运用各方面的知识、才能和专业技术。这对于调查组织者的全面素质是一个严格的检验。

观察的学问

观察法调查便于直接获得第一手资料，因为这种方法凭借的是观察者的感官的直接感受和体验，可以避免访问、座谈等调查方法可能受到的特定情境的影响。观察法调查的这一特点使它得到了广泛应用。不管采用何种调查方法，都可以辅之以观察法。而成功地运用这种方法，需要调查者具有敏锐的感受力和较强的洞察力。

彭真当年在谈到记者工作方法时说："你看见过老鹰抓小鸡吗？老鹰不是瞎撞乱碰就能把小鸡抓住，而是先在天空盘旋飞翔，发现地面上的小鸡，看准了，就唰地飞了下来，抓起小鸡，腾空而起。"观察法是调查研究中的一种专门方法，就像彭真讲的那样，要学老鹰抓小鸡，通过细致观察做好调查研究工作。

德国的阿迪达斯公司，是个市值超过百亿欧元的世界头号体育用品公司。他们通过观察发现，在一场足球赛中，平均每个运动员要在球场上往返跑一万步，但能踢到足球的时间，最多也只有4分钟。于是，他们果断地去掉了足球鞋上保留近半个世纪的金属鞋尖，设计出比原来轻一半的足球鞋，投放市场后，许多人竞相购买。

观察法是带着明确的目的、既定的调查任务进行的，一般都有明确的时间要求，一定的空间地域界限，一定的观察现场，采取恰当的观察方式。

一、实施观察的具体形式

观察法收集资料的基本形式是记录观察结果。具体的记录形式有以下几种：

（一）**随记**。不失时机地快速记录，准确无误且无遗漏地记录调查研究中所发生的相关事实、现象及其有意义的变化。在调查研究中通常需要运用的记录技术有：代码记录、速记记录、录音记录、临时性符号记录、记忆记录和机器记录等。这些记录技术的特点适应调查研究中快速、准确的要求，尽可能简化记录符号，方便记录。

（二）**制卡**。也就是编制观察卡片，把观察结果记录在卡片上。卡片可事先加以分类，以方便整理。观察卡片是在调查活动中为使观察项目标准化，并便于记录观察结果而采用的一种记录工具。观察卡片的制作类似于调查问卷，可把观察的项目在卡片上逐项列出，并把每一观察项目可能出现的情况和结果一一列出、合理编排，以便观察时采用打钩或运用代码等简便方式记录观察结果。观察卡片特别适宜于大规模观察研究，但在进行大规模观察前应通过小规模观察来检验所选观察项目的有效性、针对性与合理性。

（三）**详记**。这种观察记录形式较之随记和卡片更为详细和具体。进行这种观察记录，事先应准备好记录本或记录纸等记录工具。

（四）**日记**。按时间顺序，逐日记载一切有用的资料，使观察记录具有系统性。这往往可以反映一个事件、一项工作或活动的完整过程。

（五）**记录摄影、录像、电影**。以视觉形象记录所观察的事物、事件。随着录像、摄影设备和技术的普及，这种观察记录形式将更多地为调查研究工作者所采用。

二、观察结果的检验

观察法的优点，在于不妨碍调查者的正常活动，使被调查者和调查者双方都保持一种自然状态。此外，观察方法可以弥补其他调查研究方法的不足，例如它能用现实情境补充文献研究资料。尽管观察法有一些突出的优点，但也存在一些局限和不足。最主要的是受到观察者主观条件的局限，难以避免判断上的主观性、片面性，甚至失误。所以，观察结果的可信度即真实性问题，是需要加以检验的。检验的具体方法很多，这里介绍以下几种：

1. 同一观察研究项目委托不同的单位或个人去做，以便互相验证调查结果。

2. 同一观察研究项目反复进行多次，以便使每次的观察结果互相验证。

3. 同一观察研究内容在不同的环境、条件、时间、地点下进行，以便将调查结果互相参照，从中作出正确判断。

以上检验方法是针对观察研究的策划者、组织者而言的，对于具体承担观察研究项目的调查研究人员来说，在自己进行观察研究活动的过程中，更需要随时对观察的真实性进行检查。这种检查的方法有：

1. 除了观察外，还要同当事人、目击者交谈，用以补充和验证观察结果。

2. 通过查阅有关文献，验证观察效果。

3. 用他人特别是熟悉情况的人的观察结果与自己的观察结果加以对照。

4. 向专家发送观察报告，请求予以检验。

总之，要弥补观察法的缺陷，就要在用眼睛进行观察的同时，辅之以动嘴说（访谈）、用耳听、动脑想。只有动员起全部感觉器官和思维器官，观察的方法才会最大限度得到有效运用。

三、观察法的应用

调查研究中的观察法既可以作为一次调查的主要方法，也可以作为一次调查的辅助性方法。如果是前者，那就需要把观察结果形成完整的报告。报告内容包括：观察的时间、地点、方式、情境，被观察者的基本情况，详细描述观察到的有关事实，陈述观察者对观察结果的解释和意见、建议等。如果是后者，只是作为一次调查的辅助性方法，观察所得的资料只是作为整个调查资料中的一部分，不一定单独形成报告。

观察法调查便于直接获得第一手资料，因为这种方法凭借的是观察者的感官的直接感受和体验，可以避免访问、座谈等调查方法可能受到的特定情境的影响。观察法调查的这一特点使它得到了广泛应用。不管采用何种调查方法，都可以辅之以观察法。而成功地运用这种方法，需要调查者具有敏锐的感受力和较强的洞察力。法国"时装帝国"之皇皮尔·卡丹，通过观察中国建筑物上的飞檐得到启示，设计出许多肩部耸起的男、女时装式样，颇受中国人民的喜爱，从中体现出卡丹具有很强的洞察力和敏锐的眼光。

还有一个带有对比性的典型事例，很能说明这一点。有一次，日本广岛鞋厂和横滨皮鞋公司的两名推销员到太平洋某岛推销产品。这个岛地处热带，岛上的人四季打赤脚，全岛找不出一双鞋。广岛鞋厂的推销员很失望，第二天就回国向上司汇报说：这座岛没人穿鞋，没有销路。横滨皮鞋公司推销员看到岛上无鞋子，却以独特的眼光去欣赏这道美丽的"风景线"，认为这里将成为新的经济增长点，于是给上司拍了电报："这个岛上没人穿鞋，是个潜力很大的市场……请速寄 100 双样品！"当地人穿上凉鞋样品后觉得舒适。一年后岛上的人都穿上了鞋子，从而使横滨皮鞋公司赢利颇丰。

延伸·····
阅读

清朝钱泳在《履园丛话》中记下了一个成衣匠的故事。从前，有个人拿了一匹布去找成衣匠，让他做衣服。成衣匠接过布料后，并不急于量体裁衣，而是问起他的性情、年纪，哪一年中了科举，对主人调查研究一番。顾客好生奇怪，连忙请教其故。成衣匠说："凡人年少中科举的，性情自然不免骄傲，必定是挺胸凹肚，因此衣服就要前长后短；如果年老中科举的，或在官场上不很得志，意气就难免消沉些，走路不免弯腰曲背，衣服就要前短后长；胖者腰要宽，瘦者身要窄，性急的要短些，性慢的可长些。至于尺寸长短，因人而定，那是死法，用不着多费心思。"钱泳笔下的成衣匠所以高明，就在于他能够潜心研究对象的特点，并找出这些特点与成衣之间的具体联系，因而就能悟出"短长之理"，达到出神入化的程度。

"窥一斑亦能知全豹"——抽样调查

抽样调查是一种以部分调查对象代表全部调查对象来接受调查的方法，这种调查方法可以通过科学的技术与程序把部分调查对象的调查结果推论到全体调查对象。

古时有个"剥花生"的故事，有一天，师傅想考考两个徒弟，看看谁聪明。他拿出两筐花生让两个徒弟剥皮，看看每粒花生仁是不是都有粉衣包着，看谁先回答。大徒弟从早上剥到晚上才把一筐花生剥完，到师傅那儿，师弟已等候多时。二徒弟汇报说：我剥了一把花生，有肥的、瘦的、熟的、没熟的，都有粉衣包着，可得知所有花生都有粉衣包着。于是师傅称赞二徒弟聪明。二徒弟使用的就是抽样调查的科学方法。

所谓抽样调查，如上所述，是一种以部分调查对象代表全部调查对象来接受调查的方法，这种调查方法可以通过科学的技术与程序把部分调查对象的调查结果推论到全体调查对象。可以认为，抽样调查是以大大小于普遍调查的规模而收到与普遍调查相同或相接近的调查效果。

我们知道，普遍调查（如全国人口普查）是对所有的调查对象无遗漏地逐个进行的一种调查方法。采用这种方法需要动员大量的人力、物力和财力。抽样调查的最大优点在于可以获得接近普遍调查的效果，而较之普遍调查又可以节省大量的人力、物力、财力和时间。

一、"窥一斑"何以能知全豹

抽样调查之所以能够期望获得与普遍调查同等的效果，其原因就在于这种方法运用了社会统计学的原理，正确地确定了"母全体"（全部调查对象）与"样本"（被抽选出来的部分调查对象）之间的数量比例关系。通过"样本"就可以了解"母全体"，通过样本进行计算，就可以推算全及总体的数量关系。有道是"窥一斑而见全豹"，花豹全身的花斑虽多，但都是大同小异，窥见一个花斑，整个花豹的全貌也就推想出来了。又如我们品尝月饼，把整个月饼吃下去可以尝出月饼的味道、月饼的原料成分（芝麻、桂花、冰糖等）。如果只尝月饼的一小块，也可以尝出味道、月饼的原料成分了。这里，问题的关键在于"样本"要有代表性。"窥一斑"之所以能见全豹，那是因为豹子身上的花斑大同小异，所"窥"的"一斑"具有代表性，也就是"全豹"的"样本"具有代表性。尝一小块月饼就能尝出整个月饼乃至所有同一品种月饼的味道与成分，原因也在于一小块月饼是个有代表性的"样本"，能够反映出整个乃至整批同样品种月饼的情况。可见，如何使"样本"具有代表性，使之代表调查对象全体的情况，也就是如何合理确定调查"样本"的问题，成为抽样调查的关键所在。

合理确定调查"样本"，就需要合理选择抽样方法。因为在调查研究过程中，调查"样本"完全是由抽样方法决定的。样本的合理性取决于抽样方法的合理性。在这个问题上，美国的社会调查史上不乏生动的事例，足以说明样本的确定、抽样方法的选择对于调查成果所具有的至关重要的意义。1936年，美国民主党的罗斯福与共和党的兰登竞选总统，《文学摘要》杂志根据自己收回的 200 多万张调查表，自信地预言兰登将以领先 15％的选票当选总统。大选的结果同他们的预言相反：罗斯福蝉联总统而兰登落选。这家杂志社因此信誉扫地，只好关门了事。《文学摘要》的教训在于它没有正确地选择抽样方法，没有根据当时美国社会阶层结构的变化情况来选择抽样方法，而是按以往老经验办事。它只是利用电话簿和汽车注册簿进行抽样，却把没有家庭电话和私人汽车的选民忽略不计。虽然它做了浩繁的抽样和询问调查工作，但以这样产生的"样本"去推断全体选民的意向，终因"样本"存在严重缺陷而铸成大错。

与《文学摘要》形成鲜明对照的是，在 1936 年的总统大选中，美国盖洛普民意测验所根据 1％的比例抽取的样本，正确地预言罗斯福当选，盖洛普的抽样调查获得巨大成功。1968 年，在美国的又一次总统大选中，盖洛普的民意测验再次获得巨大成功。盖洛普预测理查德·尼克松将以 43％的选票当选美国总统，实际结果是，尼克松得到了43.4％的选票。这次民意测验在大约 7300 万选民中只随机地访问了2000 人，也就是说，作为一次抽样调查，他们在 7300 万人只抽选了2000 人（比例是 36500∶1）作为"样本"，即在每 36500 人中只调查一个人，结果却是如此精确。我国近些年来的一些成功的抽样调查，也都取得了相同或相近于普遍调查或统计调查结果的效果。

二、随机抽样方法

抽样调查中的抽样方法，分为随机和非随机两种。随机抽样是根据概率论的原则抽选样本，这类抽样方法的基本特点是排除人的主观动机和态度等因素的影响，完全按照调查对象被抽选的客观必然性亦即实际机遇来抽选样本。排除了主观因素的影响，样本才能真正具有代表性。随机抽样的具体方法又有以下几种：

（一）简单随机抽样。这种方法不对调查总体做分类、排队等任何处理，而是直接对调查总体按照"机遇均等"（即保证总体中每一个个体都有平等的被抽选的机会）的原则抽选样本。具体做法可以用抽签的方法进行，也可以采用现成的随机数字表作工具进行。

（二）等距抽样。又称间隔抽样和机械随机抽样。这种方法先将统计总体按有关标志分类排队分组，然后按固定的顺序和相同的间隔抽取样本。如要在一个1200人的工厂中抽选100人做调查，可按全厂花名册顺序每隔12人抽选一名，一直到抽满100人为止。

（三）类型随机抽样（又称分类随机抽样或分层随机抽样）。这种方法是先将总体按一定特征划分为不同类型的组别，然后在各组中按简单随机或机械随机的方法抽选适量的样本，合并组成总样本。如在一个地区抽样调查企业的情况，可把该地区的企业分成不同类型（按企业规模、所有制形式、隶属关系、产业行业等，要根据调查的目的、内容等有关情况决定），分别抽选一定数量的样本。

（四）阶段抽样。它是将抽样过程分成若干阶段来进行。如一个省的工人样本可按市——区——行业——企业——车间（科室）——个人这样若干个阶段依次抽取。

（五）整群抽样。即在统计总体中随机每次抽取整群单位作为样本。如对某种产品质量需作5%的抽样检验，则可每隔20小时抽取1小时的产品作样本。

三、非随机抽样方法

非随机抽样是调查研究人员根据自己的主观经验和判断能力来选取样本，而不是按照随机的原则抽选样本。这类抽样方法的最大缺点是不能对调查总体作出可靠的推测，因为对"样本"的代表性无法作出准确的评估。非随机抽样虽有很大局限，但也并非无用。特别是在某些情况下，受到种种条件限制，无法进行随机抽样，那么，非随机抽样就成为必需的抽样方法了。非随机抽样的具体方法有以下几种：

（一）**配额抽样（又称定额抽样）**。它规定一定的样本数，并规定一些与研究现象有关的标准，将这些样本数按不同标准加以分配，然后从符合标准的对象中主观地抽取样本。如在一个工厂中技术人员、行政管理人员和工人的比例是 1：1.5：7.5，如果确定 100 人的样本，就要在技术人员中抽 10 个，行政人员中抽 15 个，工人中抽 75 个，这些人都不是按随机的原则抽来，而是根据调查人员感觉方便为准，或者找健谈的，或者抽在厂里找起来方便的，等等。

（二）**偶遇抽样**。向恰巧碰上或经过的人进行调查。如向工人征求对业余文化生活的意见，可采取在工人俱乐部门口发调查表的方法达到调查目的。

（三）**判断抽样**。即依据研究人员的需要和方便，按其头脑中的主观判断，有意地抽取调查研究所需要的样本个案进行考察。这种方法在试验调查中常被采用。编列各种经济现象指数，如编制物价指数和各种生活费用指数，需要选择一些较有代表性或标准项目作为样本进行试查、评估，以免浪费人力、物力。

（四）**滚雪球法**。有时不采取随机抽样而采取非随机抽样的方法，是因为无法确定调查总体，因而无法确定样本大小，无法随机抽取样本。在无法了解总体情况时，可以先从总体中的少数已知成员人手进行调查，再通过这少数成员寻找更多符合条件的人，这就如同滚雪球一样，可找到越来越多相同性质的群体成员。如果总体不大的话，有时甚至会接近饱和状况，后访问的人再介绍出来的人都是以往已经找过的了。

各种抽样方法各有特点，既可单独采用，也可混合采用。如何掌握，这要根据抽样调查研究的目的、内容现象性质和调查研究的总体条件决定。

四、对抽样调查的评价

抽样调查虽然是非全面调查，但它的目的却在于取得反映总体情况的信息资料，因而，也可起到全面调查的作用。抽样调查一般都是按照随机原则来抽取样本的，这就从根本上排除了调查者各种主观因素的干扰，保证了样本能在较大程度上与总体的结构保持一致，因而，所抽取的样本都比较客观，具有较强的代表性。

抽样调查的数学基础是概率论和大数定律，抽样误差不仅可以准确计算，而且可以加以控制。因此，抽样调查适合对调查总体作定量研究，其结论是通过数学方法计算得出的，对总体的推断比较准确。

抽样调查是从全部调查研究对象中，抽选少数样本单位进行的调查，节省了人力、物力、财力、时间，组织工作也比普查简单得多。

访谈技巧的运用

访谈法是指调查人员有计划、有目的地通过与调查对象的口头语言交流，直接获得某种口述资料的方法。在访谈开始之前，要精心作好准备。

访问谈话，是调查研究中最常用的一种方法。由于访问交谈是调查者与被调查者面对面的交往接触，是双方之间一种紧张的互动，这就必然会产生一系列技巧上的要求，这些技巧的有效运用，是调查取得成功的必要条件。

一、访谈法的特点和类型

访谈法是指调查人员有计划、有目的地通过与调查对象的口头语言交流，直接获得某种口述资料的方法。访谈作为一种独立的调查方法，它的主要特点是：

1. 通过口头交谈，索取（调查者）和提供（被调查者）口述资料。

2. 在访问谈话的语言交流中，调查者居于控制交谈的主体地位。

3. 作为调查研究方法之一的访谈活动，同日常的寒暄、聊天、侃谈等言谈交往不同，具有明确的目的性、程序性和系统性。

4. 调查者一方单向的获取性，调查者的访谈活动，无论是出发点还是落脚点，都是为了从调查对象一方获取口述资料，这一点，既有别于人们的日常交流，又与各种谈判大不相同。

5. 访谈调查是调研人员与调查对象双方的直接互动，既有信息的沟通，又有情感的交流。双方的态度、表情、口气、语调，交往接触中的每一个细节，都会对调查进程和调查效果产生影响。

6. 访谈调查的可信度和效果存在一定局限。调查者与被调查者双方各种条件的限制，访谈结果即调查对象提供的口述资料的深度和真实性都会存在一定差距。

7. 访谈调查比较经济，时间花费和物资花费相对较少。

访谈调查自古就有，类别很多，按访谈者的社会地位，可分为下访、上访和互访，或分为官访和民访；按访问活动的公开性来划分，又分为明察（公开访谈）和暗访（私访）；按访谈的传递媒体和方式来划分，还可分为当面访谈和电话访谈。此外，根据访谈中主客体双方又可分为单对单（一对一）访、单对群（一个对多个）访、群对单（多个对一个）访和群对群（多个对多个）访。不同的访谈类型，各有其独自的特点，访谈的技巧要求也不尽相同，这就需要仔细体会，认真掌握。

二、访谈前的准备工作

军事上一个重要原则是"不打无准备之仗"，访谈调查也是如此，也要在访谈开始之前，精心作好准备。

（一）准备好问卷或访谈提纲。标准化的访问，可以看成是由调查人员代为调查对象填写答案的问卷调查，这种访谈的内容结构比较严谨，访谈资料还需要统计汇总，作一定计量处理。即使非标准化访谈，内容比较开放、松散，那也需要准备一份比较详细的访谈提纲，以便有所遵循。

提纲内容主要包括谈话目的、谈话步骤、谈话对象、问题设计等，并且要访谈提纲具体化为一系列访谈问题。例如，马克思、恩格斯在进行工人阶级状况调查时，就拟定了一份调查大纲。完全没有准备的访谈，不能算是正式调查，只能看成是随便聊天。

问卷和提纲不只是访谈不可缺少的一种工具，它还是明确访谈的具体目的和内容所必需的。访谈是调查活动中比较灵活和自由的方式，容易使人忽略它的内容和具体目的，而要使访谈能深入进行，获得最大成功，必须把调查目的和内容具体化。拟好问卷和提纲正好可以达到这个要求。

（二）认真选择和尽量了解调查对象的有关情况。可以通过调查对象的同事、所在单位领导，了解他的职业、年龄、经历、兴趣等，认真准备对方所关心的话题。调查对象的选择，要有代表性；若要选择多个访问对象，除了代表性外，还要注意按先易后难的顺序进行。

（三）选择访谈时机并通知调查对象。根据调查题目和调查对象的具体情况，恰当地选择访谈的时间、地点和访谈方式。为使调查对象对调查的问题有所准备，并打消不必要的顾虑，应尽量事先向调查对象打招呼，约定访谈时间和地点。时间的选择一般避开调查对象繁忙、悲伤或喜庆的时候；地点的选择应避免张扬，特别要注意避开熟人、家人的视听并对调查对象承诺保密的义务。

（四）遴选调查人员。为了有利于访谈，调查人员的性别、年龄、能力乃至相貌都要加以考虑。一般涉及家庭、婚姻和两性关系问题时，双方以同性为宜，而对于日常工作的调研，年龄上一般以双方年龄相仿或调查者年龄大些为好。而对资历深、年龄大的领导或对老职工尤应予以尊重，不宜下车伊始，不着边际地高谈阔论，不宜由年轻人出面，言语稍有失当，容易引起老领导、老职工的反感。一般而言，调研人员年龄较大为好，他们社会经验更为丰富，处理人际关系较为沉稳、持重，容易取得调查对象的信任和好感。

三、交谈中的技巧运用

（一）适时入题。调查人员与调查对象一经接触，访谈即告开始。调查对象都是有思想、有情感、有心理活动的个性化的人，他们一般不会主动向"陌生人"提供资料，这就需要调查人员开展工作。

首先要极力创造一个和谐、友好、热情、温馨的气氛。为此，调查人员从衣着到言谈、表情都要尽力得体。向对方作自我介绍时，要掌握好分寸，不可给人以轻浮或高傲的感觉。调查开始时，不必忙于进入正题，可以通过寒暄、问候，缩小双方的心理距离，获得调查对象的好感，使双方关系逐渐达到融洽，此时方可进入正题。

（二）问题要具体、明确。特别是刚开始提问时，一定要从简单明了的问题开始。尽量避免使用专业术语、抽象名词和模糊概念，力求通俗、浅显、易懂。

（三）控制话题。访谈中，要力求调查对象多谈，但内容又必须与调查主题有关，这就需要调查者对谈话加以控制，针对不同对象，适时适度地加以引导。对不善言辞的人，要注意启发，并给予思考的时间，交谈速度不宜过快。当对方谈话切题时不要随便打断对方的思路，要集中精力听，边听、边想、边问，与对方的话题互动，了解真实情况，把问题化整为零；一个问题谈完了，适时来一点过渡，转换到另一个问题，使对方始终觉得有话可谈。

（四）对于调查对象的谈话，不要随意评判。调查者的任务归结起来就是要引导调查对象谈出与主题有关的内容，而不要轻易下什么断语，否则就会使调查对象产生一种迎合心理，专门投调查者之所好，从而造成调查误差。调查者可以对对方的谈话有所反应，如："我明白你的意思""我对你谈的很有兴趣""请你谈下去"，等等。这些反应虽然热情，但观点上是中立的，有益而无副作用。

（五）控制谈话场合。 交谈时无关人员在场，会产生多种干扰效应：或者分散调查对象的注意力，或者影响调查对象的态度。应尽力劝导无关人员离开访谈现场。如果有两个以上调查人员在场，可以互相配合，有人谈话，有人控制环境，引开无关人员。

（六）注意谈话态度。 总的要求是谦虚、礼貌、平等待人、尊重对方，态度要和颜悦色。尤其是与基层干部、群众个别访问时，一定要谦和，彬彬有礼。美国有位企业家在谈到他用人成功的经验时说："宁雇一名满脸微笑的小学毕业的职员，也不雇一位面孔冷淡的哲学博士。"这对于调查人员来说，也是有借鉴作用的。

要尊重对方的风俗、信仰、生活习惯和谈话方式。调查者在说话时要热情、机智而不油滑、轻浮，不冒犯被访者的忌讳，不强对方之所难，不使对方感到压抑和委屈，不对被调查对象抱任何成见。

如果调查对象谈得很起劲，但调查人员毫无反应，或者摆出一副不屑一顾、东张西望的表情，甚至无礼地打断对方的谈话，那么调查者就影响了交谈的积极性。因此，调查者要不时地使用"嗯""对""是""很有意思"等语言信息或者用点头、做手势等方法鼓励对方讲下去。调查者要针对不同的场合、对象使用不同的语气和谈话方式。当调查对象谈到成绩时，应为他（她）由衷高兴；当他（她）叙述到不幸之事时，应表示同情，以加强情感交流。

（七）重视访谈中的非语言交流。 善于通过语气、神情、姿态等非语言（无声语言）的交流来发出信息、表达感情。尤其是目光，这是最重要的无声语言；可以传达出许多非语言信号，对于访谈产生许多重要影响。

（八）**运用记录技术**。访问记录以访谈内容为主，此外还应包括访谈的时间、地点、环境、调查对象的态度等。记录的时间和方式要仔细斟酌，是现场记录还是事后追记，要视情况而定。如果交谈敏感问题，调查对象思想上有顾虑，最好不要当场记录。但事后补记易有遗漏或差错，如能运用速记技术，或注意记录关键词语，或采用符号记录，效果就要好些。如果有条件，又征得调查对象的同意，也可以在访谈中使用录音录像或摄影设备；对方如不同意，则不得强行采用这些特殊的记录方法。

听取不同的声音

> 权力不等于真理，也不等于权威，更不等于
> 威信。一个领导者若想有权威、有威信，绝不是
> 靠揽权势、耍威风、摆架子而来，而主要靠以身
> 作则、真诚质朴、善于用人、从谏如流、博采众
> 长而来。

由于受客观事物的复杂性的制约，受自身认识的局限性之影响，有时决策会出现难以取舍，或出现偏差，乃至失误。解决好这个问题，使做出的决策经得起实践的检验，就应当而且必须广开言路，兼听多方面的意见，而不是惧怕他人的意见、抗拒他人的意见。

毛泽东讲到刘备、曹操、袁绍时说，袁绍那个人就是武断，武断就要失败。如果高高在上，武断独断、权力任性，违规违纪的事就会出现，被查被纠也就不远了。谷俊山等腐败分子身上有一个共性，就是追求"一呼百应"，搞个人绝对权威。

习近平同志于 2013 年 2 月 6 日与党外人士座谈时说，对中国共产党而言，要容得下尖锐批评，做到有则改之、无则加勉；对党外人士而言，要敢于讲真话，敢于讲逆耳

之言，真实反映群众心声，做到知无不言、言无不尽。他的讲话体现了我党善纳群言、广聚群智、闻过则喜、求同存异的胸怀，体现了我党光明磊落的底气。

兼听民意，容纳不同的声音，是尊重对方、沟通协调的桥梁，是博采众长、补己之短的良方，是办好事情、避免失误的法宝。共产党员尤其是领导干部一定要善听"谔谔之言"。

《史记·商君列传》中有句名言："千人之诺诺，不如一士之谔谔。"意思是，有许多人说顺从奉承的话，不如有一个人直言不讳。汉朝名臣韩婴也说："有谔谔争臣者，其国昌；有默默谀臣者，其国亡。"

《史记·赵世家》载，赵简子有个家臣周舍，喜欢直言劝谏。周舍死后，简子每当上朝时，常常不高兴，大夫们请罪。简子说："大夫们没有罪。我听说一千张羊皮，也抵不上一张狐腋皮。你们上朝，我只听到恭敬顺从的应答声，听不到周舍那样的争辩声音了，我为此而忧虑！"

1949 年全国政协召开会议前，曾酝酿和讨论国家名号问题。毛泽东在中南海邀集一些党外人士座谈，听取大家意见。最后毛泽东提出，中央意见拟用"中华人民民主共和国"。大家有同意的，也有不同意的。张治中说："'共和'这个词的本身就包含了'民主'的意思，何必重复？不如就干脆叫'中华人民共和国'。"毛泽东觉得此话有理，建议大家采纳。

中央人民政府委员会成立并举行第一次全体会议后，要发表公告。中央拿出来的稿子只列举主席、副主席姓名，56 位委员未列姓名。张治中站起来说："这是正式公告，关系国内外观感，应该把 56 位委员的姓名也列上。"毛泽东说："这意见很好，这样可以表现我们中央人民政府的强大阵容。"

"兼听则明，偏信则暗"，这本是就统治阶级治国之道而言的，但从一般的认识方法上看，却具有普遍的意义，那就是要听取各方面的意见。1937 年 8 月，毛泽东在《矛盾论》中指出："唐朝人魏徵说过：'兼听则明，偏信则暗。'也懂得片面性不对。可是我们的同志看问题，往往带片面性，这样的人就往往碰钉子。"

从心理学上看，人人都需要被关注。因此，不能总是自己高谈阔论，却不给对方说话机会。一个成熟的领导者能够细心倾听他人的说话，能在交谈时适当点头、保持沉默或改变语调，从而使他人融入交谈。听者在采取专心倾听的态度后，还要对谈话内容进行能动性理解，就是对谈话内容自觉接收和认真处理。

纵观历史，凡成大业者，无不以善听净言为荣。"君之所以明者，兼听也；其所以暗者，偏信也。是故人君通必兼听，则圣日广矣；庸说偏信，则愚日甚矣。"（汉代王符《潜夫论·明暗》）自以为是，固执己见，一意孤行，必然视野狭窄，思想偏颇，甚至导致决策失误。励精图治之君，繁荣昌盛之世，无不竭诚待下，从谏如流；无不直臣盈庭，竞献其策。多方面听取不同意见才能明辨是非得失。正如马克思所言："真理通过论战而确立，历史事实从矛盾的陈述中清理出来。"如果只听一方面的意见，就容易偏信，做出错误判断。

容纳不同的声音、闻过则改，是从政道德意识的具体体现，是能够及时认错、迅速改正的关键环节，因为从内心意识到自己身上有许多不足、许多毛病，而不是文过饰非、固执己见，并随时准备改正，不断提高执政素质，才能从内心欢迎和感激别人的批评，及时而迅速地改正自己的缺点和错误。

下属和群众的某些不同意见，往往蕴藏着真知灼见。兼听要有耐心，没有耐心则听不到真言。兼听，是工作中颇为高深的艺术，也体现一个人的修养和品德。恩格斯在《反杜林论》中说得好：每个人思维所达到的认识"需要改善的东西，无例外地总是要比不需要改善的或正确的东西多得多"。在决策领域，有一种"不可行性论证"，就是听不到反对意见不决策。毛泽东对淮海战役的正确决策，离不开粟裕的大胆直言。党中央决策三峡工程，听取了不同的意见。

习仲勋任广东省委第二书记时，惠州地区检察分院麦子灿给他写来一封批评信，措辞用语之尖锐、尖刻，非一般人所能承受。习仲勋在会上却自曝来信，他说："这封信写得好，还可以写得重一点儿。下面干部敢讲话，这是一种好风气，应当受到支持和鼓励。不要怕听刺耳的话，写信的同志相信我不会打击报复他，这是对我们的信任。"这种善于兼听、闻过则喜的境界，体现了习仲勋同志海纳百川的雅量、从善如流的智慧、虚怀若谷的胸襟。

真正的高明和正确，在于放下身段，博采众议。善于汇集别人闪光点的人，他的身上就增添了光辉。领导干部多求谔谔之言，允许不同声音存在，才能了解掌握各方面的情况，做出理性判断和正确决策。因此，切莫听到不客气的、不合口味的或不顺耳的意见和批评，就认为是对自己不尊重，说话有意无意地压人三分；切莫因与提出意见者有过矛盾而摈弃其意见，或一听批评就反感，老虎屁股摸不得，一股脑儿顶回去，什么事情都由自己做主；更不必无所顾虑，任性妄为，拍桌子、"穿小鞋""扣帽子"。

作为党员领导干部，只有善于倾听群众的意见，透过别人的眼睛看世界，尊重多数人的意见，虚怀兼听，察纳雅言，融汇众人智慧，实行民主集中制，将大家的真知灼见融进民主决策和工作进程之中，才能不被蒙蔽，下情上通，制订出切实可行的方案，受到群众的拥戴。

延伸阅读

魏徵是唐初杰出的政治家和历史学家，以刚直不阿、敢于进谏、善于进谏闻名，进谏的水平很高，是我国历史上有才干的人物。他先后四次上疏唐太宗，列举历史上的事例说明兼听则明、偏信则暗的道理。

一次，唐太宗问谏议大夫魏徵："作为一国之君，怎样才能变得圣明，明辨是非，不受蒙蔽呢？"魏徵回答道："兼听则明，偏信则暗。从前尧帝向民众了解情况，能将三苗作恶之事及时掌握。舜帝耳听八方，眼观六路，所以当时虽有坏人，也不会受蒙蔽。秦二世身居宫中，偏信赵高，结果在望夷宫被赵高所杀。梁武帝偏信朱异，在台城被软禁饿死。隋炀帝偏信虞世基，天下到处起事，他一点也不清楚，结果死于扬州的彭城阁兵变。所以仁君广泛听取意见，采纳正确主张，才能不受欺骗。"

从此，唐太宗鼓励大臣直言进谏。唐太宗建立了前朝所没有的新制度：允许谏官、史官参加政事堂会议，及时了解朝政的内幕，有所劝谏，使宰相及其他官员不敢谎报政绩。唐太宗能够完善谏议制度，并能做到从谏如流，这是一件很了不起的事情，这是治理国家的重要之举，使得贞观时期官员向皇帝进谏蔚然成风。

魏徵去世后，唐太宗悲痛地说："用铜做镜子，可以看出衣帽穿着是否整齐；用历史做镜子，可以明白各朝代为什么兴起和没落；用人做镜子，可以清楚自己与别人的差距和得失。今天魏徵不在了，我真是失掉了一面好镜子啊！"

统计调查和统计分析

统计调查是研究这种随机现象的数学工具。统计调查亦称"统计观察"，指有组织地搜集带有数量特征的统计资料的活动。统计分析是指根据整理过的统计资料，分析一些现象在一定时间、地点、条件下的数量关系，以深入认识事物的性质、特点及其变化规律的工作。

在千差万别的事物中，有些事物的出现或不出现带有必然性，人们可以作出预测。而有些事物的出现或不出现带有或然性，事先无法准确预测到底会出现哪一种结果。这种随机现象虽然复杂，难以预测，但也并非无规律可循。例如我们向空中抛掷硬币，究竟哪一面向上，无法预料，但是抛掷千百次，次数多到一定程度，就会发现硬币正（反）面朝上（或朝下）的次数越来越接近对半。这种规律虽然不能用来具体预测某一次现象的结果，但可以预测所有同类现象的总的结果，这种规律就称为统计规律。统计调查是研究这种随机现象的数学工具。统计调查亦称"统计观察"，指有组织地搜集带有数量特征的统计资料的活动。

进行统计调查，一般应先确定调查目的、调查对象、调查单位、报告单位，拟订调查项目，规定统一的调查时间或报告时间，设计调查登记表格和编制填表说明。

统计调查的方法主要有报告法和直接采访法。前者由主管部门发给调查登记表或定期统计报表，由报告单位或个人按填表说明在规定期限内上报；后者由统计主管部门或调查单位派出工作人员和调查员直接对调查单位或个人提问、计量或观察。

统计整理是统计调查的重要步骤，是指对统计调查资料进行分类、分组、汇总，使之条理化的过程。

统计分组是根据调查研究的目的，按照一定的标志，将调查所得的大量统计资料划分为性质不同的类型或组别，把总体中性质不同的部分区别开来，而把性质相同的部分归并到一起。例如，各种各样的企业，按照经济成分可分为国有企业、集体企业、民营企业、合资企业、独资企业等；按照企业的规模划分为大型企业、中型企业、小型企业；按企业行业划分为钢铁企业、化工企业、轻工企业等。经过这种分组后，在整理反映复杂情况的统计资料时，才能了解各部分现象之间的差异，认识它们之间的相关关系，从而揭示事物发展变化的内在规律。因此，统计分组在整个统计工作中占有十分重要的地位，它不但是汇总整理的基础，而且是统计分析的重要方法。

统计汇总是统计调查中另一重要步骤。它是在统计资料经过划类分组之后，把各类各组的总体单位数和各单位的标志值加以归结，并把总体单位的总数以及标志值的总计数加以归结。统计汇总工作开始之前，必须对统计资料进行审核，即对资料的全面性、及时性、准确性进行鉴定，以确认资料有无缺漏，是否及时，有无差错，资料经过审核无误后汇总出来才有价值。

统计汇总的组织形式主要有三种：

1. 逐级汇总，即自下而上地从最基层的汇总单位依次逐级汇总，直至最高统计机关。

2. 集中汇总，即把资料全部集中到组织调查的最高统计机关直接汇总。

3. 综合汇总，即结合以上两种汇总形式，一方面对某些重要的基本资料逐级汇总，以满足各级领导的需要；另一方面把全部资料集中到组织调查的最高机关汇总。

统计资料的汇总技术包括手工汇总和机械汇总。手工汇总效率很低，只适用于小型调查；大规模的调查需靠机械汇总。近年来，电子计算技术在统计工作中的应用越来越普遍。在更大范围内采用电子计算机汇总，是统计工作现代化的方向。统计汇总的表现形式主要是统计图表。统计图是把抽象的统计数字用点、线、面、体等几何图形和实物形象、地图及各种色彩绘制的图形来表示，具有直观，形象的特点，主要类型有条形图、圆瓣图、散点图、线形图、直方图等。统计表则是用来显示各种统计指标及其含义、系统地列示一定时期和范围内统计数字的表格形式，按其主词分类情况分为简单表、分组表和复合表三种类型。简单表指主词未做任何分组的统计表；分组表指主词只按照一个标志分组的统计表；复合表指主词由两个或两个以上标志进行分组的统计表。

统计分析是指根据整理过的统计资料，分析一些现象在一定时间、地点、条件下的数量关系，以深入认识事物的性质、特点及其变化规律的工作。常用的统计分析法包括指数分析法、相关分析法、统计推论法和统计检定法。

1. 指数分析法，又称因素分析法，是分析由不能直接加总的要素所构成的社会现象的总的变动过程的方法。

2. 相关分析法。相关关系是指变量间一种不完全确定的数量依从关系，相关分析法是运用数学上的函数关系式或方程式、相关曲线图等来表示各单位标志的相互依存关系，并对这种关系的紧密程度作出数量上的测定。用数学公式计算出现象标志间关系的紧密程度即相关系数的方法。

3. 统计推论法，是指用样指标推断母体指标的方法，主要适用于抽样调查。因为抽样调查不是调查总体的全部单位，而只是抽取总体中的一部分，调查结果只是样本的情况，要通过样本认识总体，就要经过推论。

统计推论和描述统计，是统计分析内容中的两个基本方面。描述统计主要用于大规模的全面调查（普查）。它是把所观察的数据、资料进行整理、归纳和分析，编制统计图表，计算集中趋势，测量离散趋势和相关关系等，其目的是计算出一些有代表性的统计值，把大量纷繁的数据简化，使其中蕴含的信息条理清晰，一目了然。但对于抽样调查，不能简单地将部分资料的结论当作总体的情况，所以仅用描述统计来分析抽样调查资料是不够的，还必须运用概率论的原理，正确地从局部推论到全体。这种根据不完全数据对全体作出正确推论的方法就叫作统计推论，亦称归纳统计。

4. 统计检定法，是从总体参数的假定出发，通过抽取样本对假设作检定，得出承认假设或者推翻假设的结论。

什么是特尔斐法

特尔斐法的历史虽然还不是很长，但其准确性和可靠性却已被多次实验所证明。它是系统分析方法在认知领域内的一种有益延伸，突破了传统的数量分析的限制，为决策者科学决策提供了思路和多方案选择的可能性。

特尔斐法是在专家个人判断和专家会议的基础上发展起来的一种直观预测的方法，在一些部门的决策和研究、制定政策中有着广泛应用。特尔斐法是用书面形式广泛征询专家意见以预测某项专题或某个项目未来发展的方法，又称专家调查法。

一、专家个人判断

专家个人判断是指通过向个别专家征求意见并在此基础上进行预见性判断的预测方法。这种方法古已有之。在三国时期，一心想继承汉室基业的刘备三顾茅庐恭请诸葛亮辅佐自己。诸葛亮出山后发表一席《隆中对》，其"天下三分"的宏论令刘备心悦诚服。诸葛亮是历史上有名的政治家、军事家，是当之无愧的"专家"，他的《隆中对》

也堪称"专家个人判断"的上乘之作。

通过征求个别专家意见作出相应预测，这种方法的优点在于：

1. 专家对本学科、本专业的有关问题富于研究，对有关问题的发展趋势易于作出准确判断；

2. 向专家个别征求意见，不受外界干扰和影响，专家的智慧和创造力可以得到充分有效的发挥；

3. 所需经费较少，经济上合算；

4. 简便易行，速度和效率高。

缺点是：

1. 专家个人意见，不可避免受到专家个人知识、经验和占有信息资料的局限，容易产生片面性；

2. 专家个人往往会忽略或贬低其他专业或其他学科的研究成果，因而影响其综合地、系统地作出全面的判断。

二、专家会议

这种方法是依靠许多专家、能人或领导者，依靠集体的智慧、经验和思维能力，揭示有关情况变化发展趋势乃至客观规律的预测方法。这种方法可以避免专家个人预测发生的偏见和失误，其主要优点有：

1. 专家会议提供的信息量一般比专家个人所占有的信息量要大；

2. 专家会议较之个别专家思路更宽，考虑的因素更多、更全面；

3. 专家会议提供的方案一般较之单个成员提供得具体；

4. 专家会议有助于打消或减轻个人承担全部责任的顾虑；

5. 有利于专家之间的意见交流和互相启发补充；

6. 有利于借助不同领域专家的知识、经验进行联合攻关。

其缺点是：

1. 易于产生遵从效应，屈服于权威、领导或多数人的意见；

2. 受到表达能力的影响：能言善辩者的意见即使论据不足也容易占上风，而拙于言辞者的意见即使很有价值也往往难于得到认同；

3. 难于在同一时间把众多的专家集中起来。

三、特尔斐法——专家调查法

为了克服专家个人判断和专家会议的缺点，一种更加有效的专家调查法在预测调查实践中应运而生。

特尔斐法，即专家调查法，又称为专家答卷预测法。系 20 世纪 50 年代初，为美国兰德公司的达尔奇和斐尔梅所首创。这种方法以匿名的方式通过多轮函询，征求专家们的意见，通过多次反复循环，形成比较一致的意见，作为调查的结论。这种方法以特尔斐法命名，源于希腊古城特尔斐，该城因有阿波罗神殿而驰名，自古就是希腊的信仰中心，是预告未来的神谕之地。

特尔斐法的实施，就是将所要预测的问题及其在未来可能发生的演变情况，拟成若干含义明确的判断，制成咨询调查表，规定统一的评估办法，分别邮寄给有关专家。专家人数 10—50 人，多的可增加到 100 人。专家们在互不通气的情况下对咨询调查表中所提的问题独立发表自己的意见，并把调查表寄回调查组织者。调查组织者把这些意见加以整理、归纳汇总，匿名反馈给各位专家，再次征求意见；而后又加以综合、整理、反馈。如此反复循环，一般要经过四轮，专家的意见可以相当协调，形成调查结论。每一轮调查大约需 7—10 天，大型调查也不宜超过一个月。时间过长，干扰因素增多，会影响调查效果。

特尔斐法把个别专家的思想加以系统化，集中多数人的才智，考虑问题比较全面，调查结论的信度和效度较高。较之于专家个人判断和专家会议两种方法，特尔斐法具有以下三个重要特点：

1. 匿名性。调查中，接受咨询的专家互不见面，也不暴露姓名，这样可以不受他人影响，也不会被能言善辩者挟持，各种意见可以自由充分地发表。如发现自己的意见欠妥，在多轮应答中可以在不公开的情况下改正过来，因而无损于自己的声望。

2. 反馈性。经过多轮反馈，各种不同观点可以得到充分讨论。在讨论中，参加应答的专家们不断从反馈信息中受到启发，构成专家之间在匿名情况下相互影响，从而经过新的思考形成新的判断，使得逐步形成的观点臻于完善。

3. 收敛性。经过三四轮应答和反馈的循环，取得比较集中的意见后，如果仍有个别专家的意见不一致，为尊重少数专家意见，应请其提出自己的理由，然后对这些理由或观点在适当范围加以讨论和研究。在最后的归纳统计中，应允许按预先确定的准则进行加工处理。例如，对讨论的问题有深入研究的专家的意见应给予重视，统计时可予以加分；而因对讨论的问题对自己有利而持赞成者，或因对自己不利而激烈反对者，则应予以减分。

运用特尔斐法应注意以下几点：

1. 询表中提出的问题的含义要说清楚，避免歧义；

2. 提出的问题的数量不要过多，每一轮调查，应答者完成答问的时间不宜超过两小时；

3. 忠实于专家的回答，不要参入调查者的意见；

4. 对于不熟悉这一方法的专家，事先应讲清调查的意义和应答方法。

多年来，特尔斐法已成为 200 多种预测方法中使用比例较高的一种方法。20 世纪 70 年代，美、日两国科学家用特尔斐法作了引人注目的预测（见表 1）。

表 1　特尔斐法的预测结果

项　目	达到时间
装有灵敏的反馈装置的机器人	1990 年
解决癌症治疗	1990 年
生男生女预见选择	1990 年
家用立体电视	1992 年
人体器官的更新	2010 年
延年益寿	2015 年
能长期提高智力的药物	2020 年
月球观测站	2025 年

特尔斐是希腊历史遗迹，为阿波罗神殿所在地。在古希腊神话中，太阳神阿波罗常在此宣布神谕，因此特尔斐有聪明智慧之意。

特尔斐法通过对有关专家的个别征询，经过多次反馈以避免各种因素干扰，最后对专家意见进行科学处理，来达到对某一问题的科学预测。特尔斐最初应用于技术预测，后来推广应用于各个领域的预测。特尔斐法的历史虽然还不是很长，但其准确性和可靠性却已被多次实验所证明。它是系统分析方法在认知领域内的一种有益延伸，突破了传统的数量分析的限制，为决策者科学决策提供了思路和多方案选择的可能性。由于特尔斐法简便易行，而在某些领域较多实际问题只能通过直观的方法进行定性分析等原因，在目前所有的决策和预测方法中它仍然占有极其重要的地位。

特尔斐法也存在一些缺陷和不足，如受主观因素的影响较大、缺乏深刻的理论逻辑论证、方法论的约束较强等。

什么是文献调查

　　文献调查是一种通过查阅有关文献收集资料、获得信息的调查研究方法。我们无论作何种实地调查，首先都要对所要调查的问题及其有关的基本情况有一个大致的了解。要达到这个目的，一是须对实际生活、实际问题作一粗略的观察和调查；二是需要查阅有关文献，以便了解问题的历史背景和沿革情况等。

　　文献调查是一种通过查阅有关文献收集资料、获得信息的调查研究方法。实地调查所获得的是第一手资料，其形态主要是动态的；而文献调查所获得的是第二手资料，主要是静态的资料。二者之间密切联系，互相补充，相辅相成。

一、文献调查的意义

　　文献，包括储有各种信息的方案、图像、声音资料，主要来源于书籍、报纸、刊物、档案、照片、图像、录音等。文献调查通常是实地调查的准备，它的意义在于：1. 拓展视野，打开思路；2. 避免重复调查；3. 了解历史背景；

4. 提供追踪调查的线索。有些事实和现实是不可能现场调查的，如失火、交通事故等，不可能在事件发生时立刻目睹，只能利用有关的文件资料掌握情况。如交通事故发生后，有关单位对当时的目击者的访谈笔录、现场勘察情况记载等。

二、文献调查的途径

文献调查的途径包括：1. 资料室或图书馆的书刊目录和分类索引；2. 全国的总书目和分年度的总书目及各种年鉴；3. 按照学科和问题分类的文摘、文献目录；4. 各种工具书，如百科全书、专业辞典；5. 机关部门的统计资料；6. 统计部门的统计资料；7. 私人的自传、回忆录、信件等。

计算机检索已经成为一种新型的文献检索工具。计算机检索就是利用电子计算机查找文献。文献著录以一定的格式输入计算机，成为文献记录。经过计算机处理，将大量的文献记录以一定的结构存贮在磁带或磁盘上，生成文献数据库或文档。计算机检索由于搜索范围不受限制，可以随时查阅所需的文献，而且速度快，正在逐步取代传统的手工检索工具方式。我们可以通过计算机网络检索信息或通过下载、拷贝、打印等方式保存文献。尤为引人关注的是，互联网开始成为最重要的信息来源。互联网上的原始电子信息比其他任何形式存在的信息都更多，并且容易进入，查询速度快，数据容量大，并且还可通过搜索引擎进行文献资料查找。

三、文献调查的方法

文献调查，有的内容要精读、详读，有的内容要泛读、略读；精读要深，详读要细，泛读要宽，略读要快。不能都精读、详读，也不能都泛读、略读，这就涉及文献选择的问题。

1. 阅读文献的选择。首先是找一门教科书或介绍性的入门书。你所要了解的问题，一般可以在书中找到有关章节，或有个大体了解，或找到入门线索。在找到文献后，先要看序言、目录，对有关的内容要精读、详读，无关的就不读，关系不大的就一般浏览。其次是阅读有关的专著、专家的代表作，对不同流派的对立观点，新颖独到的创造性的论述要充分关注，详加研读，而对于那些大同小异、内容重复、价值不大的内容则不要多花时间去精读。在选择文献的时候要注意出版年代，首先检索查阅利用出版年代较近的书。一般说来，新近出版的书刊吸收了最新科研成果。还要注意文献的选择面要比研究的问题的范围宽些，以便获得必要的背景资料和相关信息。如要调查婚姻恋爱问题，就还要选择与之有联系的资料，如家庭人口的年龄结构、人口的出身情况、生育高峰等。

2. 阅读文献的记录。阅读文献时应做记录，而且最好用活页纸或卡片。它比较方便，可以随时分类整理；使用时，可以有各种组合方式。记录的项目要有作者、书名或标题，出版社或刊物名称，出版或发表时间，以至图书馆登录的号码等。记录的内容包括文献资料的主要观点、主要方法、数字、图像等，还包括自己对原文的评价、感受、意见、启发、联想等各方面的收获。把这些都记录下来是很有用的，它可以是深入研究的基础，可以避免一瞬间的闪光思想的消逝，还可以用以形成自己的研究成果。

对于文献资料要采取分析的态度，既要尊重文献资料，充分认识其固有的价值并加以合理利用，又不能盲目照搬，受其束缚。

四、文献调查与实地调查的关系

文献调查既可以独立运用，用以研究某种问题，也可以与实地调查相结合，或为实地调查做准备，或与实地调查互相补充、互相验证。一般来说，文献调查与实地调查的主要结合形式是把文献调查作为实际调查的准备阶段。因为我们无论作何种实地调查，首先都要对所要调查的问题及其有关的基本情况有一个大致的了解。要达到这个目的，一是须对实际生活、实际问题作一粗略的观察和调查；二是需要查阅有关文献，以便了解问题的历史背景和沿革情况等。文献调查所获得的静态资料是经过他人整理的，已经不是原始状态的资料。它具有累积性，千百年、千万人累积的资料都可以为我所用，虽然不是第一手的，但同样有很重要的价值，对于我们研究问题和实地调查大有益处。因此，我们要注意把文献调查和实地调查很好地结合起来，以期使调查研究工作更加深入，更有质量和成效。

网络调查的主要方法

　　网络调查方法，是随着网络技术的发展而兴起的一种新的社会调查方法，具有许多传统调查方法所不具备的特点。所谓网络调查，又称在线调查，是指以网络为载体，利用计算机和网络技术作为信息收集渠道，获得即时有针对性的各种信息的一种调查方式。网络调查是在互联网上针对特定问题进行的调查设计、收集资料和分析等活动，它是传统调查方法与互联网相结合的产物。

　　从广义上说，网络调查包括两大类：一是以互联网为手段的调查，包括网上定量研究方法、网上定性研究方法。二是测量互联网使用情况的调查，它又可分为以网站为中心的测量、以用户为中心的测量和以广告为中心的测量。网络调查的目的是通过调查的手段去获取资料和信息。

　　电子邮件调查法。这种调查方法是以电子邮件为传输媒介，在掌握了大量被访者的 E-mail 地址后，直接将制作好的电子版问卷发送到被访者的电子邮箱中。被访者填答并将问卷通过电子邮件方式反馈给调查人员，调查人员对被访者的反馈结果进行分析研究。这种调查方式需要收集目标群体的电子邮件地址作为抽样框。这种调查形式具有邮寄问卷的性质，一般运用于那些问题较多且需要被访者对问题做深入思考的调查。电子邮件调查方式覆盖面大，是几种网络调查方法中相对较快、较简单的。

电子邮件调查法使用方便快捷，只要知道对方的电子信箱，就可以"群发"到被调查者的信箱中去。随着信箱容量的变大，一次发送问卷的文件可以很大，大型定量社会调查也可以实施。

网站（页）问卷调查法。在专业调查网站上完成问卷这种形式是目前国内网络调查最普遍的一种方式。问卷具有开放性，不分地区，凡是网民都可以填答问卷，在线调查不受空间限制，能够进行跨地域的大规模调查，已被广泛使用。多数上网的人具有较高的文化程度，他们对一些重大社会新闻或突发性事件比较关注，乐于表达自己的意见，这种调查方式对他们是合适的。

网络问卷调查可以是守株待兔式的，根据调查的目的，在主页上设计问卷，建立数据库；人们登录网站，根据自己的兴趣和自身实际情况参与，针对网站给出的调查问卷给出相应的回答，适当的答案点击以后，就自动将答案保存并统计出结果。应用网站制作技术实现调查问卷，被访者一般只需轻松移动、点击鼠标即可实现问题的填答和提交，并且这样的问卷结合网页设计技巧，将配色、图片、表格应用进来，较为吸引人，从而提高问卷的填答率。这种调查方法能吸引多少人参加，取决于网站的知名度与被点击次数。传统的大众调查受地域制约较大。在线调查则可充分利用互联网全球覆盖的特性随时进行。由于网络主页问卷设计比较精练，所用时间比较短，只要在网页上点击鼠标就可以表达自己的意见。

定向弹出窗口方法。网民访问网站或浏览某网页时，会碰到一个载有调查问卷的小窗口弹出，窗口中有邀请网民参与调查的说明、地址链接或直接进入调查的按钮；如果网民有兴趣参与，就可点击该窗口，填答问卷上的相关问题，然后在线上提交。该方式的优点在于科学性较高：有一个专门抽取受访者的软件，可按照一定的方法如等距抽样、随机抽样自动抽取受访者。这种调查类似于传统调查中的拦截式调查，得到的一般也不是真正意义上的随机样本。由于"拦截"根据的是"访问"而不是"访问者"，因此经常访问者被拦截抽中的可能性要大于偶尔访问者。这种调查较为适用于了解网站使用情况的调查。

全程跟踪方法。对用户网上行为进行调查的方法，可以使用法国Net Value 公司的方法。该公司重点在于监测网络用户的网上行为，是一种"基于互联网用户的全景测量"。它的具体操作是：首先通过大量"计算机辅助电话调查"获得用户基本数据，然后从抽出的样本中招募自愿受试者，下载软件到用户的电脑中，由此记录被调查者的全部网上行为，获取相关数据。该方式会涉及较多个人隐私，被调查者一般会有所顾虑，因而该方式应用范围不是很广。

网上固定样本。此方法将互联网技术与传统调查技术相结合，通过随机的抽样调查（如电话或入户访问），征募目标总体的一个有代表性的固定样本，样本户可能是网民，也可能不是网民。对不是网民的样本户提供电脑和上网的条件（对已有上网者可考虑不再提供电脑）。

网上深层访谈。目前在实际应用中较多地使用定量的研究方法，但是不少研究者提出，实际上互联网还是很适合于开展定性研究的，而且常常能得到较高质量的数据。网上深层访谈是利用互联网技术进行定性研究的一种方法，类似传统的面访调查。网上深层访谈主要是指调查者为详细地了解某一方面的问题，通过电子邮件进行访问，或利用实时软件比如 QQ 软件等网上聊天的方式或网站论坛进行访谈。调查者将已经设计好的内容按照一定的形式发布在特定的网页上，被访者通过浏览这个网页对这一主题进行探讨，调查者可以参与其中也可以不参与，有时候也可以对一些不清楚的问题进行追问或者释疑。有时候，也可以对特定调查对象进行单独访谈。

这种调查方式在本质上跟传统的访谈相似，只不过是多了网络这个传播介质，它更多地注重研究的问题而不是样本的代表性。为了解某方面的情况，常常要找专家、学者或权威人士，通过电话、电子邮件等方式事先进行联络，约定合适时间在网络中进行聊天、交流。

在科学技术日益发展的今天，"网络视频会议系统"在技术上已经比较成熟，可进行网上面访调查，语音、视频同步交流，使调查形象生动，调查效果较佳。

调查研究中的类型分析法

在调查研究活动中，类型分析法就是根据客观事物的属性，根据它们的共同点和差异点，按照调查研究的目的，依据一定的标志，把调查总体内的所有个案（资料）划分为一些性质相同或相近的类别而后加以研究的方法。

客观事物的复杂性、多样性、差异性、特殊性，使之形成了分门别类的不同种属，客观事物分属不同类别及其无限可分的特性，是科学分类的基础。在调查研究活动中，类型分析法或称分类研究法，就是根据客观事物的上述属性，根据它们的共同点和差异点，按照调查研究的目的，依据一定的标志，把调查总体内的所有个案（资料）划分为一些性质相同或相近的类别而后加以研究的方法。这种方法化繁为简，分门别类地把个案资料归于某一层次或组内，使之条理化、系统化，有利于从总体上对资料进行脉络分明的分析研究。把调查对象加以分类，可以客观地反映调查总体的内部结构，以及各类现象和事物在总体中的不同比例，从而科学地分析它们之间的依存、制约、因果等关系。

　　类型分析法对调查对象进行分类，依据的是同一事物内部具有同质性和事物之间具有异质性的原理。就是说，从调查总体来说，都具有同类性质，对总体进行类别划分，不同类别之间要具有异质性，而同一类别中要具有同质性，所以分类时要把性质相同的个案合并在一起成为一类，而把不同性质的个案划分出去，使不同类型的个案具有异质性。

　　类型分析不论在调查研究中还是在生产实践中都具有重要意义。人类认识客观事物，都是从个别到聚类到一般。人们对各个个别事物进行比较分析，这个过程正是分类过程。而有意识的科学分类，本身就是一个自觉的分析过程。分类本身需要对个别事物的性质进行比较、鉴别，因而需要经历对事物由现象外观到内在本质的认识深化过程。经过分类，在类与类之间进行对比、权衡，从聚类到总体，从结构功能到事物的本质属性，使认识逐步升华。

　　按照系统论的观点，调查总体的类型划分实际就是一个大系统的层次划分。科学地揭示事物（系统）的层次划分，与科学地揭示事物的数量关系一样，都是整个调查研究中的重要方法。分类是否准确、类型分析有无深度，直接关系到调查水平的高低和调查结论的科学性。

一、分类原则

　　上面我们谈到分类的一般原理，按照分类的原理，分类的基本原则就是要符合事物或现象的本质属性或特征，绝不能凭主观臆断分类。根据事物的同类性质和性质差异，或进行并合，或进行分离，从而把事物划分为具有一定从属关系的层次系统。这种具有一定从属关系的层次系统是事物本身所固有的，不是人为赋予的。正确分类的关键是正确选择分类标准及准确地确定有效的标志值。选择和确定的方式大体有以下三种：一是目的分类，即从调查研究的目的出发去选择标志；二是本质分类，即从反映事物或现象本质及其规律性的需要去选择标志；三是条件分类，即以一定的具体的历史环境条件为依据选择标志。

确定分类指标的方法原则：一是概括性原则，即分类指标的确定必须使所有的样本或个案的特征表现能找到各自的归属组，无一例外；二是互斥性原则，即分类指标相互排斥而不重叠，使每个样本或个案的特征表现只能归于某一组而不能同时在几个组内出现。分类方法的采用和分类标准及其标志值的选择，本质上是一种认识工具的选择。选择得好，就能科学准确地反映客观事物的本来面貌，从而获得高质量的调研成果，否则将适得其反。当然，分类方法的选择和分类工作的实施，也有一个从不准确到较为准确、从不完善到逐步完善的渐进与深化过程，这个过程的长短，主要受调研人员全面素质和调研水平的制约。

二、分类的具体方法

对于研究对象或已经收集起来的样本或个案资料进行分类，首先是根据外部现象特征加以区别和划分，然后把区别和划分出来的各种类似的层次加以区分，即按照层次的区分又把各类分成不同等级，描绘出一个井然有序的类别层次系统，即大系统中的子系统，再进行各类分层比较研究，概括出可以表现其本质属性的层次系统，便于揭示和掌握其本质属性的基本特征。例如，我们如果要调查一个大型企业职工的工资状况，首先就面临一个对各种职工进行分类的问题，可以按照职能作用、工作性质、工作方式等基本特征分类。一般企业中可以分出管理人员和生产工人这两大类，这两大类又可以划分为若干小类：管理人员可以划分为党群干部、行政干部和技术人员；工人中又可以划分为各个类型的不同工种。各类中又可以划分为不同等级，如行政干部可分为司局级、处级、科级，等等；工程技术人员则可分为高级工程师、工程师、助理工程师、技术员，等等。整个职工队伍复杂的系统结构，反映在工资待遇上也是千差万别。除了各类别、各层次（等级）人员的标准工资不同以外，他们的奖金、津贴、补贴等收入也是各不相同的。我们可以根据这种系统层次结构对于企业中职工工资的基本状况、存在的问题形成系统而较为完整的认识。从"类"到"型"，就是一种趋向实质的分析综合过程。这种类型分析是具体认识事物特点的重要方法，常见的关于调查对象有关特点的概括，往往是从类型分析中得来的，而对类型特点的描述，又是调查结论的重要组成部分。

类型分析的具体角度是多种多样的。调查研究的课题、要求不同，类型分析的重点也就应该有所不同。如果是工作调查，往往从有利于工作的考虑出发，主要根据工作成绩的大小、实际状况的优劣来划分类型并加以分析概括，因此，好、中、差成为普遍采用的三分法。如果是从反映规律性出发，分类及进行类型分析的重点，应放在事物内部矛盾运动在各种类型中的表现。如果调查的出发点是为了改善、改进某类事物，则可着重于条件分类，把各种条件作仔细分析，这种分析可以构成某种对象建议的有力依据。

运用类型分析法，既要具体问题具体分析，又要把事物的多种特征看成互相联系的体系，并由现象到本质、由次要到主要逐类逐层加以分析，达到认识总体的目的。

调查研究中的比较分析法

比较调查法是把调查对象或调查项目整体，与其他调查对象或项目进行比较的一种调查方法。把不同层次、不同角度、不同程度的比较再加以比较和综合，就成为综合性、整体性的比较。比较得愈全面、愈系统、愈深刻，一事物与他事物之间的特征、本质上的区分也就愈清楚。

所谓比较，就是鉴别、识别，把一事物与另一事物在识别的过程中加以区别，认识它们的异同，进而认识事物的本质特征。在调查研究活动中运用比较分析法，首先应把所收集到的信息资料，运用因素分析法加以剖析，然后分类排队，把具有相同属性的对象单位归入各个类别之中，以此来分辨事物的构成。在此基础上，才便于对不同类别加以比较分析。

比较分析的方法在调查研究的各个阶段，都需要加以掌握和运用。在调查设计阶段，各种指标的设置，就要运用比较法；在调查实施阶段，对于各种信息资料的取舍和汇总整理，也要运用比较法；在分析研究阶段，比较法更是一种不可缺少的分析工具。

比较不仅可作为一种分析工具，而且可以作为一种调查的方法，这就是比较调查法。它是把调查对象或调查项目整体，与其他调查对象或项目进行比较的一种调查方法。比较方法的运用，不是只限于局部，而是在整体的范围和规模上，充分运用比较的方法。事实上，任何调查研究都不可能完全没有比较的方法，只不过是运用比较的层次、角度、程度有所不同而已。把不同层次、不同角度、不同程度的比较再加以比较和综合，就成为综合性、整体性的比较。比较得愈全面、愈系统、愈深刻，一事物与他事物之间的特征、本质上的区分也就愈清楚。鲁迅曾经讲过，比较是医治受骗的好办法，因为经过比较，事物的优劣是非差异才能看得分明。

一、类比法

类比法是运用形式逻辑中类比推理的规则对事物进行比较分析的方法。类比推理是形式逻辑中重要的推理方法，它不同于演绎法，又不同于归纳法，是以个别性知识的前提而推出一般性知识的结论的推理形式。它的结论具有或然性即不确定性，并不完全可靠，因而必须得到进一步的证明，即实践的证明。这一方法对于我们领导干部进行调查研究具有重要的作用，它不仅是发现问题、说明问题的方法，而且能给人的思想以启发，使认识获得突破性的进展。

类比法是由两个（或两类）事物的某些相同属性，进而推论它们在另一个属性上也可能相同的思维方法，它可以被表述为：

A 事物具有属性：a、b、c、d

B 事物具有属性：a、b、c

所以：B 事物也可能有属性 d。

运用类比推理法比较分析两个（或两类）事物，这两个（或两类）事物之间必须要有可比性，只有同类事物才可以进行类比，不同事物之间不宜类比，因为互相之间没有可比性。所以，不要把实质上不同的东西拿来加以类比，也不要把事物间偶然相似之处作为类比的依据。要提高类比的可靠性，就要在推理的过程中全面深入考察事物的相同属性是否是本质的、多数的、必然的，没有不相容的属性等，审慎地从中得出结论。这样的结论可靠性就较大，再经过实践的考验，往往成为发现问题、解决问题的钥匙。

类比法从可靠程度的角度划分，由低到高共有五种：

1. 简单共存类比法。从大量调查现象中，可以发现同类事物中的某些可比现象。

2. 因果类比法。在可比事物的属性中，有某种因果关系必然联系在一起，找到它的这种联系，就更加说明类比的可靠。

3. 对称类比法。客观世界许多事物具有对称性，也提供我们类比的依据。如果与一方对称的只有一个，可靠性就更大。

4. 协变类比法。根据两个事物各自具有的属性之间某种定量比例的变化、函数化关系，即确定的协变关系进行比较，得出结论，可靠性就更有把握。

5. 综合类比法，即按照事物属性各种因素关系的综合相似性所进行的类比方法。

在以上五种类比方法中，前三种是定性类比方法，第四种是定量类比方法，而综合类比法则不仅有质的相似性，而且有量的相似性，不仅有定性类比，而且有定量类比，因而可靠性最高。

类比的方法如果运用得好，不仅可以分析出事物表面的一些差异，而且可以辨析出事物之间同中之异和异中之同，可以深入分析出两事物本质属性之间更深一层的联系，从而能够在进行分析判断时发现更多的问题，把问题看得更准。许多定性分析的正确结论，就是通过充分运用类比方法得来的。黑格尔说过："类推的方法很充分地在经验科学中占很高的地位，而且科学家也曾按照这种推论方式获得很重要的结果。"①
黑格尔的结论已被无数事实所证明。

医学的叩诊法就是奥地利医生奥恩布鲁格用类比法发明的。他的父亲是个酒商，幼年时常见其父用手指敲击酒桶的木盖，凭木桶发出的声音确定酒桶内有没有、有多少酒。有一次，奥恩布鲁格给一个病人看病，直到病人死了也没诊断出是什么病，后经尸体解剖，发现胸腔化脓积满脓水。于是，这位医生苦苦思索如何诊断脓胸病人，他忽然想到人的胸腔不也像木桶吗？是否也像其父敲击木桶那样，用手指叩击胸腔那样来判断是否脓胸呢？他经过反复观察、试验，终于发明了叩诊法。

二、对比法及其各种分支方法

比较方法有许多具体的分支方法。对比的方法也是比较方法的一种。对比是在一定的条件和关系上，根据一定标准，通过研究来确定对象之间的差异点和共同点，"看出异中之同或同中之异"（黑格尔），从而准确地把握对象的共性与特殊性，使认识得到深化。上海超天集团制成的"超天美容宝"，就是运用了对比法。总裁曹建华获得两份市场调研报告：一份关于化妆品，说上海家庭平均消费额为 120 元；一份关于保健品，说上海家庭平均消费额为 350 元。他想同时占领两个市场，因为从两份不相关的调研报告比较分析中，他看到了共同点：人们爱健康和美丽，追求内在的美和外在的美。因此，把保健和化妆结合起来，生产一种"外护"与"内理"的新产品，就成了他的独特思路。经过 260 多次试验，"超天美容宝"终于诞生了。

对比是划分类型的前提，又是正确分类的结果，因为分类以后又可在高一层次上做新的对比。诚然，如同任何比喻都会有缺陷，任何比较

---

① 黑格尔：《小逻辑》，商务印书馆，1980 年第 2 版，第 368 页。

或对比也不会十全十美，比较或对比只是拿比较或对比的事物或概念之间的一个方面或几个方面比，而暂时有条件地撇开其他方面。因而，对比方法只能获得对事物某一个方面或几个方面的认识，有其局限性。

对比方法在实际运用中，也有许多具体的分支方法。如比较同一对象在不同时间内的具体状态特征等的方法，此为纵向对比法；而比较不同对象在同一标准、条件或时期内的具体状态以及特点、性质等内容的方法，此为横向对比法；比较理论研究结果与实际考察的事实之间是否一致的方法，此为理论对事实对比法。这些具体的分支方法，可以单独采用，也可以综合采用。总之，要视调查的主题、目的、内容等具体情况而定。

市场调查应注意的几个问题

市场调查，就是由企业自身或委请第三者，用科学方法有目的地、客观地、系统地收集、记录、整理、分析、评估市场经营方面的情报资料，提出结论和解决问题的建议。市场调查是了解市场的重要手段，是进行经营决策的基础，是调整和矫正计划执行情况的依据，是改善经营管理的工具。

一、市场调查的意义

近些年来，有些企业仍然忽视或没有抓好市场调查工作，既没有专职市场调查部门（人员）和专项市场调查预算，也没有委托专业调查公司、咨询公司进行市场调查。对竞争对手的信息介绍也是道听途说，不甚了了。有的领导和市场营销主管要么是对其重要性认识不足，要么是相信自己的主观经验和判断，要么干脆就不知道还需要专门市场调查这回事。因此，企业投入的几万、几十万、甚至几百万的广告促销费不知有多少就这样浪费掉了，消费者在哪里心里更是没底。更有甚者在目标市场、品牌定位、产品价格等重大营销决策上出现失误，企业甚至因此而垮掉，最终也未必清楚是错在哪里！

为了作出科学的市场预测，对市场的历时性走向和共时性态势有准确的把握，就需要在宏观的深远背景上作出全面的考察和分析研究。美国名气很大的克莱斯勒汽车公司过去有着失败的惨痛教训，原因就在于不能准确预测市场需求。前任的教训使新任董事长艾科卡十分重视对市场的研究预测。为此，他大力加强市场调研部门，使生产决策者们变得耳聪目明。艾科卡根据 80 年代国际石油价格开始下降，国内汽油供应日趋缓和的新形势和调查小组提供的信息，正确地预测到市场上可容纳全家人的较大型汽车将走俏。于是，他果断拍板定案，加大"纽约人"牌大、中型车的产量，并迅速拿出几样新鲜产品，在市场上抢得一席之地，反败为胜。[①] 所以，仅有企业自身的微观调查和地区范围的中观调查是远远不够的，还要对全国范围乃至世界范围的经济发展趋势和市场变化走向做全面的考察观测。随着对外开放的扩大和改革的深入，我国的经济运行将与世界经济接轨，加入国际经济循环，整个市场和企业的活动都会受到国际经济发展规律的制约和影响。在这种情况下，有作为的企业家、企业领导人更要高瞻远瞩，放眼世界，放眼未来。这种气度恢宏的深谋远虑，高屋建瓴的对策方略，都与训练有素的调查研究的基本功密切相关。

"康师傅"原是台湾的一家油脂厂，1989 年至 1991 年他们在大陆投资生产蛋酥卷等产品遭受了一连串的失败。但很快他们吸取了经验教训，注重细致的市场调研，冷静分析大陆市场，决定投资方便面食品，并用"康师傅"作为品牌名称。因为"康"代表健康，而且念起来响亮；"师傅"是内地最普遍的尊称，印象好。由于该公司注重市场调研，开发新产品，在产品名称、质量、营销等方面定位恰当，产品很快打开市场，成为世界上最大的方便面生产厂家。

---

① 赵宏主编：《世界企业英豪（一）》，解放军出版社，第 10 页。

目前在美国所有大公司中，有 70% 以上的公司设有自己的正规的市场调查部门，并由一名专职经理主持这项工作。社会上还有各种专门的市场调查与咨询公司，为大大小小的企业提供市场调查服务。日本不仅重视国内的市场调查活动，还十分重视国际市场调查，为了打入和渗透美国市场，曾展开过一场"疯狂的情报活动"。日本的市场调查和情报收集活动的效率也得到举世公认。例如，在日本，50—60 秒钟即可获得世界各地金融市场行情；1—3 分钟可查询日本与世界各地进出口贸易商品的品种、规格等资料；3—5 分钟可查询、调用国内 1 万个重点公司企业当年和历年经营生产情况的时间系列数据。

在市场经济情况下，对市场调查的认识和利用程度，关系到企业的兴衰。市场调查，就是由企业自身或委请第三者，用科学方法有目的地、客观地、系统地收集、记录、整理、分析、评估市场经营方面的情报资料，提出结论和解决问题的建议。市场调查是了解市场的重要手段，是进行经营决策的基础，是调整和矫正计划执行情况的依据，是改善经营管理的工具。

二、市场调查的方法

市场调查的内容主要是对市场行销环境的调查，社会商品购买力的调查，对企业生产经营的产品的调查，新产品的调查，产品价格的调查，流通渠道的调查，促销的调查，竞争状况的调查以及对消费者购买动机及购买力的调查。

市场调查的方法很多，按选择调查对象的方法划分，可分为全面调查、典型调查和抽样调查；按收集资料的方法划分，可分为询问法（包括问卷、访谈、信询调查、电话询问），观察法、实验法等。

市场调查不仅是打入市场时的必要步骤，而且自始至终都要进行。市场情况千变万化，影响市场的因素也在不断变化。因此，市场调查不是"一次性"的事情，必须持续进行，才能掌握市场发生的变化，进而随机应变——更换产品，降低价格，寻找新的经销方法，保证市场营销获得最大效益。

问卷调查是市场调查时经常采用的方式之一。它的作用是通过精心设计的一系列问题，筛选出企业想了解的问题答案。问卷拟定得如何，是市场调查成功与否的重要因素。在问卷调查中，有些被调查者不愿合作，只是胡乱填问卷敷衍。为了使调查对象配合合作，达到反映市场情况的调查目的，就必须热情对待调查对象。譬如，有位调查员设计一种肥皂产品问卷，特地在前面写上一段："创造温馨、舒适的生活是你我共同的心愿。××肥皂愿尽绵薄之力。你的合作将使你和你的朋友以及其他人都受益匪浅。"这段话使调查对象看后很满意，认真填写了问卷。

调查问卷的设计应具体，用语准确，答案完备，便于调查对象提供他们掌握的情况。调查问题如果过于复杂、问句太多、费时太久，往往会使调查对象产生厌倦的情绪，影响调查表的回收率，达不到调查的要求。拟订问卷时，一个问题中不要包含两个以上问题，以免在统计分析时造成困扰。提出的问题应避免难以理解、难以回答或含糊不清。措辞要尽量通俗化、口语化，不要用双重否定来表示肯定的意思。如"工作中您是否从不关心与您无关的事？"被访者要么不能一下子明白其真实意思，要么可能错误理解。调查问卷在设计时应使调查对象愿意合作，乐于回答问题，不应该一厢情愿地出些"难"题，要避免提出令人窘迫、反感的问题和带有诱导性的问题。如"多数人认为××洗衣机性能良好，价格低廉，你喜欢吗？"这个问题就带有调查者的倾向性，容易影响调查对象对问题的思考，从而不能真实反映被调查者的意向。在起草调查问题时应把调查对象很关注、有兴趣、易回答的问题排在前面，慢慢引入比较难答的问题。问卷设计要明快、简洁、庄重，选用较高级的纸张，不要粗制滥造。对规模较大的问卷调查，可以设置电子计算机编码，以便对调查资料用计算机进行分类、排序、汇总、分析和综合处理。问卷拟好后，应在同事中或经挑选的调查对象中试用，以改进问卷内容和方法。

访谈成功的关键，在于访问者引导被访者作出有用的答复。访谈应做好准备工作，包括了解对方公司有关情况，带着名片和产品的样品，穿戴要整洁而漂亮。访谈时提出的问题应清楚而简短，先从容易回答的问题开始，在两人之间取得某种一致后，适时提出难题或关键性问题。遇到对方不乐意合作、拒绝问答或随便回答时，要具体问题具体分析，采取相应措施。一般可采用以下方法：注意思想上的沟通。传播学认为，良好的沟通有利于消除隔阂，使企业营销顺畅。按照美国一个销售员的估算，每一个沟通对象平均能影响 250 个潜在消费者，可见沟通之重要。在访谈时，应大方、自信；对于被调查者的发言，应耐心、聚精会神地听，以提高对方发言的积极性；对方工作忙，可约期再访；对确定无意合作的可以放弃。问话的语气、措辞、方式要适合调查对象的身份、知识水平，问话的水平过高或过低，都会招致调查对象的不安，从而产生错误答案。在调查全过程中，调查者要始终保持精神饱满，自信乐观，以热情礼貌和真诚友好的态度去感染对方，使对方产生好感，乐于合作。访谈最好采取一对一的方式，这样便于提供真实情况，减少外界干扰。

观察法就是在目标市场或有潜力的市场现场收集各种原始的第一手信息资料。例如在商品需求调查中，可以在消费者购买商品的现场，观察消费者对商品的爱好，对商品花色、品种、式样、包装等的反映。还可以对消费者购买和实际使用某种商品进行点数观察，从不同的统计数目中分析消费者的购买行为。又如在了解市场竞争状况中，调查者通过参加各种展销会、展览会、物资交流会、订货会，观察各家厂商的产品质量、花色品种、式样、包装、装潢以及与会人员的业务水平，分析对手的竞争能力。观察法的实施主要注意三点：1. 为防止被表面现象所迷惑和片面性地作结论，应选择那些具有代表性的环境及最合适的时间进行观察。2. 全面深入地观察事物发展变化过程，对各种资料进行全面、动态的分析比较，从而了解事物变化的全貌。对观察资料的比较分析，主要采取纵向对比分析、横断面对比分析等方法。3. 要尽可能借助记录工具，如各种记录信息的仪器设备，调查人员要及时作好记录，以免事后追忆时发生误差。

市场调查与商情预测关系密切。通过市场调查，可揭示市场商品供求关系矛盾运动的规律性，为确定预测目标和预测未来市场商情变化提供依据。商情预测若要鉴往知来，就必须以市场调查为基础，离开调查就根本谈不上科学的预测。美国肯德基炸鸡店在进入北京前，曾花几千美元请中国有关机构搞市场调查，并据此作出了"肯德基炸鸡在北京大有销路"的商情预测。诸葛亮之所以能在"隆中对"中作出未来天下三分的科学预测，也主要是他广泛接触各界人士，作了周密的社会调查。

为了搞好市场商情预测，须掌握及时而可靠的市场信息。信息不全会影响预测的准确性，信息失真会导致预测的失败。不能等到要预测的时候，才去临时收集信息资料。因此，企业应有自己的数据库，保存有关资料。此外，要有正确的判断和假设。市场商情预测的假设和判断，应在实事求是的基础上提出可靠的预测结果。假设前提还需要根据新的资料和新情况来验证它的成立与否，以便分析研究市场变化对假设前提的影响，从而判断预测值的可信程度。由于各种预测方法都有其优点和局限性，因此应根据具体情况和要求，选择适当的预测方法。如在分析销售量和价格等因素的关系时，可用因果分析法；短期销售预测一般用指数平滑法，中长期预测一般用线性或非线性趋势法，季节性产品用季节变化分析法；产品成长期可用线性或非线性趋势法，成熟期可用加权移动平均法。

　　利用互联网进行市场调查具有传统的市场调查方法不具备的一些独特的特点和优势。随着网络技术的发展和使用者的增加，越来越多的企业开始利用网络进行市场调查活动。网上市场调查在借鉴了传统市场调查的理论和方法的同时，出现了一些新的调查方法。网络作为信息沟通渠道，具有开放性、自由性、平等性、广泛性和直接性等特征；网上市场调查具有时效法强、地域性广、互动性好、技术性优等优势。

如何向深层次思维

> 向深层思维，即用概念、判断、推理，按照唯物辩证法进行思维，而且把这种思维方法融会贯通到调研和写作的全过程。这样才能达到"举一而反三，闻一而知十，用功之深，穷理之熟"的境界。

有些领导谈及工作、剖析问题，觉得上一级领导不尽满意，原因之一是在现象、表象上打圈圈。有些干部辛苦地写出材料，到领导手里不能一次过关，原因之一是"写得浅"。荀子在《正论》中说："浅不足以测深，愚不足以谋知，坎井之蛙不可语东海之乐。"由此可见深刻认识问题之重要，那么谈问题、写东西怎样才能深刻呢？

首先得搞清楚用口头和文字反映的客观事实，并不是客观事实本身，不是像摄像机将客观事物表象拍下来，不可能将客观事实机械地搬到书面储存。客观事实在头脑中的反映，是作为观念形态的事实，即经过头脑加工的事实。这种加工主要表现在个体对事实的选择，谈与写角度的确定，事实的排列组合，展示事物深层次的内涵——事物的本质形态、内部联系、因果照应等方面。就是说，经过头脑加工的事实，已融进加工者的思想、感情和态度等非理性的内容，是一种新的科学创造的产物，是一种新的排列组合。

要对事实进行加工，反映事物的本质，只凭五官去感受还不够，必须在感性认识基础上凭脑子去思维。人贵为万物之灵，不是因为有敏锐的眼睛，灵敏的耳朵，而是因为有一个能够思维的头脑。马克·吐温曾经说过："人的思维是了不起的，只要专注于某一项事业，那就一定会作出使自己都感到吃惊的成绩来。"拉法格在回忆马克思时说："思考是他无上的乐事，马克思的头脑就像停在军港里升火待发的一艘军舰，准备一接到通知就开向任何思想的海洋。"向深层思维，即用概念、判断、推理，按照唯物辩证法进行思维，而且把这种思维方法融会贯通到调研和写作的全过程。这样才能达到"举一而反三，闻一而知十，用功之深，穷理之熟"（朱熹）的境界。

从调研搜集材料到表述，就事实材料在头脑中的状态来说，经过一个加工的过程：生动的具体——科学的抽象——概括的具体。这里关键之点是"科学的抽象"。马克思在《资本论》第 1 卷序言中说："在经济形态分析上，既不能用显微镜，也不能用化学反应剂，那必须用抽象力来代替二者。"

抽象力、科学的抽象，即从感性认识到理性认识的思考过程，所依据的事实是真实的、丰富的，抽象本身不是任意摘取个别实例，用个别性代替普遍性，不是凭主观臆断去人为地拔高，而是舍弃了事实材料的非主要的、枝节的、表面的、非本质的内容。经过科学的抽象，概括出的事实是在感性认识之后的一种高层次的理性升华，是由表及里地认识和表达事物的本质、运动规律，是对实际情况进行总体的估计和判断，由近及远地预示事物的发展。换言之，只有经过科学的抽象，才能把握事物的内在联系，形成对事物的本质和规律性的认识，才是深刻而全面的认识，就像一层一层地剥掉笋壳，最后露出笋心。这个思考过程如果同文字表达同步进行，那么文字表达过程又大大加速了思维活动从感性认识向理性认识的升华。换言之，它会将朦胧的、表象的、肤浅的、零碎的思维内容通过集中思考、反复推敲、精心提炼，使思维内容变得明朗、连贯和深刻，体现出清晰的层次、严密的逻辑。通过简洁的语言概括出典型的事件，展示出事物的全貌和它的发展过程及总的趋势，因此能更深刻、更正确、更完全地反映客观事物。正如列宁所说："那一切科学的（正确的、郑重的、不是荒唐的）抽象，都更深刻、更正确、更完全地反映着自然。"①

例如，鞍钢第三次党代会报告，回顾调整时期工作时是这样抽象概括的："各级党组织按照党代会决议精神，率领广大党员、干部和职工，认真贯彻落实党中央'调整、巩固、充实、提高'的方针和一系列正确的政策，提前完成了经济调整的艰巨任务。"这里回顾鞍钢各单位两年的工作，只用了一个长句。这些事实是原来就客观存在的，是"生动具体"的，经过精心提炼、科学抽象，才成为这样"概括的具体"，亦即概括中有具体，反映了事物发展阶段带有突出特征的事实，给人以整体感，收到了概括力强、包容力大、实而不繁、简而不空的效果。

"科学抽象"的主要方法可以从以下几方面去掌握：

1. **去粗取精法**。就是围绕主要问题，围绕头脑中的"主线"，把调查来的第一手、第二手材料进行认真鉴别和选择，将那些与主要问题关系不大的、可有可无的、粗糙的、杂乱的、偶然的、琐碎的、陈旧的、俗套的事实材料统统剔除，保留精粹的、典型的、主流的、反映本质的、新颖的东西，找出各个方面、各个因素、各个事例的本质特征。这里的鉴别和选择并不是一回事。鉴别，反映的是调查者对材料的认识；选择，体现调查者对材料的取舍。其中鉴别是关键点，只有把材料的粗

---

① 列宁：《哲学笔记》，人民出版社，1974年版，第181页。

与精、主与次、大和小、典型与一般辨析明白，并本着客观、中肯的态度，那么，选择材料就会心中有数，不会被非典型、非本质、非主流的内容所左右。

2. **去伪存真法**。即剥掉虚假的、虚妄的东西，发现事物的真相，不要认假为真，以假乱真，被假象所迷惑。周恩来同志说："只有忠实于事实，才能忠实于真理。"越是接近真理，便越能发现真理的迷人。

可口可乐如今畅销 100 多个国家，最早是庞贝顿研制的。1886 年夏天，庞贝顿开的药店生意不景气。有一次，一位顾客来买治头痛的药水，小店员发现这种药水已售完，于是睡眼蒙眬地拿了一种药水，与糖浆混在一起搅了搅，给了顾客。后来，有许多人来买这种药水。庞贝顿经过了解和分析，得到启发：带颜色的药水比不带颜色的药水吸引人，如果利用这误配的药方创制一种饮料也许会特别受人欢迎。于是他根据小店员提供的情况，经过一个多月的研究试验，终于配制成一种美味可口的饮料。

3. **由此及彼法**。任何事物都不是孤立存在的，都与其他事物有着外部联系和内在联系。对"生动的具体"进行科学抽象，一定要注意事物的相互联系，不仅知其一，而且要知其二。恩格斯在讲到事物相互联系时举过这样的例子：美索不达米亚、希腊、小亚细亚等地的居民，为了想得到耕地，把森林都破坏完了，但是他们想不到，这些地方竟因此成为荒芜不毛之地。因为他们失去了森林，也就失去了积聚和贮存水分的中心。因此要站在宏观大局上衡量分析，在主次杂糅、互为因果、零碎分散的材料中寻找它们之间的联系，梳理出主要的和次要的、点上的和面上的、正面的和反面的方面，然后进一步思索分几块叙述以及这几块之间的逻辑关系。在口头或文字表述中，要说明一件事，反映一个成果，还要从横向与纵向方面进行比较。

笔者曾陪同辽宁省纪委《党风月报》总编辑，到鞍钢弓长岭矿区了解陈广俊同志事迹。在掌握大量材料的基础上，刘总编对陈广俊过去的和现在的情况进行了连贯思索，通过横向与纵向的比较，写出了《铁山丰碑》，载于《党风月报》。第一部分写陈广俊是"一个勇挑重担的人"，第二部分写他是"一个'不'爱家的人"，第三部分写他是"一个无所畏惧的人"。尤其是开头写得非常精彩，生动地体现了作者"由此及彼"思维的功力。开头原文是：

> 他走了，走的是那样急促，没有给亲人留下一句嘱托。
>
> 他走了，走的是那样壮烈，让所有了解他事迹的人肃然起敬。
>
> 3月5日，一个令中国人永远铭记于心的日子，伟大领袖毛主席在这一天向全国人民发出"向雷锋同志学习"的伟大号召。
>
> 35年后的今天，在雷锋工作过的地方——鞍钢弓长岭矿，又一个闪光的名字在这里镌刻。
>
> 在低回的哀乐声中，800人的送葬队伍在呼喊着一个人的名字："陈广俊，你慢些走啊！让我们再看你一眼……"

再举一个国外的事例，日本厂商于1966年从《人民日报》知道了大庆油田，从王进喜戴皮帽的照片推测位于冬季零下30℃的哈尔滨、齐齐哈尔之间；从中国画报刊登大庆油田炼油厂照片的扶手栏杆高度，推算出炼油厂的规模，计算出塔的内径是5米，年产量为360万吨，所以预测中国要在近几年内进口一批炼油设备，于是提前生产一批炼油设备，率先向中国销售。

4. **由表及里法**。搞调研、作决策，是从直观的感性认识开始的。感性认识只是停留在事物的表象，即事物的表面特征或外部联系，而本质是事物的根本性质或内部联系。由表及里，亦即根据事物的表里层次，用严密的逻辑、见微知著的机敏、反复的比较和多层次多角度的剖析，透过表面现象的迷惑和干扰，发掘、展示事物的深刻原因或内部本质，而不要浮光掠影，不求甚解，浅尝辄止。

英国有位少年企业家哈里斯思维敏捷、机智，而且对古墓知识通晓甚多，他在 8 岁时，曾以 10 美元买下一个瓷娃娃，他懂得这尊瓷制品是 19 世纪皇家道尔顿小雕像，一转手卖了 7000 美元。10 岁时，他用自己赚到的钱经营古董店，收入颇丰。

5. **居高俯视法**。经过头脑加工的客观事物，必须体现事物的主要特征，给人以整体感，而不是一叶障目，囿于一隅，反映片面的事实，罗列零散的情况。为此，必须居高临下，高瞻远瞩，反映带有全局性、根本性、总体性的情况和问题。

希腊的奥纳西斯是个世界级船王，曾在 20 世纪的商界称雄了二三十年。1929 年世界发生了经济危机，海上运输业也极为萧条。奥纳西斯判定这是资本主义经济发展的一种规律，相信不久将会复苏。于是，他仅用每艘 2 万美元的价格买下拍卖的 6 艘货轮。成功总是属于高瞻远瞩者。经济危机过去后，海运业的回升迅速于其他行业，他买下的货船很快身价倍增，于是他大量扩充船队力量，向世界各主要航线进军。

从以上事例可以看出，居高才能临下，高瞻方可远瞩，视野宽广才能反映全局；在此基础上，再细致探索各个脉络的经纬，就会收到宏观与微观统一的效果。

向深层次思维不仅要掌握些方法，而且须全身心投入。爱因斯坦由于专心研究，有一次从研究所出来竟找不到家。德国的"哲学王"黑格尔，有一天一面散步，一面思考一个理论问题。天下大雨了，他的一只鞋陷进烂泥里，但他没有发觉，还是往前走。马克思在写作《资本论》过程中，常常在划着火柴就要点燃纸烟的一瞬间，仍凝神思索，以致一盒盒火柴在令人难以置信的极短时间里用完。

向深层次思维是才能的马达，是创新的钻机。我们应学习这种全身心投入的精神，把调研工作推向新水平。

延伸 ⋯⋯▷
阅读

　　公元前497年，孔子开始带领弟子周游列国，游说诸侯。在去陈国到蔡国的路上，只见遍地饥荒，众人饿得头昏眼花。他的弟子颜回好不容易才弄到一点米，连忙生火煮饭。

　　当饭快要熟之时，孔子看见颜回从锅里敏捷地抓了一把饭塞到嘴里。他假装没有看见，可是对颜回私自偷吃米饭的做法感到惊讶和气愤。

　　饭熟了，颜回把饭送来了。孔子并不马上吃饭，却说："刚才我梦见死去的父亲，想祭奠他，饭要干净才行。"颜回说："不行啊，今天的饭不干净，刚才房顶有块灰尘掉进锅里，我觉得把沾了灰尘的饭粒扔掉可惜，抓起来吃了。"

　　孔子这才知道颜回并非有意偷吃，心中不由发出一番感慨："所信者目也，而目犹不可信；所恃者心也，而心犹不可恃。"了解一个人实在不容易。有些事情虽然确实是亲眼所见，但它只是事实的一个侧面。因此，不能单纯凭借片面现象就对一件事或者对一个人妄下结论，而应继续通过侧面观察，设身处地地想一想对方为什么要这样做，进行深层次思维，就不会那么武断、出现误解或误判。

典型经验的挖掘和提炼之三律

　　总结经验是我们党的传家宝。总结典型经验
是总结经验的重要组成部分。挖掘、提炼、推广
典型经验，对贯彻执行党的路线、方针、政策，
掌握工作的内在规律，提高工作的预见性，指导
全局性工作，都有着不可忽视的作用。

　　毛泽东于 1965 年 7 月 26 日在中南海接见从海外归来
的李宗仁夫妇及其机要秘书程思远时，向程思远提出一个
问题：你知道我靠什么吃饭吗？程思远茫然不知所以，回
答：不知道。毛泽东说，我是靠总结经验吃饭的。停了一
会儿毛泽东又说，以前，我们人民解放军打仗，在每个战
役后，总来一次总结，发扬优点，克服缺点，然后轻装上
阵，乘胜前进，从胜利走向胜利，终于建立了中华人民共
和国。[①] 总结经验是我们党的传家宝。总结典型经验是总
结经验的重要组成部分。挖掘、提炼、推广典型经验，对
贯彻执行党的路线、方针、政策，掌握工作的内在规律，
提高工作的预见性，指导全局性工作，都有着不可忽视的

　　[①]　程思远：《我眼中的毛泽东》，河北人民出版社，1990 年版。

作用。"工欲善其事，必先利其器。"怎样调查、挖掘、提炼典型经验呢？作者认为应着力遵循以下"三律"：

一、构想无框律——必须有调查提纲，不打无准备之仗，也不要形成主观主义框子去按图索骥

典型经验的挖掘、提炼，要突出时代性、先进性，具有普遍指导意义和导向、辐射作用。这是一项思想性、政策性、实践性都很强的高智能工作。许多同志的工作实践证明，做好调查前的准备，是搞好典型经验的挖掘、提炼的重要一环。准备工作除了学习有关文件和材料外，还要拟订调查提纲。这时往往会遇到两种情况：一种是要挖掘的典型经验已有雏形，需详细调查和提炼；另一种是还没有发现新经验的线索和角度，需要在大量调查中发掘。这两种情况都要拟订调查提纲——包括调查目的、指导思想、调查脉络和要点、具体安排和注意事项。

有的领导认为，拟订调查提纲容易形成"框框"：把凭主观臆想得出的结论和"路子"作为自己的出发点，把挖掘和提炼经验的全过程，变成为证实这种结论、说明这套"路子"去搜集材料、寻找依据的过程。在他们看来，既然调查的结论产生于调查的末尾，那就应当先下去，有什么情况就捞什么情况，似乎没有拟订调查提纲的必要。

经验证明，事先没有提纲，下到基层，面对互相联系、互为因果、错综复杂的现实，自己脑袋空空荡荡，东碰碰、西撞撞，不知道了解什么好，容易碰到什么抓什么，听到什么记什么，把握不住中心，拾到篮里就是菜，对复杂情况理不出头绪，常常会是竹篮打水——一场空。对于有调研经验的人来说，调查者对事先拟调查提纲很重视，比较自觉，使调查有秩序、有重点地进行，缩小主观认识和客观事物的距离，减少挖掘经验过程中的未知数，防止漫无边际、毫无目的、与实际相距甚远的调查，以便用最短时间求得最佳效果。当然，在制订调查提纲时要防

止教条主义和经验主义，避免按图索骥，寻找例子。要知道，事先有构想、拟提纲，与划主观主义框子是两回事。拟提纲是指对总体目标和轮廓的设想，有些类似科学研究中的假说，以一定的前提调查和经验为基础，而且随着调查的逐步深入，需要增添或取消一些项目，对于太抽象的提纲还要进行补充、完善。概言之，提纲须大致符合实际。而主观主义框子，是先有理性认识而后再去搜集感性材料，把主观臆想出来的点子、路子，往工作有起色的单位硬挂，即带着结论去找例证，顺"框框"者取之，逆"框框"者舍之，不合自己原来的观点就否认它、修改它。

还有些同志在调查与挖掘典型经验之前，也起草了调查提纲，但到基层调查时，却感到提纲用不上，因而把提纲放在一边，以后再调查时也不再拟提纲。究其原因，是提纲太笼统，不科学，因缺乏经验而导致提纲实际工作夹角太大，没抓住带有方向性经验的新苗头、新特点。

那么，应怎样提高调查提纲的有效性呢？第一，要加强辩证唯物主义基本理论的学习，真正搞清主观与客观、思想和实际的辩证关系，这样才能从思想上解决拟提纲不带框子的问题。第二，要围绕中心工作，回顾和吃透领导同志在部署工作时有什么要求，强调些什么；看看全局，想想问题。第三，翻阅一下以往的经验材料，好的经验不妨多看几遍，研究同类经验带有规律性的东西。第四，拟调查提纲前，要掌握一个时期党中央领导同志的重要讲话精神，以及报刊上集中宣传的方针政策，明确调研的重点，考虑和预测工作发展变化的特点。

二、微观入手律——必须"沉"下去，不做"井中葫芦"，也不要忽视讨论和研究

领导智慧与群众智慧的结合，无疑会出现许多新经验。挖掘这些典型经验就必须"沉"下去，决不能像井里葫芦那样——看上去是下去

了，实际上是浮在井里的水面上。这种沉不下去的调查方法，所了解的基本都是二三手的材料，而且往往布置性工作多，实践的东西少；面面俱到的多，深层次东西少；静态情况多，动态情况少；把握现象多，对本质的东西了解少。所以，挖掘典型经验，尤其是有分量的、新鲜的，仅拿到二三手资料是不行的。

为挖掘典型经验而"沉"下去，特别要把握好四个环节：

一是先进行一般调查。调查提纲拟订后，应先对几个单位情况简要快速地调查一番，找出线索，根据实际情况分成可能出经验的、一般化的、差的三种不同类型，然后根据调研目的，迅速扎到可能出经验的单位调查。这样可以使我们在确定典型时，尽可能避免主观随意性。

二是多去"工作联系点"单位、"试点"单位或有代表性的单位了解情况，培植经验，精心指导，过一段时间再下去帮助总结、归纳、提炼，对初步形成的经验材料修改充实，使其成型。

三是可个别访谈，也可开座谈会。这两者是最忠实、最可靠的搜集第一手材料的方法。许多经验材料不生动、不深刻，语言干瘪，给人以空洞之感，一个重要原因是忽略了"没有办法找群众"，忽略了到一线去个别访谈和开座谈会。个别访谈和开座谈会，应找方方面面的人，这样便于掌握真实的全面的情况。毛泽东同志当年到下面开座谈会，不仅找干部、农民、秀才，而且找商人、小狱吏和银粮师爷。找来访谈对象后应先扯点"题外话"，不宜大大咧咧，可以先对对方的特长和工作成绩予以肯定，使对方感到你这个人很实在，没有"架子"，进而乐于合作。访谈时要学习孔夫子的"每事问"，须有"人于泽而问牧童，人于水而同渔师"的精神，切莫不知以为知。问，要因人因时因问题不同而有所不同。可以先问对方一些特别熟悉的东西，迅速调动对方情绪，调节气氛，使对方溅起思绪的浪花，让他们尽快打开思想的闸门；也可先向对方提出几个概括性的问题，让其结合本单位实际，自由谈论一阵，然后向对方提出一些具体的细节的东西。为了启发对方，还要根据平时积累的同类经验，对照其他单位的状况，运用联想、推理的方法，提出一个至几个真实或假设的事实。这样一启发，有时会使对方思路大开，大有"柳暗花明又一村"之感。当发现重要线索时，要及时"跟踪追击"，不要轻易放过。

培根说得好："任何一种平心静气的讨论，都能把搅拢着你心头的一团乱麻，整理得井然有序。"在个别访谈或开座谈会中，要抓住关键性问题，因势利导地展开讨论和研究。调查者应成为讨论的核心人物，要及时提出问题，进行讨论，看看哪些做对了，道理在哪里，哪些做错了，原因是什么，使大家统观全局，抓住要领，从全局中看到哪些工作应作为重点去抓，哪些典型应该总结，哪些经验应该推广。有的典型经验尚不够成熟，可在一起讨论研究，提出自己的建议，在实践中加以完善。

下基层进车间到班组，无论是挖掘经验，还是了解问题，都不要忘记多与职工交朋友。有句老话："人熟为宝。"广交朋友，可减少调查时的戒备心理，容易了解到真实情况，也便于在一起讨论研究，互相间可随便而不拘谨，敞开心扉，畅所欲言，从而增加调查材料的可靠性和有用性。

三、素材提炼律——必须多"捞"材料，发挥头脑"加工厂"的作用，潜心提炼，刻意求新

在调查研究中，尤其是挖掘、提炼典型经验，首先必须搜集和占有丰富的材料。一般地说，多搜集材料与调研成果采用率成正比。

下去调研走马观花，浅尝辄止，应付差事，就难以拿出有分量的成果。一位机关干部到鞍钢第一炼钢厂调研，搜集了大量一二手材料，然后从"制订一部符合企业实际的从严管理的规范，做到严之有据""严格管理中辅之以思想政治工作，做到严之有理""把从严管理同关心爱护职工结合起来，做到严之有情""教育全体干部发挥表率和示范作用，做到严之有威"这 4 个方面，写出《一炼钢厂坚持从严管理的调查》，对于从严管理，起到了指导作用。

从实际中调查、挖掘的大量材料，由于主客观原因，难免真伪俱存，或者是有用没用的同在，所以必须进行思考加工，进行提炼。提炼的基本方法是：去粗取精，去伪存真，由此及彼，由表及里。可以在调查中，将大家讲的第一种情况（如做法、事例），挑有用的记在 A 页（或 A1、A2）活页纸上，将第二种情况记在 B 页上，以此类推。这样边记边整理提炼的好处是，避免有用的、无用的都有闻必录，而是在刚动笔时就先来一点去粗取精、去伪存真，避免将调查对象谈的各种情况都流水般地记在纸上，等分类、分题时还得剔除，浪费时间；再一个好处是头脑里始终有个清晰思路和明确认识，便于及时引导对方把情况谈到点子上，便于缺什么补什么。边记边整理后，须深入思考加工，进一步从真实的、典型的材料中得出科学的结论。一份好的调研材料不是甲乙丙丁的例子堆砌，而是置材料于主题的统帅之下，寓观点于丰富材料的分析之中。

提炼的观点（做法）、典型事例以及整个经验，要讲求"新"，像海风一样清新，像活鱼一样新鲜。郑板桥说，写文章应该是"删繁就简三秋树，领异标新二月花"。后半句是很有见地的主张，应当成为我们挖掘与提炼典型经验的一个座右铭。

典型经验要达到"新"，应具有独特的眼光和思路，打破常规地分析，敢于吃第一只螃蟹。应在典型经验的特色上多挖掘、多运笔，多用新近发生的、别人不常用的材料。在写法上不要模仿别人，但可以在反复琢磨别人写法时得到启发和联想，从而进行大胆创新尝试。如已有的经验材料是正面写的，你不妨别开生面地侧面写。同样一个事物，观察的方位、角度一变，它往往会呈现一种"新"的面貌，而且能深刻揭示典型经验主题。正如李渔在《闲情偶记》中说："变则新，不变则腐；变则活，不变则板。"

意大利佛罗伦萨的大公们委托达·芬奇和米开朗琪罗各画一幅表现古代佛罗伦萨人反抗巴比伦入侵的油画。米开朗琪罗深知自己的绘画艺术不能与达·芬奇抗衡，就在构思上狠下功夫。他没有画双方激烈战斗的场面，画面上也没有出现巴比伦侵略军，只画了战地生活的一个小侧面：一群正在洗澡的佛罗伦萨士兵突然听到了敌人入侵的军号，他们飞快地跳出水面，披上军衣，拿起武器，投入战斗。大家一致评论他这幅画比达·芬奇直接画两军激战场面的画好——侧面虚写胜过了正面实写。鞍钢建设公司党办在提炼所属单位党员发挥先锋模范作用的经验时，考虑正面写党员先进的事迹的经验太多，很难有新意，于是就通过选取"职工主动为党员申报加班费""群众主动为党员排忧解难"等侧面写的方法，极为生动地反映出党员奉献精神，取得不同凡响之效果。过去有些典型经验之所以一般化、不新颖就是因为调查者们众口一词，不愿动脑，不善选角度，不敢标新立异，忽略寻找事物的相异之处或曰独到之处。

强调选角度，与尊重客观事实并不矛盾，因为事物本身不是一个球体，它有多面性。达·芬奇的老师佛罗基尔说："即使同是一个蛋，只要变换一个角度看它，形状便立即不同了。"如果能以一个新角度去开掘事物的一面，寻找它的特点，以小见大，就能提炼出与众不同的新鲜经验。清代戏曲理论家李渔说："新也者，天下事物之美称也。"科学从结绳计数到阿波罗奔月……许多新的东西，新的目标，是有志者苦苦拼争、孜孜以求的。挖掘、提炼新鲜经验也是一个创造性工作的过程，没有成型现成的东西可以借鉴，往往需要"日间挥笔夜间思"。有的材料能够出新，需要对客观情况进行多视角、多侧面、多层次的挖掘、剖析和提炼，才能成型。

培养总结典型，要防止"没等花开就想摘果"，典型还没有成熟就急着总结宣传。这种采取拔苗助长的方式，是舍本逐末的行为，不利于典型成长。

总结宣传典型，必须以事实为依据，有什么就写什么，实事求是。不要把抓典型当成树自己形象的一种方法。那种无中生有、炮制典型，移花接木、拼凑典型是要不得的。

如何做好督促检查

　　督查工作的主要内容是，党和国家现行方针政策、有关法规、决议执行情况，进展到何种程度，取得哪些成效，出现哪些问题，对违反上级方针政策、决策的问题进行调查和综合，提出查办建议。督查工作要从总体上把握决策任务落实的进程，在实施决策的每个阶段、每个环节上做到"高效率、快节奏、抓落实、有反馈"。

　　谈及督促检查，远非自今日始，黄帝时期曾"置左右大监，监于万国"；秦始皇统一中国，在各郡设监督官员，借助督查手段整饬吏治；唐宋元时期设立"一台三院制"……历经数千年的演进，中国古代形成了一套比较完善的督查体系督查工作。中国共产党从诞生之日起就重视督促检查工作。领导同志强调上级决定的事项，应该有部署、有检查。

　　各项工作都离不开督促检查。如果以为开会部署了工作，发文提出了要求，就不再问津，那只是个"半截子工程"。领导者的职责更多的是对下属进行督促检查和具体指导，帮助解决新问题。这是领导工作实质性和决定性的步骤，是决定落实之第一推动力，也是维护上级决策权威性和增强下属组织性纪律性之需要，是彻底改变"搞事务性人员多、机关干部机关化"的需要。正如列宁所说：检查党的工作的实际执行情况，是全盘工作的中心环节之一。也正如斯大林指出的那样：工作的检查如能组织良好，就会像探照灯似的，随时随地照明一个部门的工作情况，使官僚主义者与事务主义者暴露自己的原形。只有深入地检查工作和调查研究，才能在实践中检验、调整、充实、完善决策，增加工作活力和生机，实现正确领导，保证各项任务完成。如果督查不扎实，就必然影响工作效率，决策就难以奏效。可见，督查工作事关全局，事关领导者威望。

督查工作的主要内容是，党和国家现行方针政策、有关法规、决议执行情况，进展到何种程度，取得哪些成效，出现哪些问题，对违反上级方针政策、决策的问题进行调查和综合，提出查办建议。督查工作要从总体上把握决策任务落实的进程，在实施决策的每个阶段、每个环节上做到"高效率、快节奏、抓落实、有反馈"。每次督查前，应组织有关人员对检查范围、内容、重点、步骤及方式方法予以研究和布置。可将上级工作部署和政策规定抽出若干项具体工作任务，分解立项，定位督查。这样化整为零，以小见大，便于操作。对前段工作进行到什么程度，有什么问题，是什么原因，要有个估量。下去前一般不宜事先通知，不宜组织检查团，要轻车简从，沉到基层，认真检查工作进展情况，敦促"顶"的，推动"停"的，促进"慢"的，纠正"偏"的。在督查过程中提出建议和要求，要积极与有关方面沟通，求得帮助解决。督查中发现严重问题，必须追根穷源，查明原委，提出督查意见，报经领导同志审批，送请有关部门按有关政策进行检查，并要报告检查结果。

为充分发挥督查作用，抓好决策落实，领导者要为督查人员创造条件，大胆撑腰，及时掌舵，当好后盾——要向督查对象明确督查人员是代表公司或总厂督促检查工作，代表领导意图，必须如实地向督查人员汇报情况，接受督查人员的指导，不得以任何借口或原因回避。允许督查人员列席重要会议，参与起草主要领导讲话、报告，让他们跟随领导下基层，经常给他们出题目、指路子、教方法、压担子，定期与他们一起研究督查工作，当好督查人员的后台，使他们感到腰杆硬，有督查权威。在督查对象有抵触情绪、得过且过时，要教育督查人员正确使用手中权力，严格按督查程序办事，态度和蔼，方法得当，尽职尽责。

为适应督查内容拓宽的需要，应注意发挥办公室整体功能和总体效率。督查要与信息、调研等工作结合起来，穿插进行，相得益彰，形成信息——调研——督查——反馈的督查格局。可通过信息渠道及时了解和反映领导决策在基层的落实情况；对某些突出问题和重要线索，在调研基础上提出查办建议；注意从督查汇报材料中选择编发内部参考价值大的信息，提高信息的广度、深度和效应。将督查同信息、调研乃至信访等工作进行有机结合，这几项工作互相间具有很大的交叉性和互补性，能有效解决一些单位督查力量单薄与督查任务繁重之间的矛盾，解决各个岗位"你打你的，我打我的"，彼此脱节的问题。实践证明这样做的效果甚好。因此，办公部门应当使每个秘书、调研人员身兼数员，既是督查员，又是信息员和调研员，形成全员抓督查的局面。

督查工作容量大，牵涉面广，解决问题难。领导者不能满足于批办，忽略直接参与督查，督查人员也不能满足于领导批一件就查一件。只有领导者带队督查，把督查人员作为自己的"耳目"和左右手，才能提高督查的权威性，有效运用督查手段推动和指导工作。

督查工作岗位特殊，对人员素质要求高。因此，应把政策水平高、综合能力强的同志选调到督查岗位上来。要建立一种"讲政绩、靠本事、重实干"的机制，"以言取人，人饰其言；以行取人，人竭其行"。

切实把督查干部的成长进步与工作政绩挂起钩来，引导他们在本职岗位建功立业。要建立督查工作责任制，对办公室系统实行督查工作目标管理，做到一级抓一级，一级督一级；建立"督查事项登记簿""催办通知单""督查结果报告单""督查件呈阅单"等，真正用制度、程序来确保督查工作进入良性循环的正常运转。要与组织、人事部门联系，力求把工作落实情况与干部职务升降、奖惩等切身利益挂钩，对决策的执行者以约束和激励。

此外，应在"分片设点"基础上，使督查范围更加广泛。不仅要督查那些工作好的单位、自己熟悉的单位，也要督查不常去、没有去的单位。督查工作是深入下去抓督促落实的，工作手段、方法是直接的，但不直接向基层或部门发指令，不擅作主张，不直接处理问题，要处理好直接与间接的关系。

督查不仅要搞好"奉命查办"，还应当围绕中心工作主动立项督查。可以采取蹲"联系点"的办法主动抓一些小型的专题的督查调研，向领导报送一些有新意、有深度、有价值的调查报告。主动督查也不是平均使用力量，不可能全面出击、包揽一切，其重点是上级或同级重要决策和工作部署的落实情况，领导同志最关注和最担心的问题，解决有令不行、有禁不止的问题；抓倾向性问题，采取措施解决在萌芽状态。实践证明，只有突出重点，主动立项督查，才能做到有作为，有成效，才能举一反三，扩大效果。

督查须一沉到底，有经验抓经验，有问题抓问题，喜忧皆报，言之有物，掷地有声，切莫在真理与关系的天平上找平衡，报喜侃侃而谈，报忧吞吞吐吐，回避问题，抹杀忧患。基层单位的领导也应坚持彻底的唯物主义精神，严于解剖本单位，不让报忧的督查人员难心——在喜和忧孰轻孰重上作出费神的取舍和选择。要理解、支持、鼓励下属实事求是报忧，一旦报忧出了差错，要给予帮助引导。

　　督查工作连续性强，旧的问题解决了，又会冒出新问题，这方面问题解决了，那方面问题又出来了。因此我们要有锲而不舍和"咬定青山不放松"的精神，突出抓关键点、疑难点、薄弱点，探索督查工作规律，不断提高督查工作水平。

搜集和积累资料探微

搜集、占有材科，应当不厌其多，多多益善，以十当一；使用材料，反复筛选，选择那些最新颖生动、最有特点的典型材料，达到以一当十。原材料多了，头脑这个"加工厂"才能"制造"出有价值的高质量的成品。

资料，包括信息、情报、材料，是我们一切想法和行动之基础。一个领导者得到的有用资料，是他发挥作用的重要因素。常看到有的人能写，一写就是几千字，又快又好。常听到有些人能讲，口若悬河，妙语连珠，讲个把小时没重复的话。有些人不擅长写和讲，但思维敏捷，谈吐深刻，有独到之处。他们成功的重要原因，是善于搜集和积累资料。

孔子曾比喻说，积累如挑土垒山，只差一筐土就能把山垒成，而你却就此停止了，那只能怪你没有坚持下去。刘勰在《文心雕龙》中说："狐腋非一皮能温，鸡跖必数千而饱矣。是以综学在博，取事贵约，校练务精，捃理须核，众美辐辏，表里发挥。"狐腋不是一张就能保暖，少量的鸡爪也不能吃饱。积累学识在于广博，应用典故贵在简约，考核选择务求精审，收集材料必须翔实，只有这样才能使学识的作用得到充分发挥。学识渊博的马克思坚持数十年搜集积累资料。被誉为"工人阶级圣经"的《资本论》，是从"堆积如山的实际材料"中概括出科学的思想来的。正因为这样，"他作出的一切概括，都是言之凿凿，铮铮作金石声；他的一切结论，都是坚如磐石，巍巍乎如山岳"。他的女婿拉法格回忆说："无论何时，无论任何问题都可以向马克思提出来，都能够得到你所期望的最详尽的回答，而且总是包含有概括性的哲学见解。"无数事实证明，作家、专家都善于"积学以储宝"，在研究前人或他人成果基础上，结合新的形势和条件进行综合和创造。

一些发达国家非常重视资料包括情报、信息的作用。历史上，欧洲罗马皇帝为了获得中国的养蚕情报，土耳其为获得威尼斯的制镜情报，都是挖空心思窃取的。1915 年，英军在滑铁卢战役击败拿破仑的第二天，英国金融资本家奈森便从"飞毛脚信使"那里得知情报。他很快进入股票交易大厅，佯装得知英军战况不佳，抛售公债。当公债价格跌入低谷时，奈森突然停止抛售，转而大批买入。几天后此公债价格因英军打赢战役而暴涨，奈森因此大功告成。日本经济腾飞的一个重要因素是重视对情报、信息的搜集和利用。有人对东京地区 300 家大企业调查，90％以上的企业时常利用与本行业密切相关的国际联机数据库系统，20％的企业建立了海外情报信息网。1935 年 3 月，希特勒派手下人员在瑞士绑架了一个名叫伯尔托尔德·雅各布的人，原因是他出版了一本172 页的小册子，详细描述了德军的组织机构、参谋部的人员部署以及168 名德国指挥员的简历。经审问后发现，此书的全部材料取自德国的报纸，雅各布连德军的结婚启事、丧葬讣告都收集。情报顾问向希特勒报告说，雅各布是"最杰出的情报天才"。

在改革开放的进程中，各种资料浩如烟海。据统计，现在全世界每年发表的科学论文约 500 万篇，平均每天有 800—900 项专利问世，每一分钟就有一种新书出版。可以利用的书报、刊物、信息、情报常常来不及搜集来不及过目就堆放在那里。这给我们利用和积累资料提供了有利条件，我们应做搜集积累资料的有心人、勤快人。可以毫不夸张地说，一张报纸，一则信息，一份简报，一次闲谈，都可以包含有用的情报。正如美国著名评论家汉森·鲍得温所言："今日情报机关所搜集的情报，百分之九十是能够通过公开途径搞到的。秘密情报是非常有限的。"

搜集和占有丰富的材料，有人主张"竭泽而渔"，很有道理。列宁和毛泽东同志都强调占有全面详尽材料的意义。列宁说："在社会现象方面，没有比胡乱抽出一些个别事实和玩弄实例更普遍站不住脚的方法了。罗列一般例子是毫不费劲的，但这是没有任何意义的或者完全起相反的作用，因为在具体的历史情况下，一切事情都有它个别的情况。如果从事实的全部总和、从事实的联系去掌握事实，那么，事实不仅是'胜于雄辩的东西'，而且是证据确凿的东西。"毛泽东同志也精辟地指出："只有感觉的材料十分丰富（不是零碎不全）和合于实际（不是错觉），才能根据这样的材料造出正确的概念和理论来。"材料掌握得少，写作时就会有捉襟见肘、不深不透或者笔下空空的感觉，甚至扭曲了客观事实的真面目。因此，搜集、占有材料，应当不厌其多，多多益善，以十当一；使用材料，反复筛选，选择那些最新颖生动、最有特点的典型材料，达到以一当十。原材料多了，头脑这个"加工厂"才能"制造"出有价值的高质量的成品。收集材料要兼听则明，防止偏听偏信，先入为主。对同一问题的不同观点都要注意收集，因为有可能这正是一个问题的两个侧面。收集材料不要把局部性事实任意扩大范围，把非本质、非主流的情况当作本质、主流。

积累资料的方法主要有：

1. **记笔记**。好记性不如勤笔头。马克思在大英博物馆的阅览室记录了堆积如山的资料。他写《资本论》，笔记和手稿至少有一百多本。李卜克内西回忆说：他看见马克思"随时都写笔记"。据资料记载，美国作家杰克·伦敦房间里的窗帘上、衣架上、橱柜上、镜子上，都挂着小纸片，每片纸上都是他的笔记，写着各种美妙的词汇、生动的比喻、有用的资料。元朝文学家陶宗仪曾避风于松江华亭，每天到田里做活，累时便坐在树下，把感受和读书心得记录在树叶上，至晚把"树叶笔记"放在瓦盆内。经十多年积累和整理，成书30卷，名曰《南村辍耕录》。笔记的好处是容量大，缺点是查找不灵活。应当随身携带一个本子，无论到哪里，都要竖起耳朵注意听，睁大眼睛细观察，把所见所闻随时记下来。每页纸不要记得满满的，留下三分之一空白，作为以后补充同类内容或记下自己的随感、疑问、评论。

2.**记卡片**。卡片是学习领域的雷达，监视捕捉来自各方面的资料信息。卡片灵活，使用方便，应引起领导干部高度重视和广泛使用。经验证明，每张卡片上只摘记一项内容为好，把同类内容放在一起；切忌在一张卡片上记不同内容，那样不好分类，不易查找。记卡片，要求内容准确，可摘录原文，也可只记题目、出处，也可将自己的读书体会记下来。

3.**收存资料**。要做工作的有心人，调研活动的参与者，留心大事、要事、新事，注意随时收集领导讲话、会议报告、典型经验、领导参阅、市场信息等材料。要定期筛选，把长期保存和短期保存的分开，没有保留价值的及时处理掉。收存资料最好科学分类，以便能迅速查找到。大庆油田收集了几个世界著名油田的资料，建立了它们的"技术档案"，吸收了它们的新成就，结果创造了具有世界先进水平的"六分四清"采油新工艺和汽顶油田开发新技术。

4.**剪贴报纸**。剪贴报纸是有效利用报纸的好方法，但坚持数年需有一点毅力。若干年后，可将过时的、内容雷同的、价值不大的资料剔除，贴新的材料。

　　无论是专兼职资料人员，还是从事其他工作的同志，都应特别重视有关资料的穷搜冥索和日积月累，包括并不显眼但很有用的资料。这是解决"书到用时方恨少"的一个很实用的途径。这样坚持数年，积攒成"百宝箱"，用时得心应手，游刃有余，益莫大焉！美国兰德公司有个名为赫尔曼·卡恩的专家，他与看门人、理发师、警卫、司机打得火热，从他们身上吸取各种信息。赫尔曼每年有200天在旅途中度过，口袋插满笔，手提录音机，头挂耳机，随时收集各种资料。随身行李常常是十几只满满的箱子，里面大部分装着书和资料。

　　资料积累在于利用，利用率越高其价值越大。要把发挥资料的作用作为主攻方向，通过充分利用资料来显示资料工作的价值。此外，要重视资料剔旧工作。对知识陈旧老化、完全失去使用价值的资料应予剔除。要注重挖掘资料潜力，增大效用。要善于跟踪和敏于发现有价值的新材料，搞好资料缩编，生产二次文献和三次文献，提供系列情报产品。在掌握文献资料大意的基础上，把握意图、主题、要点，归纳要点，选择加工，浓缩标引。由于缩编资料丰富、集中，对于各级领导者，既不用事必躬亲，耗时费力去一一搜集，又能直接过目；既可有超人的阅读量，又占用广泛的阅读面，有利于正确决策。

调查研究应具备的素质要求

领导干部要做好调查研究工作应具有求实精神，敢于从客观事实中引出调查研究结果；要把理论功底打牢，学习掌握科学理论；要有较强的业务能力；要保持谦虚谨慎、平等待人的态度；要不断提升个人的品行修养。

作者曾留意观察近百个中型企业的现状，结果发现，凡是企业的各项工作都开展得很有起色的企业，必定有一些领导干部本着求真务实的作风，勤于调查、肯动脑筋、善于研究问题、锐意进取。那么，深入调查研究应该具备哪些素质或条件呢？

一、不拘泥本本，不迷信权威，不违心汇报

实事求是是调查研究的根本原则，换言之，调查研究的出发点就是了解客观事实本来面目，探求其自身规律性。坚持实事求是，不只是工作方法问题，而是领导干部政治思想素质的重要表现。应具有求实精神，敢于从客观事实中引出调查研究结果，而不是违心裁剪客观事实；要敢于为国家和人民的利益鼓与呼，为事业的进步论和争。

特别是当客观实际与领导意图产生矛盾的时候，要坚持说真话，是为是，非为非，有喜报喜，有忧报忧，抓住关键，抓住本质，决不能隐瞒自己的观点，不能只看领导眼色行事，顺着领导的杆子爬，成为专供领导驱使差遣之仆役。

调查研究不能靠主观想象去推测、作结论，不头脑发热、感情用事，不先入为主、偏听偏信；切不可拨弄自己的"小算盘"，讲成绩把芝麻说成西瓜，讲问题则"犹抱琵琶半遮面"；不出歪点子、馊主意，不要照抄照搬书本、文件上个别论据和条文，不应放弃自己正确的观点和论据而随人俯仰和任人方圆。不能满足文件上已有的结论，要通过调查研究，对新的实践进行总结和概括，充实和丰富原有的方针政策，提出切合实际的办法和意见。不唯上、不唯书、不唯众，也要防止不知来龙去脉，只是接触零星半点、一鳞半爪就大发议论。与同事或上一级领导者产生不一致的看法时，要按"唯实"原则处理。对一时看不准、情况不甚明了的事情，要再调查再研究，在实践中深化调研成果；看错了的，要认真纠正。

二、要把理论功底打牢

调查研究工作政策性很强，时常要分析问题。有些领导同志调研水平高，善于高屋建瓴地观察分析问题，善于自如地驾驭全局，一个重要的因素就是得益于其较高的理论素养。理论功底浅的人，往往对一些重大现实问题吃不准，对一些似是而非的观点说不清，对一些新事物的实质和发展趋向看不透，因而思想政策水平不可能高。

只有学习掌握科学理论，掌握经济规律，学会用马克思主义世界观和方法论观察分析问题，才能在主次杂糅、互为因果、纷繁复杂的情况面前，头脑清醒，是非分明，抓住关键，作出正确决策。因此，提高调研水平最笨的办法、也是最聪明的办法，就是有计划地、见缝插针地多学点理论和现行政策。否则，浅尝辄止，似懂非懂，就可能在调查研究中停留在甲乙丙丁现象之罗列上，缺乏理论高度和深度。

三、要有较强的业务能力

韩愈诗云："将军欲以巧伏人，盘马弯弓惜不发。"骑马盘旋不进，拉弓满弦不发，描绘了将军射技之精巧和运筹之巧妙。领导干部若想提高谋略上的"神功技巧"，需要具备多方面的业务能力。

（一）**观察能力**。这项基本功硬，就能在复杂而困难的情况下，排除干扰，透过现象，洞悉深层本质，收集到深层的、有用的资料。否则，面对纷繁的现象和错综复杂的矛盾，就会如堕五里雾中，身在庐山不识庐山真面目，调查来调查去，还是不得要领，或者视而不见，泰然处之，或者主次不分，费力不少，收效甚微。

（二）**思维能力**。调查活动自始至终离不开思维分析活动。从确定调查选题，提出调研方案，直至进行调查实施，都需要统筹兼顾、纵观全局，时时进行思考。更不待说，实施调查、收集到材料之后，还要对资料信息集中进行系统的思考分析。缺乏思维分析能力，就无法胜任调查研究工作。李瑞环说："付出辛苦，不仅仅是胳膊腿勤，很重要一条是思想必须艰苦。事实上，思想的艰苦作为一个领导干部来讲，才是最重要、最困难的。"

（三）**鉴别能力**。对客观情况的粗与精、伪与真、主与次、简与繁、典型与一般都要掰搓明白，确定哪些必须掌握，哪些应当剔除。有人说"鉴别"最能反映领导干部在调查研究中的才学、胆识，确实不无道理。

（四）**掌握调研技术的能力**。包括设计调查问卷、制定调查方案、拟定调查提纲的技术，整理、计算统计数据的技术，绘制有关图表以及使用照相机、录像机、录音机等技术，要力求掌握，掌握得越多、越熟练越好。

（五）**文字表达能力**。"文章之道，自古称难"。调查报告、领导讲话等文字材料，要对客观情况做深入调查研究，取得独到认识，要在表达中符合逻辑、讲究文法、行文迅速，这是一件难度大、很辛苦的差事。通常要闭门谢客，夜里还得来个"萧何月下追韩信"。往往心中有所意会，可提起笔却表达不清。往往要经过灯火与方格之间的长期鏖战，材料才初步成形。材料搞出之后，不能自鸣得意，还得修改几遍，炼句炼字炼意，达到恰当深刻动人，才能出手。

只有这样不间断地撰写、谋划，"苦其心志，劳其筋骨，饿其体肤"，才能逐渐掌握过硬的文字表达能力，化难为易。正如唐彪在《读书作文谱》中所说："盖常作则机关熟，题虽甚难，为之亦易；不常做，则理路生，题虽甚易，为之则难。"

（六）知识面要宽。古人云："学者非必为仕，仕者必如学。"学习的人不一定都要做官，而做官的人则一定要学习。"一事不知，儒者之耻。""博观而约取，厚积而薄发。"《三国演义》里的诸葛亮，并不会"呼风唤雨"的法术，但是由于他知识渊博，熟知天文气象，预见到何日何时下雾，何日何时必有东风再起。结合人的心理因素，借机取得了"草船借箭"和"火烧战船"的预想结果。

毛泽东的知识渊博，是全党、全国人民所公认和敬佩的。毛泽东著作中，引用过的成语典故共有 500 多个，马列的名言警句更是不计其数。所达到的境界，大可以说"秦皇汉武，略输文采，唐宗宋祖，稍逊风骚"。所用之典恰到好处，而且往往点石成金、化腐朽为神奇。

调查研究工作综合性强，涉及面广，缺乏知识则孤陋寡闻，难以通观全局，容易产生片面认识，难以左右逢源，举一反三。黑格尔认为："无知者是不自由的，因为和我对立的是一个陌生的世界。"美国管理大师杜拉克说："现在已进入一个企业管理新时代。这个时代最大特征是：知识越来越比资本、土地等其他东西值钱。"不掌握最新知识，企业必将受到淘汰。

日本管理人员素质高，与其重视学习多方面知识有关。日本有几家大企业公司，在训练行政管理人员时，规定他们熟读《孙子兵法》，吸收理论上的观点；读《三国演义》，得到实践上的事例；读《西游记》，增加海阔天空式的幻想和创造力。

据权威人士讲，人类已进入知识经济社会，其主要特点是，以美国微软为代表的软件知识业的勃兴，以知识作为资本发展经济，是当今世界知识经济初具框架的标志。知识将成为生产要素中最重要的一个组成部分。软件的比例在整个经济中的份额大大增加，咨询业日渐兴盛，作为工业经济主干的制造业已注入了越来越多的新科技知识。

领导干部搞好调查研究，必须改变终日埋在事物堆里、让繁杂的小事缠得筋疲力尽的状况，应有强烈的学习意念和持久的毅力，努力成为"杂家"，成为复合型领导。应像海绵吸水一样涉猎市场经济知识、企业管理和专业知识，熟悉有关部门业务，做到大到天文地理、小到鸡毛蒜皮，无师自通。在此基础上应有自己的知识侧重领域，成为某方面知识的"行家里手"。"骐骥一跃，不能十步；驽马十驾，功在不舍。"应克服"自我感觉良好"的盲目自满心理，克服浅尝辄止、不求甚解的懒惰思想，不要把学习看作是"无偿劳动的支出"，不把夜读、笔耕视为无用的投入。即使学识不一定"渊"，但一定要博，做到日日月月学相似，月月日日书不同。同时，要从身边富有经验者的实践活动中，学到许多书本上见不到、却可"长期受用"的东西。知识面宽了，才能当好领导，提高多谋善断的层次和质量。

四、要有谦虚谨慎、平等待人的态度

领导干部下去调查研究，一举一动、一言一行，反映一个机关或领导者的精神风貌。"谦恭和之，客必争趋"。拜群众为师，谦虚谨慎，宽宏大度，平等待人，应是领导人员工作的准则。高尔基说得好："智慧

是宝石，如果用谦虚镶边，就会更加灿烂夺目。"在群众和下属面前要做到谦恭而不失原则，委婉协商而不以势压人，态度坚定而不颐指气使。在上一级领导面前，既要敢于陈述己见，又要善于领会上级意图，"心有灵犀一点通"；切忌自作主张，但也不可左右逢迎、搬弄是非。"泾溪石险人兢慎，终岁不闻倾覆人；却是平流无石处，时时闻说有沉沦。"无论在什么时候，都不要以为自己知道了许多，要虚心向群众求教，同大家保持融洽的关系。

五、要加强品行修养

"垂矮饮清露，流响出疏桐。居高声自远，非是藉秋风"。立身品格高洁而严守贞操的人，自然会声名远播。在中国历史上，品格高洁者的英名，总是不胫而走，传之久远，有的竟跨国界、越重洋。如"朝饮木兰之晨露兮，夕餐秋菊之落英"，正是对屈原高洁人格的写照。屈原所考虑的并不是个人的得失升沉，而是时刻关心祖国的命运，乃至毅然舍生取之。历史的车轮辗转到了 20 世纪，许多志士仁人"敢为天下先"，展现出了高尚的品格，他们的名字将在人们心中永存。一代文学大师鲁迅的骨头最硬，不盲信、不盲从，没有丝毫的奴颜和媚骨；闻一多拍案而起，横眉怒对国民党的手枪，宁可倒下去，不愿屈服；朱自清一身重病，宁可饿死，也不领美国"救济粮"。中国共产党更是有许多一身正气、无私忘我的好干部，孔繁森明知青藏高原有海拔 4000 米，山高路险，风大雪急，却甘愿远离故园，两进西藏，把全部精力乃至生命都献给了祖国和人民。

领导干部搞好调查研究，同样要立身高洁，不断加强品行修养。要不计个人的升沉得失，不求权势地位；有成绩不掠人之美，出差错敢于承担责任，必要时代人受过；要敢于替老实人说公道话，为正派人撑腰，不让埋头苦干者吃亏；要把党的宗旨铭记于心，付诸行动，端正感情趋向、思想方向、奋斗方向；要想到国家的利益，忠于党的事业。在工作中要有忍辱负重的精神和自我克制的能力；在困难面前不灰心、不丧气，用鲁迅先生的冀望勉励自己："生命的路是进步的，总是沿着无限的精神三角形的斜面向上走，什么都阻止他不得。"

为了开创工作新局，还应引导和督促身边机关干部搞好调查研究。

一是要创造条件，让他们吃透"两头"。机关干部要上知方针政策和领导意图，下晓所属单位情况。要求他们多掌握上面精神和横向单位的情况，开阔视野，拓宽思路，让他们参与撰写重要材料，编写汇报提纲，提高文字水平；经常给他们出题目、教方法，督促他们走出办公室，及时掌握下面情况。引导他们增加参与意识，把调研工作与领导工作贴紧一些，虽不是领导者但要有领导者的胆识，虽不是决策者但要有决策者的谋略。

二是抓好培训。要在选择范文、组织大家讨论、学手法、学技巧的同时，多送他们到党校等院校深造，支持他们参加有关培训学习；要适时举办调研研修班，聘请教授和有丰富实践经验的同志讲授调查研究、公文写作等知识，并鼓励和支持他们外出参加有关学术研讨会和考察。

三是重视以老带新。机关应保留一批调研骨干，合理搭配，优化组合，指派骨干带"新手"，深入实际一起调研，一起拟定调研材料，传授调研方法、谋篇布局、提炼观点等经验。事实证明，"一带一""一带二"方法，比各自单干好，有利于快出人才、多出成果。

四是把好进人关。选调机关干部应重视其调研能力，一般有 3 年基层锻炼的经历，要注意知识结构和专业配套，对政绩突出者，应及时提拔使用或输送出去。

学个孔夫子"每事问"

到基层调查研究，不宜像"井中的葫芦"浮在"下面的上面"（小机关），防止走马观花、蜻蜓点水、浅尝辄止；更要防止受"规定路线""标准答案"和"示范样板"的影响，使调研成了"论证会""报喜会"和"盆景展"。应当搞一些不提前打招呼的"自选动作"的调研，掌握真实的情况，解决一些实际问题。

要学个孔夫子的"每事问"，须有"入于泽而问牧童，入于水而问渔师"的精神，了解真实情况，博采众言。要把老一辈革命家陈云所说的"不唯上、不唯书、要唯实"和"全面、比较、反复"作为座右铭。为使一项决策科学无误，要进行"可行性研究"，还应兼听和尊重一切与决策有关的不同意见。

"每事问"出自《论语·八佾》："子入太庙，每事问。"——孔子进周公庙的时候，问这问那，每一件事都要问个明白，表明他对周公、周礼的尊敬和谨慎态度，体现了孔子重视多见多闻、虚心请教的作风。"每事问"就这样被后人沿用下来，许多人从中受益不浅呢。

　　"草根"出身的刘邦，很谦虚、没架子，遇到不懂的问题，就向别人咨询，可谓"每事问"的高手。遇到问题，他有一句口头语："为之奈何"，征求别人的意见，察纳雅言，分析综合，作出决策。经过五年楚汉战争，刘邦最终能打败军事家项羽，根本的原因就是刘邦遇事都要来句"为之奈何"，请教别人。

　　毛泽东同志倡导"每事问"，强调"凡事尽量搞明白"之后，才能解决问题。1930 年 5 月，他在《反对本本主义》中有段精彩的论述："迈开你的两脚，到你的工作范围的各部分各地方去走走，学个孔夫子的'每事问'，任凭什么才力小也能解决问题，因为你未出门时脑子是空的，归来时脑子已经不是空的了，已经载来了解决问题的各种必要材料，问题就是这样子解决了。"

　　毛主席在中国革命的一些重大问题上提出过许多好办法，这与他长期深入群众做调查、虚心向群众学习是分不开的。在著名的《寻乌调查》中，毛泽东谈到为其提供城市材料的两位先生时说："多谢两位先生的指点，使我像小学生发蒙一样开始懂得一点城市商业情况，真是不胜欢喜。"他说："中国人民中间，实在有成千成万的诸葛亮，每个乡村，每个市镇，都有那里的诸葛亮。我们应该走到群众中间去，向群众学习"，并表示要"和全党同志共同一起向群众学习，继续当一个小学生"。向群众学习，是一项长期的必修课，必须做到持之以恒，不应"毕其功于一役"。

　　如今电脑进入每个办公室、家庭，可以快速搜索大量信息，地球成了"小小寰球"，可谓"秀才不出门，便知天下事"。那么，遇到问题还需要"每事问"吗？回答是肯定的。尽管可以通过网络、电话等设施了解面上的情况，然而深层次的东西、新鲜活泼的第一手资料，还需到群众中去才能了解到。他们遇到工作中的难题，不忘咨询下属、请教群众，实践着从群众中来、到群众中去的工作方法，不断积累经验与能力，厚积薄发。

勤问，贵在一个"勤"字。作出决策和检查日常工作，必须了解很多真实的、鲜活的情况，要多问，追根求源，问个明明白白，不留半点疑问。这是求真务实的学习态度和学习品质。巴尔扎克说："打开一切科学的钥匙无疑是问号。"爱因斯坦也有一句名言："提出一个问题，往往比解决一个问题更重要。"教育家陶行知认为，天地是个闷葫芦，里面有很多妙理；无论对于什么事情都要心存疑问。为此他写过《每事问》《问到底》两首诗。他说："发明千千万，起点是一问。……人力胜天工，只在每事问。"毛泽东说过："学问，就是讲的又'学'又'问'。"

在现实生活中，不少"术业有专攻"的俊才、卓越的领导，言谈举止很谦虚，真正和一线工人、农民交成朋友，带着真情和诚意去问，常常不耻下问。他们请教别人，以"海不辞水、山不辞土石"的精神，吸纳百姓建议，博采众长"取真经"。深入群众了解社情民意，不要轻视"臭皮匠"，一定要摈弃不懂装懂、自以为是的坏作风，不妨学学中华圣贤，降低身段、俯下身子，以小学生的姿态，多来些"每事问"，变"模糊泛问"为"针对性问"，变"无根由问"为"指向性问"，虚怀若谷、真心实意地向群众学习请教，倾听群众呼声，态度真诚，开诚布公，推心置腹，不断总结人民群众创造的新做法、新经验，广开言路，既听"精英"建言，也听"草根"之声。

学习韦睿好作风

韦睿（公元442—520年），南北朝时期的梁朝开国功臣之一，著名的将领，是梁武帝征讨四方平定天下的有力助手。毛泽东对韦睿称赞有加，对他的人品和德行非常看重，读《南史·韦睿传》时，竟批注二十多次。

从思想作风上看，韦睿是个实干家，从不夸夸其谈，注重调查研究，一切从实际出发。他一生指挥过很多战斗，每次都亲临战场进行视察，摸透敌情，权衡筹措，制定作战方案，然后再指挥作战。

公元501年，梁武帝萧衍起兵时，韦睿率领部下砍竹子做筏，日夜兼程赶去投奔。梁武帝见了韦睿，十分高兴地说："我以前只见到您的外表，今日却是见到您的忠心，我的大事就要成功了。"韦睿受到了梁武帝的重用。他足智多谋，"多建策，皆见用"，是梁武帝征讨四方、平定天下的得力助手，参加了梁初的许多战斗，战功卓著。

韦睿打仗，能攻善守，胆识过人，善于调查研究，善抚士卒，军法严明；他作风朴素，廉洁克己，"劳谦君子"，豁达大度，展现了良好的道德风范和务实作风。

公元 505 年，韦睿奉命率部攻打北魏时，他派遣长史王超宗、梁郡太守冯道根攻打北魏的小岘城，但未成功。韦睿亲临城下巡视，环绕围栅察看敌情。毛泽东在"容巡行围栅"处加了旁圈，并批道"躬自调查研究"。①意犹未尽，又在"躬自"两字旁加了圈，以加重亲自做调查研究的重要意义。

这时，"魏城中忽出数百人陈于门外，睿欲击之"。随行诸将劝说："我们轻装前来，还是回去披上铠甲后，再来迎战吧。"韦睿说："不然，这些出营门外的魏军肯定是其勇者，如果把这些人挫败了，敌军寨子自然就攻下来，绝不能失去这个良机！"诸将仍犹豫不前，韦睿指着他所持的节说："朝廷授此，非以为饰，韦睿执法，不可犯也！"韦睿下令攻击，以少胜多，魏军大败。毛泽东在书中写有"以众击少""机不可失""决心"等批语。

其后，韦睿令梁军乘胜进攻魏军驻守之合肥城，梁军的先头部队在合肥，也是久攻不破。韦睿又亲临前线，"睿案行山川"，亲自查看地势。毛泽东在此处加了旁圈，天头上画了三个大圈，又一次批注"躬自调查研究"。他还在批注"躬自"旁加了套圈，"调查研究"四字旁加了单圈。可见毛泽东强调指挥员一定要亲自摸清敌情，弄清山川地形，才能作出正确的作战方案。

接下来，韦睿决定率部在淝水修筑堤堰，把水灌到合肥城下，以利舟舰通行。这时，魏军在合肥城的东西两侧，各修一座城堡加以掩护，韦睿则指挥部队先攻打这两座城堡，取得以少击众的胜利；然后起斗舰直抵合肥城下，四面包围之。合肥城溃，俘获万余人。所获军实一律归公，无所私心。毛泽东读至此，又写有"以少击众""将在前线""不贪财"等批语②。

---

① 《毛泽东读文史古籍批语集》，中央文献出版社 1993 年版，第 199 页。
② 《毛泽东读文史古籍批语集》，中央文献出版社 1993 年版，第 200 页。

调查研究是一项艰苦细致的工作，需要正确的态度和方法。毛泽东同志提出："我党干部应学习韦睿作风"，主要是赞赏韦睿亲自调查研究的做法，说明毛泽东同志对调查研究的高度重视。在当前各级领导干部大兴调查研究之风过程中，要注意克服和避免"四多四少"问题：一般干部挂帅的多，领导干部挂帅的少；漫无边际的多，充分准备的少；浮在下面的上面（犹如井中的葫芦）的多，沉到基层群众中的少；"十月怀胎"的多，"一朝分娩"的少。习近平同志指出，"调查研究的过程就是科学决策的过程，千万省略不得、马虎不得"。强调"调查研究不仅是一种工作方法，而且是关系党和人民事业得失成败的大问题"。

延伸 阅读

武则天执政时，女儿太平公主府邸一夜之间失窃了两盒价值连城的玩器和宝物。武则天得知，震怒非常，立刻召来洛州长使，下令捕捉盗贼，说："你们三日内捉不到盗贼，就要治罪。"

这时，恰好湖州别驾苏无名从衙中经过。吏卒们久闻苏无名才智过人，请求苏无名出手相救，请他到县里去，禀报给县尉。

苏无名笑着说："我在各处做官，办理种种疑难案件，捕捉狡猾的盗贼，没有逃脱的。"县尉听了很高兴，就问他捕捉盗贼的计策。苏无名说："咱们必须先去请见天后，到那里再说。"

武则天见了苏无名，问道："听说你捕贼缉盗很有办法，这次可有把握？"苏无名回答道："臣在这里立下军令状，保证能缉拿盗贼，并找到失窃的宝物。不过陛下也得答应臣一些请求，不要限日期，别再追逼府县，让府县中捕捉盗贼的吏卒归我使用，我保证捉到盗贼，也不过几十天的工夫。"武则天一一答应了。

苏无名回到自己的寓处，召集吏卒，告诫他们：不要着急办案，等形势缓和一些再说。

到了寒食节那一天，苏无名把吏卒们全部召来，嘱咐道："你们十人一伙，或五人一伙，分头到东门和北门去侦查，若遇到有十几个穿着白孝服的胡人出城，就暗暗跟着他们，仔细窥察他们的行动，并且紧着来向我通报。"

吏卒们一齐答应，就分头去侦查。果然有一个胡人，带领一些同党，都穿着白孝服，往北邙山坟冈子上走去。吏卒们跟着侦查，派人向苏无名报告。苏无名立即赶来，问那侦查着的吏卒："那一帮胡人，有什么举动？"

吏卒说："胡人到了一个新坟上，摆上祭品哭起来，但哭得并不悲哀，眼里没有一滴泪水。撤下祭品之后，在坟旁巡视了一遭，彼此还相视而笑。"苏无名听了，不觉大喜，说："已经得到盗贼了！"于是命令吏卒把一帮胡人完全捉起来，并掘开坟墓，劈开棺材一看，里面全是晶莹夺目的稀世珍宝。

苏无名赶紧奏知武则天。武则天召见苏无名，问道："你有什么特别才能，怎么能够捉到这一帮盗贼呢？"

苏无名说："我来到京都的那天，正巧碰见一群胡人发丧。他们哭的声音很大，但从脸上的表情来看并不伤心，并且反而有些惊慌，就对这群人产生了怀疑，但还不知道他们埋藏珍宝的地方。我估计到了寒食节，他们必定借口扫墓，去查看珍宝。暗暗跟出城去，就可以发现他们埋藏珍宝的地方。及至见到他们摆上祭品，却哭而不哀，可以知道他们所埋的不是人；又见到他们撤祭之后，巡视坟墓，相视而笑，可以知道他们是庆幸珍宝没有损失。这种种事实，足以证明他们是盗贼，也说明了他们埋藏珍宝的地方，所以我就下令捕捉了他们。及至掘开坟墓，打开棺材一看，果然里面都是珍宝。一开始我请求陛下不要限制日期，别再追逼府县抓贼，是害怕打草惊蛇。贼人一急，必定仓皇逃跑，也许就无法得知宝物的下落了。后来期限展宽，追逼得缓慢了，贼人以为不会再有什么事情，放宽了心，所以没有弄走。"

武则天听了苏无名的分析，对他细致入微的观察和大胆缜密的推测大加赞赏，于是赏赐给他很多金银珠宝，并将他官升两级。

——本文选编自《太平广记》《调查研究的故事》

如何加强调查研究网络建设

加强调查研究的网络建设要做到，调研工作的指导要有"宏"有"微"；调研队伍的工作要有张有弛；调研力量的使用要有分有合；调研内容的选择要有"虚"有"实"。

随着改革开放和经济发展，交通、通信更加迅捷，世界"越来越小"。面对这些新情况，必须建立一支多层次、专兼结合的调研队伍，形成上下相通、纵横交织、多层次、多功能的调研网络，建立和健全畅通有效的运行机制，才能从事物的全部总和、全部联系中揭示其本质特征，产生一批又一批高水平的调研成果，快速转化为决策，加强对工作指导。

为进一步发挥调研网络的作用，应注意解决好四个问题：

1. **调研工作的指导要有"宏"有"微"**。韩非子曾以采树叶和捕鱼为喻，说明"事在四方，要在中央，圣人执要，四方来效"的道理——采树叶应该摇动树干，叶子才会纷纷落下；捕鱼只有抓住渔网的纲，才能捕上鱼来。我们发挥调研网络的作用，可以将宏观指导与微观指导结合起来。

调研机构应对网络内的调研工作进行高层次的规划、指导、统筹、协调，克服工作缺少章法、指导不力等不足。就一个大型企业集团而言，其调研机构应承担起组织、协调本系统的调研工作，成为网络的枢纽，为推进总体目标努力工作。应每月或每季向所属单位发布一次调研重点课题（每次抓一个侧面），实行课题调研负责制；每半年左右对重点课题开展研讨活动，拿出对策，使调研成果具有实效性；每年对专兼职调研员的调研成果进行一次评优；根据他们平时工作经常"开夜车"的特点，每年应组织他们到风景宜人的地方开表彰会或学术报告会，增强调研工作的吸引力和凝聚力。这些宏观指导既要把握好"度"，不宜"轮番轰炸"。在宏观指导中又要穿插一些微观的指导：如建立几个"联系点"，直接捕捉情况；到所属一些单位与不同经历、不同政绩、不同特点的调研员面对面地交流情况，指导工作，促使调研工作由"被动应付型"转为"主动服务型"，推动调研工作上水平；也可把所属单位专兼职调研员轮流抽上来"实习"一段时间。这样根据不同的人、不同的情况进行具体指导，为正确的宏观指导提供依据。

2. **调研队伍的工作要有张有弛**。应针对实际，有张有弛地运作调研网络。如在不那么繁忙时，通过举办调研培训班、专题讲座，组织调研人员学习调研业务和写作知识，上下层和横向部门之间互相交流经验，沟通情况。在调研工作不那么紧张时，引导调研人员"踱踱方步"——静下心来查阅资料记卡片，一起畅谈调查体验。实践证明，这样的良性循环切实可行。

3. **调研力量的使用要有分有合**。对于小课题，一般采取一两个人通过召开座谈会、访谈等方法，了解情况，进行综合，搞出调研成果。这种调查具有"短、平、快"的优势。对于大课题，需组织一些人进行群体调查，从不同角度、不同侧面、不同层次研究探讨问题，使调研成果更深刻，更有指导性。加强群体调查，一是要搞好横向部门同步调查。即由一个部门牵头，协同几个部门组成若干调研小组，按调研纲目下去调查，回来后一起汇报，整理出成果。二是要搞好纵向部门分层次调查。即公司下属单位一些部门就同一课题分头调查，分头拿出成果，然后集中研讨，形成综合报告或"调查报告群"。三是要搞好问卷调查。通过对被调查群体进行调查，可以在较大范围了解群体的情绪、意向、愿望和要求。但需要对问卷精心设计，提高针对性和科学性，提高调查结果的真实性。这样有分有合，能够相得益彰。

4. **调研内容的选择要有"虚"有"实"。** 发挥调研网络作用，光是务虚，易出现"两层皮"，光是务"实"，很难举一反三。应当虚实融会贯通，即实中有虚，虚中有实。尤其是党委系统抓生产经营情况，不能去抓那些生产调度性的情况，而要抓生产经营中的方针、政策问题，生产发展的战略问题，生产经营中的思想工作情况，由虚带实，乘实追虚，通过"实"升华出"虚"，从现实之"虚"引出"实"。

此外，每年应抽出一些调研骨干到所属单位蹲点服务。扎到车间班组，了解情况，上情下达，下情上达，切实体现帮助工作。下去搞专题试点（试验田）与蹲点服务相结合也很必要，更能发挥调研人员的优势。

提高信息质量的五条途径

信息已成为经济活动的纽带，领导决策的耳目，管理工程的软件，思想工作的桥梁，我们应把提高信息质量作为信息工作的核心和主攻方向，这就要做到：主动捕捉信息；采撷信息须及时、快速、超前；注重选择角度；加强信息跟踪反馈，促进信息环流；要忧喜兼报，既"养花"又"栽刺"。

唐朝李中所写《暮春怀故人诗》中，有"梦断美人沉信息，目穿长路倚楼台"之句，据说这是信息一词的最早记载。信息，单就词义而言，与消息相当，兼有情报、知识的含义。西方企业家认为"信息是一种能创造价值和能交换的知识，是与资本、劳动共同构成的生产三要素之一"。据统计，仅信息的定义就有 37 种以上。

信息已成为经济活动的纽带，领导决策的耳目，管理工程的软件，思想工作的桥梁。正如控制论的创立人维纳所说："所谓有效地生活，就是拥有足够的信息来生活。"苏联在一个时期由于科技信息捕捉和研究不够，炼钢工业只搞平炉炼钢，电子工业只搞硅材料，化学工业只搞煤原料，结果发展速度很慢。

当今社会是信息社会，信息社会的市场经济展开的竞争，从一定意义说，首先是一场信息竞争，获取信息不够灵敏就要吃亏。为此，许多领导者增强了信息观念，把不少好信息作为指导工作的重要内参，拍案决策之重要依据，把信息工作作为培养锻炼干部的重要岗位。但有一些单位和部门，由于忽视信息工作而时常出现信息"饥渴"。这里有领导者自身的问题，即不够重视信息和信息工作，还没有彻底摆脱"信息盲""决策盲"的困惑；也有信息质量不高的问题，信息的"追逐线"和领导者的"需求线"没有能贴近。主要表现为：反馈滞后性信息多，预测性、苗头性信息少；反馈一般经济现象的信息多，能带来可观效益的重要信息少，揭示经济运行中深层矛盾和问题的信息少；收集一般化的工作经验的信息多，带有探索性和创新性的经验少；反映一般工作动态的信息多，政策性强、内部参考色彩浓的信息少。

实践证明，许多信息"1＋1＜2"，但质量高、"牵一发而动全身"的信息，一可当十，甚至当百。因此，我们应把提高信息质量作为信息工作的核心和主攻方向。为此，应采取五条措施：

1. **主动捕捉信息**。收集信息不能"守株待兔"，而应积极与人接触、交往，养成与别人沟通的习惯，培养与人愉快交谈的能力，不断扩展人际关系，建立和发展情报网。从各种报刊中捕捉信息也是一个重要方法。如李嘉诚手下的情报部门有 20 多个文化水平高、经营学问深的人员，每天把美国、日本、英国等国和香港的数十份报纸看完，然后将重要情况浓缩和分类，对于新奇的消息和有潜力的信息作出评价，送到李嘉诚办公室。李嘉诚每天早上回来，首先看这些报纸摘要，对哪些情况感兴趣，就让选摘人员送来原文细看，或与他们共同研究这些信息，使他在业务经营中决策准确，财源广进。

2. **采撷信息须及时、快速、超前**。进入信息时代，几秒钟内就可以同地球的另一边通话，可见地球确实成了小小寰球。然而有些企业虽然能对国内企业与市场、国外企业与市场有价值、可利用的信息进行快速采集，但整理、审阅、传递则需要一两天时间，等上面领导看到时，信息已出现滞后性，直接影响信息的时效性和使用价值。

《决策与信息》的文章说，据有关专家估计，新中国成立以来由于信息不灵、决策失误造成的损失，至少达 13000 亿元之多。北京市曾对 95 个外商企业和 119 个国内企业进行过一个调查，结果表明他们都迫切需要新技术产品信息、市场动态信息、政策法规信息、合作伙伴信息等，其中有些单位反映得到信息不及时。

信息要先声夺人，少来"马后炮"，这是信息的生命力所在。我国古代军事家说："兵贵神速"。拿破仑认为，兵家胜败决定在最后之 15 秒而已。现代战争指挥有"一分钟决定战局"的说法。雅典通信战士菲力比斯正是为了追求传达信息的时效而拼命跑完 42195 米全程的。我们应当有深谋、有远虑，恰当估量主客观条件，及时向领导提供企业和市场出现的和即将出现的新情况、新问题，做到"事态势理，明眸导航"，不断增强工作预见性、预防性和指导性。

中国人从来没有像今天这样心急火燎地寻找信息。现代人的每一个"发财"的故事都和信息分不开。及时、快速、超前地采撷信息，须做别具慧眼的睿智者、体察入微的有心人，思想要敏捷，行动须快捷。

——于一瞬间见微知宏。信息的生命很短暂，不及时抓住并快速反馈，就会在身边消失。从稍纵即逝的现象中察微知著、反映信息，常常会使领导者从微观现象、微观活动中看到宏观态势某一方面进展的趋势，从中发现新问题、新动向、新兆头，作为制定或完善决策之依据。

拿破仑的军队打进巴黎，士兵们神气地骑在马上，胸前飘着红领巾。巴黎的热情子弟纷纷仿效，找来红带子系在脖子上。有个裁缝抓住这个信息，趁机制作出五颜六色的领带供人们使用，结果发了大财。据说这就是我们今天领带的来历。

一天，在印度某河边村落，一阵异常的狂风过后，天上下起了"金币雨"。村民们在欣喜万分之时虔诚地仰拜释迦牟尼。第二天，"天上掉下金币"的消息通过电台、报纸传遍整个印度。正在印度推销日本新产品"西铁城"手表的圈中三郎听到这消息后，灵机一动，当即买了一张从孟买到乞拉朋齐的飞机票，随身带了三百块"西铁城"。当飞机徐徐下滑时，他打开舱座边的小窗，将手表向地面撒播。第二天，"乞拉朋齐下了一场西铁城手表雨"的新闻，旋风似的传遍整个印度。印度人陌生的"西铁城"，很快占领了印度市场。

浙江某丝织厂厂长一次到西安，听到两个青年称赞"电影里的张学良、杨虎城穿的军服颜色真好看"。他认为这是一条重要信息，《西安事变》的放映势必引起青年崇尚"将军黄"。第二天他了解到各商店都没有"将军黄"，于是给厂里拍了发运黄涤纶布的电报，使该厂赢利颇丰。

——须多场合留心采撷。去咖啡馆、餐馆获取信息，在国外很时兴。美国一些大城市，有越来越多的公司经理、高级职员和著名人士，习惯在早上上班之前走进餐馆，边吃早餐边谈生意，在早餐桌上获得信息，进行经营决策，成交买卖。被称为世界"假发业之父"的刘文汉，最初就是靠餐桌上的一句话信息——"假发可以在美国有发展前途"而发迹的。不少管理者注意从不同场合职工的言谈话语中，敏捷地发现不同寻常的信息。1985 年夏天，英国某商人听说两个月后，举行王储查尔斯与戴安娜的盛大婚礼。于是，他与有关人员制作了一大批简易的潜望镜，请一些人和报童在盛典那天一齐出动推销，一下子赚了几十万英镑。

——从初露端倪中发现可能形成的某种态势。唐人诗曰："山僧不解数甲子，一叶落知天下秋。"这"一叶知秋"，应是信息工作者必备之素质。有些工作或问题有了眉目，或者刚一出现苗头，就要把握和分析，看它是否可能发展为某种态势、某件大事，或某种倾向性问题，然后酌情反馈，及时决策。香港某公司职员王瑞麟，有一次乘飞机与邻座的一位瑞典人聊天，得知这人是专门生产纸尿片机的。后来他通过市场调研，创建了生产纸尿片的企业，发展成为跨国纸尿片公司。

——在"山重水复疑无路"中寻找"柳暗花明"。有些信息暂时没有使用价值，但不等于没有价值；一时捕捉不到重要信息也不必灰心，经过努力总会有"柳暗花明"之转机。而有了转机，捕捉到一个重要信息，就等于夺取了一个取胜的制高点。江苏一家皮鞋厂为了捕捉信息，厂长和供销员们成了上海街头的"马路天使"——每逢看到款色新颖的皮鞋，总是上前询问行人：在哪里买的？叫什么牌子？为什么喜欢？经过艰苦的调查研究，厂长发现：买鞋最多、最起劲的是 17 岁到 27 岁的未婚女青年。他还在商店里发现：只要姑娘对喜欢的皮鞋多看几眼，男朋友就会掏出钱来买。他在获得这一信息后，赶紧回厂组织设计，生产出了适合这一年龄层次穿着的女皮鞋，果然销路大开。

——须在处理繁杂事务中优先处理"急信息"。信息时效性越强，滞后性影响就越小，价值也就越大。特别是领导者急需某一方面信息时，要快速反映对路信息，须有快的节奏，快的火候，快在节骨眼上。据《兵法经营十谋》载："孙武在《势篇》中是这样讲的，'激水之疾，至于漂石者，势也；鸷鸟之疾，至于毁折者，节也。'是说，奔腾湍急之水能漂石，是依持势的力量；凶猛的飞鸟，以飞快的速度搏击鸟兽，是由于节奏掌握得恰当。"捕捉信息要快，要快在节骨眼上，后几道工序要及时跟上，掌握火候，防止滞留时间长而成为明日黄花；防止信息报送不对口、混流和误传现象。文稿报送和电话、电报传递的内容要清晰、完整、具体。

3. **注重选择角度**。角度，包括立意、选材、叙述、用语等。有一张获奖照片能给我们启示：在其他形体相似的牛都低头觅食的时候，唯有一只牛抬头回眸，瞪着大眼好奇地望着摄影镜头，神情趣怪可爱。每个看到这张照片的人无不被那头牛吸引住目光，留下难以磨灭的印象。这张照片照得好主要是角度选得好。一些信息质量不高的原因之一，是不善于抓角度。选择好角度就可能使信息产生一次新的增值。选好角度从大的方面说，应反馈有重要经济价值的信息，反映领导关心的敏感性问题和政策性东西，贯彻上级机关决策中创造的关键性经验和出现的倾向性苗头。为此，要千方百计弄清领导者当前关注的重点是什么，应当知道而尚未知道的"大事""要事"有哪些，准备考虑或正在寻求的办法和意向，然后摸清本单位实际情况和外界动向，高屋建瓴地寻找二者的最佳结合点。这样的角度立意高，命中率高。

强调选角度，就是要进行纵向思维、横向思维、逆向思维，从不同侧面挖掘其潜在价值，寻找其特点，提炼出有价值的重要信息。

认识每个事物都是从特殊性开始的，解决一个问题也是根据问题的特殊性提出具体的办法。从信息工作来说，要研究和采撷具有特殊性和独创性的信息。

4. **必须加强信息跟踪反馈，促进信息环流**。信息环流包括信息收集、传递、处理、利用、反馈等环节。应围绕中心工作定期下发信息反馈要点，发挥授题对象之优势，引导他们有针对性地调查和注意跟踪调查反馈。包括同步跟踪，亦即紧跟事物发展进程，深入了解全面情况及时反馈，间歇跟踪，掌握有价值的信息适时反馈，从而达到由此及彼、由表及里的程度。跟踪调查反馈信息不是简单地重复，而是螺旋式上升，反馈内容一次比一次深刻。

5. **要忧喜兼报，既"养花"又"栽刺"**。困难、失败、错误、担心、不满等方面的"忧信息"，能使领导者全面了解真实情况，看到工作中的问题和薄弱环节，起到警戒、警醒之作用，鉴往知来，矫误解难，举一反三。

应当指出的是，一些地区、单位的信息工作存在"报喜皆高兴，报忧都皱眉"。表现为——不愿报，唯恐带来误解和麻烦，故大而化小，隔靴搔痒，"犹抱琵琶半遮面"；不会报，把握不住问题的分寸，怕言辞偏激或弄巧成拙；不准报，认为"家丑不可外扬"，怕影响自身形象，恪守"上天言好事，下界保平安"，把报忧信息视为"触电项目"。这种倾向发展下去，形成有忧不报的风气，领导决策就会"进亦忧，退亦忧"，就可能出现失误，即所谓"上下之情，壅而不通，天下之弊，由是而积"。因此，信息工作者应有"为民请愿"的精神，敢于和善于报"忧信息"，包括反映上级政策不适合基层实际的情况，包括本单位的建议或采取的积极措施。本单位领导者应给予支持和理解；上级部门应给撑腰，应建立报忧信息的保护机制。相反，对于应报而未报的，尤其是对突发性的、性质严重的"逆向性信息"不报、迟报的问题，要严格考核。

"春风不相识，何事入罗帏？"当今时代已是信息时代，改革开放的许多信息如同不相识的春风，闯入我们封闭的"罗帏"中来。信息工作前途广阔，方兴未艾。专（兼）职信息工作者应有强烈的"信息欲"，为事业蓬勃发展、昂然崛起而奋然前行。

怎样开发高层次信息

高层次信息就是对原始信息或初层次信息的归纳或跟踪调研所产生的综合性信息。开发高层次信息要注意收集零散信息，进行"深加工"；要从注重依赖现有网络提供信息，转向注重调查、挖掘有深度的信息；要注重"领导抓""抓领导"，即领导者重视抓高层次信息并发挥重要作用。

领导层的劳动产品，主要是确立工作思路，制定方针政策，提出方案措施。这些决策正确与否，与是否及时、准确、全面掌握初层次信息，尤其是高层次信息有很大关系。如果说，初层次信息是指初步加工而未综合的、单一直观的、反映微观的、局部的、动态性信息，那么，高层次信息就是对原始信息或初层次信息的归纳或跟踪调研所产生的综合性信息。其侧重点是从现象中揭示本质规律，从问题中找出原因和症结，在反映全局的、宏观的基础上，提出建议和对策。如果说初层次信息是攻打迷宫的常规武器，那么高层次信息相当于"飞毛腿"导弹，功能多、见效快。它对领导正确决策常常起到更直接、更重要的参谋咨询作用。从开展信息工作时间短的部门看，初层次信息常有，而高层次信息不常有。怎样开发高层次信息呢？

1. **收集零散信息，进行"深加工"。**高层次信息往往隐含、分散于原始信息之中。开发高层次信息，必须将下属报送来的原始的、散碎的信息分类归纳，"熔炉炼丹"，进行定量定性分析，由笼统到具体，由片面到全面，揭示表面形态深掩着的事物的质的属性，使其信息内蕴丰富，含义深刻。若想"加工"得好，关键在于跳出工作、生活的小圈子，突破视野不够开阔的局限，在全局或市场大背景中去考虑上报信息有没有现实价值和潜在价值，然后对能成为高层次信息的原始信息、初层次信息"深加工"。例如，鞍钢烧结总厂党委办公室站在鞍钢党委抓党建的高度来审视本厂党建工作，不仅摆出本厂不合格党员现状，而且分析不合格原因，提出加强党员教育对策。这篇千字信息很快被上面领导采用。

抓高层次信息，应对时效性强的信息坚持"随有随送"，但从某种意义上说，对于既不新颖又没深度、报之可能"泥牛入海"而弃之可惜的信息，不妨储存起来。这样可以渐渐增大信息"含金量"，到一定时机拿出来"深加工"，就能实现由量的积累到质的飞跃，成为分量颇重的高层次信息。

2. **从注重依赖现有网络提供信息，转向注重调查、挖掘有深度的信息。**没有调查研究就不可能完成从感性到理性的飞跃，就搞不出有高度和深度的信息。有些信息之所以"浅""平""旧"，重要原因在于只是"守株待兔"，勉强地反映一些单摆浮搁的情况，不注意发挥调研部门的优势。近几年一些单位摸索出"初层次信息——重点调研——高层次信息"新路子，即从下边报来的众多信息中捕捉有用线索，然后返回实践中"顺藤摸瓜"、跟踪调查，从其偶然性中认识必然性，从苗头性中发现倾向性，从动态性中摸索规律性，形成有广度、有高度、有深度、有新意的信息。

此外，还须反馈国内、国际上的有关新情况、新矛盾、新发展、新趋向；报送涉及改革开放的运作性信息和走向性信息，使领导减少乃至消除决策的"不确定性"。

3. 开发高层次信息必须领导抓、抓领导。从某种意义说，一则高层次信息，不亚于一篇调查报告。要善于用高层次信息指导工作——把需要解决的问题和具有指导性的思路、措施，批示给有关部门。

领导者重视抓高层次信息，既要发挥"骨架"作用，又要发挥"神经末端"之功能，以保证信息开发的全面性和整体性。从纵向上，领导者要重视本单位信息部门与市、省、中央信息机关的联系；从横向上，要重视与同行信息工作联系。重庆钢铁（集团）有限责任公司信息中心通过计算机联网，将每天接收上百条国内外重要经济信息，输送给公司领导传阅。领导要指导信息部门起到网络联结点的作用，成为网络的中坚和骨干。要重视对信息网络人员的实地培训与日常考核，也要发挥驻外办事处包括驻外国信息机构的作用。决策活动离不开"参照系"。驻外机构提供国内国外之重要信息，是最有效的一种"参照系"，其中不少经济信息能成为重要决策、重大经济活动之"桥梁"。

以上是说"领导抓"。所谓"抓领导"是指抓住关键人物，让这个关键人物发挥作用，这样才能举一反三，传递快，见效应。班固在《汉书·司马相如传下》中说："盖世必有非常之人，然后有非常之事，有非常之事，然后有非常之功。"由此可见"抓领导"之真谛所在了。

如何做好信息的加工处理

　　做好信息的加工处理要认真鉴别和取舍，做
到微宏并举；要通过点面结合、定性与定量结
合、信息筛选与调查研究结合的方法对信息进行
综合分析；抓好信息材料的文字加工和传递；还
要抓好信息网络建设。

　　信息的加工处理，是对大量原始信息进行分类和整
理，提供给领导和部门。如何做好信息的加工处理呢？

一、认真鉴别和取舍，做到微宏并举

　　有些单位报来的信息往往零散而不系统，粗糙而不精
粹，罗列现象而抓不住实质，注意局部而忽视整体，因而
必须认真鉴别和取舍。有人认为鉴别取舍信息要在指导思
想上明确：有所弃才能有所取，有所侧才能有所重；掌握
情况要"以十当一"，筛选信息要"以一当十"，这话很有
道理。要选择那些主题鲜明新颖、内容微宏并举、适用对
路的"优质产品"。应突出做好以下几点：

　　（一）**要选政策性强的信息**。政策是实现某一时期的
工作准则，许多领导者都很注意政策性问题，因此反馈此

类信息采用概率高。当每项政策出台或实施过程中，应站在宏观高度选用微中见宏的政策性强的信息，使领导及时掌握政策的贯彻落实情况，从而完善政策，更好地实施政策。为了使领导更多地了解外部世界，借鉴各种经验和教训，缩短探索时间，还应及时提供、筛选和摘编市场运行中政策性强的真实信息。

（二）要选趋势性、倾向性、苗头性的情况。 这类信息也是微与宏结合在一起的，往往显示事物发展的方向。尽管有的还处于萌芽状态和幼年时期，如新出台的方案、本行业内的新鲜事、职工对重要事件的思想反映，一旦抓住就能提醒领导未雨绸缪，把握发展趋势，进行战略研究和超前决策。

（三）要选内部参考色彩浓的信息。 尤其要及时选择"忧信息"，如选择领导想知道而又一时不知道的问题，以及事件的真相和真谛。选择时应站得高些，"背负青天朝下看"，这样筛选的信息对决策有用。对原始信息鉴别、取舍，是一件"沙里淘金"的工作。需要信息工作者付出艰辛劳动。

二、用"三结合"办法对信息综合分析

在深入思考的前提下，愈是综合分析，愈能获取深刻认识，愈可以发现事物联系的纽结，感悟事物所蕴含的事理，把握事物的规律性。可采用以下方法进行综合分析：

（一）点面结合。 反馈信息往往受本单位工作范围、对象等限制，不能通览全局，因而应使点适合面的需求，从诸多单位上报的信息中找出带有全局性、普遍性、规律性、带来经济效益的内容提供给领导。在信息编发中，遇到内容单一、单薄，缺少政策性、时效性和综合性而又弃之可惜的信息，不宜单个编发，可以通过电话调研和注意收集等方法，将同类型若干信息"合并同类项"，这样编发不仅互补、厚实，而且有一定的面，便于领导掌握全局，审时度势，防止以偏概全。

（二）**定性与定量结合**。古希腊哲学家毕达哥拉斯认为：数是世界万物之始基。数量分析是提高研究问题的严密性和精确性的可靠途径。有些上报信息角度挺好，但内容抽象，没有数量分析，让人看了不知是个别现象还是普遍性问题，没有多大说服力，容易以偏概全。因此，采编信息既要有定性分析，也要有定量分析，扩大定量分析的范围和比重，用数据、百分比说明占多大面，是多数还是少数。例如《贸易快讯》上有这样一段信息：由于大陆继续获得最惠国待遇，以及香港新机场计划案的明朗化，香港经济今年将预期会有较佳表现（也就是随着过去两年香港经济的 2.4％的年增长率，今后可望达到 3.3％）。像这样的信息就是既有定性分析又有定量分析，颇有具体感和说服力。

（三）**信息筛选与调查研究结合**。对有潜在价值但是分散、不完整的原始信息，应按其轻重缓急，通过实地调研等方法揭示其成因、本质、规律、前景，使原来的信息由"零"到"整"，由粗到精，使信息为调研提供线索，调研使信息增加分量，产生"1＋1＞2"之效果。"主动出击"也是一些单位的成功经验，即采取"畅谈会"等方法，邀请各层次人员参加，不设固定题目，不搞全面工作汇报，而是围绕重点工作，结合自己所见所闻、所思所想畅所欲言，从中捕捉、汇集有价值的信息。还可以在重要课题调研中顺便摸些情况，将不够长篇调查报告的内容，写成分量重的信息上报。这个办法也挺实用。此外，在调研中要注意将领导者关注的事情与下面出现的内容统筹考虑。领导关注的大都是带全局性的大事、要事、急事，因此要根据领导所思、所说、所做，了解基层单位有没有此类情况，一旦抓住立即反馈。

三、抓好信息材料的文字加工和传递

（一）**琢磨、修改出一个好标题**。标题是信息之眉目，内容之精要，标题优劣直接影响信息效果。标题要概括而不抽象。换言之，在概括中有具体内容，含有足够信息量，包括写进量化内容。鞍钢向上级反映青年科技人员投身科技的信息，标题是"鞍钢青年积极开展合理化建议和投身科技活动，年创效益 2700 万元"。这样的题目虽然文字长些，但能使领导同志看过标题就能掌握信息的重要内容，起到"内容提要"的作用。这个办法能够克服标题光定性如"取得明显效果"之类笼统、模糊的不足。信息标题修改时还要注意可读性，让人看后回味无穷，过了一段时间还能记住标题。如"鞍钢废钢铁处理厂制订改革初步方案，给职工吃了定心丸"，给阅读信息的领导留下印象。标题的可读性，其实质就是在保证信息内容真实准确前提下，尽量使信息标题新颖、生动，使人耳目一新。

（二）语言精当简练，言约意丰。文字加工时，须处理好简与繁的关系——遇到有些信息稿内容丰满，但与近期已编发的信息内容重复，为了尊重基层同志的劳动，还是编发为好，但须删改，可只留几句，或发个标题信息即可。有些信息容量不大却文字冗长，淹没了信息的精华，应删去套话、不重要的话；应正面切题，开门见山，语言明快，讲究提法，用词恰如其分，内容有血有肉，达到言虽尽而意无穷的境界，而不要拖泥带水、空洞无物。正如一位同志所说："好信息，掺不得虚情，容不得假意，是浓缩的文件，精彩的讲稿，微型的调查……信息无须杜撰，无须编织美丽的童话，要脱尽虚表，见到真实的内核。"这就需要信息工作者提高分析问题的水平和文字方面的技巧，善于提炼本质的东西，用最简短的文字表达最丰富的内容，做到文字生动、准确，格式规范、统一，增加可读性和适用性。

（三）以小见大，快速反馈。信息不会是一幅鸟瞰图，它需要小中见大，管中窥豹。最好就写一件事，抓住最能反映事物本质的一面，面面俱到必然是力所难及，面面不到。切莫以为写短信息是写小文章，会给自己"掉价"。其实，不少短信息能"通天"，能起大作用。象牙雕刻亦属"小东西",然而其价值不是很大吗?内容系统、有深度的信息文字可长些,但一般不宜超过 1500 字。此外,信息生命"衰老"得快,因此,审稿、签发、打印、传输要减少层次,把跳"布鲁斯"(慢四步)变成"迪斯科",形成快节奏、高效率。如宝钢集团公司党办每天从全厂搜集各类信息,当天就筛选、修改,编成《信息快讯》送总厂党政领导参阅,达到了"采也匆匆,报也匆匆"。

四、要抓好信息网络建设

为抓好信息工作,应建立纵向、横向的专(兼)职信息员组成的网络。须定期抓好信息统计情况的通报。对于领导有批示、直接转化为决策的信息,应加分和表扬。还应制定基层同志上报信息数量的规定,完不成减分、漏报重要信息减分。经实践证明,这虽不是最好的办法,但也是必要的,有利于开展信息工作。鞍钢等单位坚持定期公布信息工作的考核评比结果,引导大家打了胜仗找缺点,打了败仗找原因。此外每年还要进行总评、表彰,实践证明也是行之有效的。

另外,需抓好专(兼)职信息队伍的组织建设和业务培训。近年来,一些单位党委和纪委自上而下地建立健全信息网络,并从生产一线聘请工人兼职信息员,使工人群众的意见、要求得到及时反馈。

谏诤的品格与技巧

坚持原则，敢于谏诤，是我们党坚持真理、修正错误、永葆青春的一个有效途径。要做到坚持原则、敢于谏诤，必须有出于公心、刚直不阿的品格，还要做到"直而不肆"，掌握分寸，讲究技巧。

"吴王好剑客，百姓多创瘢；楚王好细腰，宫中多饿死。"在古代，这类事不胜枚举。齐桓公喜欢穿紫服，齐国百姓便争相仿效，以致引起紫帛奇缺而价格暴涨。后来齐桓公不再穿紫服，齐国就没有人再穿紫服了。康熙帝节俭，穿条带补丁的裤子，满朝上下便都穿起带补丁的裤子。唯上——这种封建色彩很浓的传统思维方式和处世方式，至今仍不同程度地困扰着一些人。

一些同志尽管"穿的是西装、中山服，可仍然拖着根无形的辫子"，常常机械地按照上边的调子来说话，"上级布置一、二、三，他传给下级（一）、（二）、（三）""口将言而嗫嚅，足将举而趑趄"，为了讨好上司，巧言应变。有的下属对某些事情有不同看法，分明是对的，"谏诤"几句，看到领导不耐烦，批了几句，就鸦雀无声，噤若寒蝉，只能腹诽，不再谏言。

日本松下电器公司的接班人山下俊彦深有感触地说过：领导人一般很难听到"刺耳"的批评；下属处境微妙，不敢"顶撞"领导，担心中断了自己的晋升之路。这种状况的深刻原因，恐怕与长期"官本位"思想的强大磁场有关。

坚持原则，敢于谏诤，是我们党坚持真理、修正错误、永葆青春的一个有效途径。要做到坚持原则、敢于谏诤，必须有出于公心、刚直不阿的品格。如果发现领导的缺失，既不要三缄其口，把意见和真知灼见埋在心灵深处，一味顺应趋附，"不度理之所在而阿谀求容"，也不要冷漠拘谨，泰然处之。要有强烈的"参谋欲望"，常怀"箭在弦上，不发不悦"和"言在口中，骨鲠在喉"之感，敢于言人所不能言，言人所不敢言，真诚地为领导决策拾遗补缺，提供依据。在这方面，尽管古代"强谏多悲剧"，然而忧国忧民、敢于进谏者仍不乏其人。正如鲁迅先生所说："我国从古以来，就有埋头苦干的人，有拼命硬干的人，有为民请命的人，有舍身求法的人。"我们共产党人继承了古人谏诤的宝贵遗产，并在长期的革命和建设中形成了自己的优良传统和优秀品格。

刘少奇曾指出："……要认真地研究情况与研究决议、指示，如果发现决议、指示有错误，或者与本地情况不合，就应勇于提出意见，请求上级收回或修改……""下级这样做，并不是反抗上级，也不是闹独立性，而正是以认真的精神去执行决议与指示。只有这样的党员，才是最好的党员，他不只是能够独立思考问题，而且能够帮助上级改正错误、缺点。"① 敢于谏诤，如实反映情况，不做明哲保身的木头官，"不违心于己，不苟同于人"，不"王顾左右而言他"，原则问题不让步，即使暂时不为上司所理解，甚至遭冷落、受打击，也不必气馁、自卑。

张闻天在庐山会议上，以全局大计为重，以事实为根据，不看风使

---

① 《刘少奇选集》上卷，人民出版社，1981年版，第367—368页。

舵，作了长篇发言，由此受到错误的批判和不公正处理，但他并不后悔。他说："封建社会都提倡犯颜直谏，共产党员还能怕这怕那吗？"庐山会议后，他身处逆境，但继续为追求真理而上下求索，秉笔直书。20世纪 50 年代末期，湖南一位老红军给下乡调查的彭德怀元帅寄去一首当地民歌："谷撒地，禾叶枯，青壮炼铁去，收禾童与姑。来年日子怎么过？请为人民鼓与呼！"彭老总没有窃窃私议，而是光明磊落，无私无畏地上书中央。张闻天和彭德怀在调查研究中尊重事实、坚持真理，值得我们由衷敬佩和认真学习，这种品格永远值得我们讴歌。

一个人刚直不阿，赤心拳拳，不仰他人鼻息求生活，这个好品格应大大提倡和发扬。但是，这还要以不偏激执拗为前提。要让人家接受，取得好的效果，不一定非要拍案而起，声色俱厉，也不必"架起堂吉诃德式的马枪，盲目乱闯"，应有好的方式方法，做到"直而不肆"，掌握分寸，讲究技巧。

由于领导者的阅历、资历、经验、智能、志向、思维方式、工作习惯和自身修养不尽相同，也由于各自所处位置不同、看问题角度不同，因而下属必须采取适当的方式方法，因人因地谏言，才能在工作中给领导拾遗补缺，有助于领导扬长避短，纠正失误。否则，进谏者难以成功。比如说，用高深宏大的道理去"理论"一番，有的人认为对方是有意"亮水平"，有点"傲"；你的言辞如果华美润泽，有人会认为是华而不实；你诚恳庄重，耿直强硬，有人又会认为你憨直、笨拙而不知适可而止；举例广博，多用类比，听的人会认为对方是夸夸其谈而缺少实质内容。所以，劝说者一定要注意适应进谏对象不同特点、不同素质而采取不同方法，这样对方才能接受。

"须披胸臆亲诤友，莫让殷勤翳明眸。"每个领导者都应当有几个有胆有识的亲密朋友，特别是要有几个敢于提出不同意见、敢于当面直言不讳的诤友。然而，任何一个领导都是人不是神，都有七情六欲。由于工作不顺利等原因，有的领导者总免不了会像"鱼游于沸鼎之中"，心绪烦乱，爱发脾气，或面部表情冰冷木然，或发出深沉的长吟声。这时，部下要善于择机，注意鉴貌辨色，分析其心绪不好的由来，不要在此时轻率进谏、据理力争。当领导出现轻松愉快的笑脸，倾听和接受别人意见的"概率"会增大，这时可抓住有利时机进谏。进谏时要做到摆事实而不空泛，有分析而不累赘，有条理而不啰唆。刘伯承元帅说过："有百发一中的枪百支，不如有百发百中的枪一支。"日本大企业家松下幸之助讲过数百年前德川幕府第三代将军——德川家光的故事：有一天，家光打猎回来洗澡，替将军冲水的部下，误将滚烫的热水往家光身上浇下去……他非常愤怒，叫来总管家加重处罚那个部下。到了晚上，家光将军谈起这天去打猎的趣事，开始有了笑容。总管家看时机已到，便对家光说："刚才主公曾经指示，处罚那个冲洗澡水的人，在下一时疏忽，没记清楚是什么内容，非常抱歉，敢请主公重作指示，究竟如何处置这个人？"家光说："那个人由于不小心，而犯了严重过错，总管家是想提醒我重新考虑，收回成命，只是不明说而已。"总管家审时度势，三思而巧谏，故而使对方乐于接受，择善而从之。否则，再好的建议也可能被一股脑儿地顶回来。

由于一些领导者很聪明，知道的东西比别人多，就容易觉得自己比别人强，于是往往听不进谏言，或者只把纳谏挂在嘴上，只是搁着"礼贤下士""从谏如流"的笑脸，但无任何听取直言批评的实际行动。当领导者暂时处在固执己见、我行我素、刚愎自用之际，下属谏言不宜直抒胸臆，慷慨陈情，不顾其他，而须忖度上司心理，采取"逶迤蜿蜒法"——用温和而曲折、柔顺而含蓄的话语规劝，惜言如金，点到为止。可以把对方话题先承接下来，表示一定程度的赞同和理解，使他愿意听取你的见解，然后再陈述你的不同看法，说服对方。可以"说出者少，不说出者多"，话中有话，话外有话，即有言外之意，让领导自己去感受去体味。如果遇到上司不接受你的迂回挺进，侧面切入，要做到不固执己见，不反复陈述，不强求表态，不要有不高兴、不服从的表示。

进谏过程中可以反问，巧于反问往往比正面回答更有力。贞观十五年，唐王李世民问大臣："守天下难不难？"侍中魏徵回答说："非常难。"李世民说："我任用德才兼备的人为官，又听从你们的批评意见，守天下还难？"魏徵说："古代的帝王打天下的时候，能够注意用人和听从意见，一旦打下天下。只图安乐，不喜欢别人提意见，导致亡国。所以，圣人说：'民安思危'，指的就是这个，能说守天下不难吗？"

若进谏得好，还须以事设喻，触类旁通，耐心规劝。亦即通过两种相似事物的可比性和相通性，开启领导思想的大门，使其产生一种思维灵感，而不至于听不进去。在《战国策》中，庄辛曾劝告楚襄王不要淫逸奢靡，荒于政事，楚王不听，结果大片国土被秦国攻占。为使楚王听进谏言，庄辛以事设喻：您没好好注意看过蜻蛉吗？在天地之间自由自在飞翔，低下头来捉住蚊虫当饭吃，仰起头来接着雨露当水喝，自己认为与别人没什么可争的。它却不知道十来岁的小孩，正把调好的胶、织好的网，举得高高的捕捉它了！楚王听后"身体战栗"，有所醒悟，嗫嚅着说："我愿听取你的意见"。于是封庄辛为阳陵君，并用了他的计谋，一同取得了淮北的土地。

西汉刘向在《说苑·谈丛》篇中说："树高者鸟宿之，德厚者士趋之。"应当礼贤下士，坦诚为人，从谏如流。《资治通鉴》中写道："谏者多，表我之能好；谏者直，示我之能容；谏者之狂诬，明我之能恕；谏者之漏泄，彰我之能从；是则人君与谏者交相益之道也。"因而应当彻底摒弃"唯我高明""唯我独尊""一贯正确"的思想，说话不要居高临下，满口官腔，动辄训人，相处不要自视高贵，颐指气使，"官气"袭人。汉高祖刘邦就曾经被历史学家称为"豁达大度，从谏如流"的人物。他善于听取不同的意见，"察纳雅言""宁听一士之谔谔，不听千士之诺诺"。正因为如此，他知人善任，大胆起用张良、萧何、韩信等谋臣良将，因而在楚汉之争中取得了胜利。因此领导干部应保持良好的风度，以博大的胸怀对待下属，让部下们既同向思维，在思维的时间和空间上与领导合拍，也要逆向思维，鼓励他们说领导不爱听但应该听的话，心平气和地让人家把意见说完，冷静地进行分析，看看哪些对，哪些不对，对的要采纳。要创造鼓励下属、群众敢提不同意见、敢讲真话的条件和环境，让他们在一种安全放松的气氛中推心置腹，畅所欲言，议论风生。

领导者要重视智囊人员

为了发挥智囊人员的作用，一方面要让他们把握领导的思想、意图，把活生生的实践经验充实到领导意图中去，不断深化领导处于半成品状态的思想、意向和举措。同时引导他们把调研的面放宽一些，即培养"国际观"，须有"全方位触角"，要进行全局"扫描"，了解国外经营管理等方面的新思想、新做法，留意国际国内各种情况可能产生的影响。

领导者亲自调研很重要，应持之以恒。由于领导者工作任务重且精力有限，不可能时时、处处、事事都去调查研究，加之其知识面和个人活动范围毕竟有限，要正确决策，还必须依靠参谋、智囊人员，发挥其"外脑"作用。

古今中外凡成大业者，身边都有智囊人物辅佐。不必说齐桓公善用管仲而称霸诸侯，刘备有诸葛亮而建立蜀汉，也不必说总统、主席都有一批高水平的参谋，就是七品官也都有个师爷相助。现代领导者理当如此。一个人的精力、经验、智慧总是有限的，因而单凭一个人唱"独角戏"是不成的，光靠传统的思维方式和一种模式指导工作也适应不了艰巨而复杂的工作。

当今时代，科学决策的一个重要发展趋势是专家辅助决策。如果不懂得问计于外脑，不明白谋、断要相对分享的道理，不会充分吸纳和利用专家智库的智慧，就不可能成为具有现代头脑的高明领导者和决策者，也不可能做科学而正确的决策。

研究发展"两弹一星"的政治局扩大会议专门请了地质学家李四光和原子能专家钱三强给中央领导集体上课。毛泽东诚恳谦虚地对两位专家说："我们这些人就是要当你们的小学生。"这个情景，是当时老一辈革命家善于学习，善用外脑、科学决策的生动写照。

江泽民在一次讲话中指出："如果不征求或根本听不进大家的意见，只是凭个人或少数几个人'拍脑袋'决定问题，这样的决断就可能变成武断。"因此，必须把技术、管理专家、高手团结在自己周围，形成"智囊团""思想库"，将大脑延伸。为了发挥他们的作用，一方面要让他们把握领导的思想、意图，把活生生的实践经验充实到领导意图中去，不断深化领导处于半成品状态的思想、意向和举措。同时引导他们把调研的面放宽一些，即培养"国际观"，须有"全方位触角"，要进行全局"扫描"，了解国外经营管理等方面的新思想、新做法，留意国际国内各种情况可能产生的影响，比如扩大中的国内市场、区域内贸易的成长、人力资源的变化，在科学发展中献良策等信息。

所谓"智囊"，古代指"养士"。王安石在《慈溪县学记》中说："……于此养天下智仁圣义忠和之士，以至一偏一伎一曲之学，无所不养。"《兵法经营十谋》一书说：智囊的说法，在历史上还称为军师、谋士、幕宾、参谋、拾遗、顾问、门客等。智囊人物有周朝开国功臣吕望，汉朝刘邦时善于运筹的张子房，三国鼎立时期提出"隆中对"的诸葛先生，唐朝李世民起用的魏徵，成吉思汗时期的耶律楚材等，他们为我国智囊史增添了光彩。精英荟萃的智囊团在国外亦有很多。世界上谁都承认美国的强大，而美国的"强大"是由美国经济繁荣"制造"出来的，而经济繁荣的背后，无时不闪烁着诸如兰德智囊团等的荣光。兰德公司被称为"世界智囊团的开创者"，自1945年成立以来，平均每年都研究出三四百篇调查总结报告和选择方案。

兰德公司成立初期，曾向美国国际部提出过一份关于人造卫星初步设计的研究报告，指出："如果能把一个飞行器加速约17000英里时速，并进行正确的控制和引导，它将在地球大气上方沿着巨大的圆轨道旋转，成为一颗地球人造卫星，离心力将正好与地球引力相平衡。这种飞行器约需一个半小时就可绕地球一周……""成功地发射一颗人造卫星最迷人的方面，将鼓励人们提早考虑进行星际旅行。"然而，其时正值20世纪40年代，人造卫星的设想，仅仅是科学幻想小说作家感兴趣的东西，美国国防部官员对此并不起劲。因此，这份研究报告被长期束之高阁。直到1957年11月4日，苏联捷足先登发射了一颗人造卫星，才使美国朝野后悔不已。

半个多世纪以来，兰德公司已发展成为全能型的智囊团，不仅研究科学技术、社会学、经济等方面，还研究军事和政治方面。在中美建交问题上，兰德公司成员惠廷和理查德·索罗门经过仔细分析后，向总统提出了方案，对中美关系正常化起到了重要作用。

美国微软公司的成功在于比尔·盖茨的敏锐观察力和决断能力，也因为他拥有鲍默、哈沃德、希金斯和哈瑞特兹在内的企业智囊团。著名的美国通用汽车公司认为，智囊机构的专家意见如果有1/3被采纳应是一个有用的智囊团，一半以上的意见被采纳就是一个上乘的智囊团。

美国《外交政策》杂志刊载的一项研究报告指出，智库在国家决策中扮演着十分重要的角色，有"候任政府"之称，是总统的"创意工厂"。智库作为现代国家的外脑，在决策咨询上正在发挥着无与伦比的作用。

据《价格与市场》杂志介绍，美国行行都有顾问咨询公司。大至收购价值数百万美元的工厂，小至买蔬菜、药品，样样都要向专家请教一番才心安。

在美国《幸福》杂志公布的一千家大公司里，95％聘有顾问公司。好的顾问公司，在他们的报告书里，除了建议外，还写明他们的意见的错误率，以及你按照他们的建议所作投资的风险率。当然，他们判断越准确，收费也愈高。如美国前国务卿基辛格经营的"国际顾问公司"，每年单为国外企业分析风险，约有五千万美元的收入。

日本许多企业都有自己的智囊团，如三菱电气公司的咨询组织，为公司各所属部门提供技术预测、产品预测、市场需求预测、科研项目评价和情报服务等，成为公司中不可缺少的重要部门。正如《第三次浪潮》作者埃文·托夫勒指出：社会改变的速度越快，复杂性就越大，因而对于顾问、智囊和资料库的需求也越来越多。

在改革开放进程中，随着一批驰名策划人脱颖而出，以及典型策划案例在全国传播，咨询业得到迅速发展。企划是为企业理性决策提供按效益化原则设计的方案。规避风险和追求效益最大化是企划的两大功能。企划者的能力包括知识、技巧与创意。企划服务有许多方式，如咨询、提案、代理、顾问、培训等。不同的企业，不同的企划主题，应有不同的与"外脑""智囊"合作的方式。

若想取之，必先予之。如果只是"取"而没有"予"，就可能竭泽而渔，因而应引导智囊人员做好以下工作：

1. 抓住身边智囊人员比较了解全局、不带部门观点、各方面联系较广、具有较高政策水平以及擅长完善思路、设计方案、总结工作的特点和优势，经常向他们讲领导的思想脉络和工作意图，帮助他们确立研究题目。题目出得准，意图讲得明，工作思路研究得对，就能"谋在要害处，'参'在点子上"，收到事半功倍之效。近几年，大庆油田、辽河油田首钢等许多企业集团的主要领导多次给一些部门出题目，同大家一起调查、总结、研究。一份份报告、一套套方案脱颖而出，一个个办法、一条条妙计顿开茅塞，这些成果都及时转化为正确的决策。

领导者在日常工作中，须及时过问研究进度，出点子，提要求，不仅引导智囊人员搞具体问题调研，挖掘经验性东西，也要研究政策性问题，为领导决策提出多种可选性方案。在下基层时，应带着智囊人员跟随下去，收到及时掌握领导思路、调研效绩突出之效。召开重要会议时，应让智囊人员参加，一起切磋工作。要经常鼓励他们从实际中发现问题、提出问题，拿出解决问题的思路，与领导者保持思维与工作的同步，使他们能够"全局在胸、耳聪目明"，拓宽调研与领导决策相结合的途径，贴近领导工作的重点和难点，不断增强政策研究的应用性和可行性。

2. 在组织实施上加强指导。领导者应主动直接与智囊人员接触，把本地区、本单位长期战略性的考虑和近期工作重点告诉他们，把需要决策或需要了解的问题及时通报给他们，一起筛选论证重要的调研课题，亲自听取他们的汇报，鼓励他们反映真实情况，提倡"众人之诺诺，不如一士之谔谔"，真正做到在真理面前人人平等。如果总是听到身边人员诺诺之声，听不到谔谔之言，肯定是自己有主观武断的毛病，就应当警醒，批评诺诺者，鼓励谔谔者，重用谔谔者。

3. 在人员使用上应尽量挑选优秀干部，挑选具备领导干部和智囊人员双重素质的人。日常工作中应要求各部门提交的调研报告等材料，不要先进厂长、书记的门槛，而要让他们先交给主抓调研的办公室主任看看，帮助把把关。要提高领导者的调研成果的应用意识，尽量通过批示向报刊推荐。这是对智囊人员的劳动成果的承认，有利于激发他们的工作热情。

4. 智囊人员议大事、无大权，工作辛苦，生活清淡。领导者的科学决策凝聚着他们智慧的结晶，他们辛勤劳动理应得到肯定和赞誉。领导者对这种默默奉献的贤能之士须体贴他们的甘苦，关心他们的工作和生活，与他们成为"知己""知音"。在保留一定数量骨干的同时，应重用和提拔他们，充分发挥他们的优势和潜在能力。这样，他们就会全身心工作，"不用扬鞭自奋蹄"。

广交挚友与调查研究

> 与基层同志交朋友切莫颐指气使，须放下"架子"，尊重别人，平等待人。交朋友多多益善，最好是"谈笑有鸿儒，往来有白丁"。这样的调查研究可信度就高得多，你听到的就不仅仅是客套话和赞扬声，还能听到难得的谔谔之声和相反意见。

许多领导同志都深切感到，与素质高的基层干部和群众为友，对搞好调查研究、作出正确决策十分有益。因为多交朋友有利于广开信息渠道，了解四面八方的动态，不至于孤陋寡闻。在调查研究中，对被调查者的熟悉程度，往往与调研进度成正比。

毛泽东曾强调要和群众做朋友，而不是做侦探。"要在谈话过程中和做朋友的过程中，给他们一些时间摸索你的心，逐渐地让他们能够了解你的真意，把你当作好朋友看，然后才能调查出真情况来"。

陈云曾指出："搞调查研究有两种方法：一种是亲自率工作组或派工作组下乡、下厂，这当然是十分必要的；另一种是每个高中级领导干部都有敢讲真话的知心朋友和身边工作人员，通过他们可以经常听到基层干部、群众的呼声。后一种调查研究，有'真、快、广'的特点……在某种意义上讲，后一种调查研究比前一种调查研究更重要一些。"

多交朋友，可减少调查时的戒备心理，容易了解到真实情况，也便于在一起讨论研究，互相间可随便而不拘谨，敞开心扉，"当面鼓，对面锣"，从而增加调查材料的有用性，为正确决策提供依据。

与基层同志交朋友切莫颐指气使，须放下"架子"，尊重别人，平等待人。交朋友多多益善，最好是"谈笑有鸿儒，往来有白丁"。这样的调查研究可信度就高得多，你听到的就不仅仅是客套话和赞扬声，还能听到难得的谔谔之声和相反意见。而反面意见往往比正面的支持更重要，因为它可以使领导者察觉自己的不足，减少工作之失误。

若切实做到听取不同的意见，身边一定要有论敌式的朋友和朋友式的论敌，批评和帮助"势利眼"，莫交"甘言如饴、游戏征逐"的"昵友"，"利则相攘、患则相倾"的"贼友"，不把欲其功者当知己，莫视矫其非者为异己，这样才能保证"道义相砥，过失相规"。

宋代岭南大学者何坦在《西畴常言》中提出"交友必择胜己者，讲贯切磋，益也"。多交几个在某一方面比自己水平高的朋友，疑义相与析，问题多切磋，有益于提高自己。不少领导同志的决策正确和政绩卓著，常常是得益于比自己强的朋友。

怎样评价和运用调查研究成果

　　评价一项调研成果的两个主要标准是其应用价值和理论价值。调研成果应用的重要内容是转化为领导的决策，调研成果可以沟通情况、交流信息、协调上下左右各方关系，调动群众情绪、鼓舞群众士气。调研成果还可为学术研究提供资料，提供新的思路。

　　开展调查研究活动，目的在于帮助人们正确认识错综复杂的情况，及时作出正确决策，及时解决实际问题。调研成果的运用，是调查研究活动的最终阶段，也是整个调研活动极其重要的环节，它是调研目的之集中体现。

一、调研成果的评价

　　为了运用好调研成果，需要对调研成果的价值进行科学的评估。而要使调研成果的评估客观而科学，就要让调研成果接受实践的检验，这就需要把调研成果的评估工作贯穿于调研成果运用的过程之中。

　　（一）**调研成果的评价标准**。不同类型的调研成果，评价的重点也有所不同。以理论探索为主要目的的调研成果，其理论价值应作为评估的重点；以实际应用为目的的调研成果，应主要测定其应用价值。但是，一般而言，优秀的调研成果，应用价值和理论价值大都是兼而有之。一项以实际应用为主要目的的优秀调研成果，不仅有重要的应用价值，而且一般都具有一定的理论价值。反过来，一项以理论探索为主要目的的优秀调研成果，除了在理论上有所创新外，也会具有指导实践的应用价值。所以，应用价值和理论价值如何，是评价一项调研成果不可缺少的两个主要标准。

1. 应用价值。调研成果的应用价值包括两个方面：一个方面是调研成果对于领导决策所具有的参考意义以及调研成果转化为领导决策后所产生的社会、经济效益；另一方面是调研成果对于实际工作的直接的指导作用，以及调研成果直接用以指导实际工作后所产生的社会、经济效益。调研成果的主要评价标准是它的应用价值，即它对于领导决策和指导工作所产生的实际效果。

2. 理论价值。能否在调查研究基础上，系统地提出一些新思想、新见解、新理论，这也是评价调研成果价值的一条重要标准。以理论探索为主要目的的调研成果自不待说，就是以实际应用为主要目的的调查成果，也要通过对大量现实问题的分析、概括、研究、总结，从中找出规律性的东西，进而上升为理论观点，在理论上作出贡献。一些具有很高应用价值的调研成果，往往同时又具有较高的学术价值；反过来，一些具有较高学术价值的成果，往往实践效能也较大。

（二）调研成果的评价方法。调研成果的评价大体上有两种基本类型：一种是正式评价，一种是非正式评价。正式评价主要是指有关的领导部门或学术组织的评价。这种评价可采取鉴定、评审、验收等方式，也可以采取评奖、评比等方式。这些方式一般较为科学、严密，具有一定权威性。非正式评价是指调查者的自我评价以及群众（读者）的评价。这种方式具有随机性、适用性、方便易行等特点，在一般条件下，大量调研成果都可采用这种评价方式。但这种方式缺乏严格的定量分析和科学的定性分析，往往受调研者自身及读者评价标准的影响，容易带有一定的倾向性。一些重大调研成果不宜采取这种评价方式。

调研成果的评价方法主要有两种：

1. 直观法。它是运用领导者和集体的经验对调研成果进行评定的一种方法。这种方法一般采用会议或函询的形式，征求有关领导、工作人员的意见，在反复征询意见的基础上进行综合分析、判断。采用这种方法，一是要求尽可能把会议和函询结合起来。会议评价有助于交换意见、进行讨论，并在讨论中集中正确意见；函询评价有助于个人意见充分发表，二者结合，就能够更真实、更全面地反映每个人的意见，提高评价结果的信度。二是要求参加评定、论证的人具有一定的代表性，比较熟悉评定内容所涉及的专业或学科领域。

2. 成果效益综合评价法。即对调研成果的实际应用价值和理论价值进行综合测定与评价。其基本步骤是：

首先，编制调研成果评价变项与评价标准、等级一览表。综合测评的变项一般包括"转化为决策的等级水平""对实际工作部门的指导作用""理论水平"等内容。

其次，根据调查成果的类型设计各种变项的量化指标，确定各变项量化指标的权重系数。不同类型的调研成果，各变项的权重系数也不同。以实际应用为主的调研成果，一般以"转化为决策的等级水平""经济效益"等内容为主，这些变项所占的权重系数应大于"理论水平""社会效益"等变项。

最后，汇总各变项指标得分，进行综合评价，得出最后的评价结果。

二、调研成果的实际应用

一个以实际应用为主要目的的调查研究活动的成果，转化为领导的决策，是调研成果应用的重要方面。有的调研成果可以作为重要信息直接向领导口头传递反映，并提出解决问题的建议；有的调研成果可以编发"简报""情况反映"，直接或间接地转化为领导的决策。有的调研成果可以通过为领导起草讲话，适时地加以运用，变为领导讲话的内容，这样不仅增加了领导讲话的针对性，而且使调研成果迅速转化为决策。

此外，还需要通过调查手段，纵向和横向了解各方面的情况，运用调研成果，改善自己的工作。

调查成果往往是最新信息的载体，对于沟通情况、交流信息、协调上下左右各方关系、调动群众情绪、鼓舞群众士气具有重要作用。有些令人振奋的信息，对人们具有激励的作用；有些调研成果反映了严重问题，对人们具有警醒作用。运用调研成果，可以通过事实，回答群众普遍关心、反映强烈的问题，以增强宣传教育工作的说服力。有些调研成果，还可以通过在报纸、刊物、电台、电视台上发表、播映，产生更大的宣传教育效果。

一切理论观点、学术成果，均应来自实践。而调研成果是形成系统的理论观点和学术成果最可宝贵的资料。调研成果运用于学术研究，有助于破除那种经院式的、脱离实际的学风，有助于学术研究更好地发挥为改革开放和现代化建设服务的社会功能。调研成果可以为学术研究提供资料，提供新的思路。对于一些以应用为主要目的的调查成果做进一步的学术研究，不仅有助于提高原有调研成果的价值，而且有助于提高调研工作者理论素质和调研水平。

三、表达篇

一切大话、高调，切不可讲，讲就是十分危险的。

—— 毛泽东

提倡短文章、短讲话、短文件是当前改进文风的主要任务。

—— 习近平

调查报告的作用、特点和种类

> 调查报告对及时掌握和深入研究新情况、新经
> 验、新问题、新趋势，认清规律性东西，适时引出
> 正确决策，具有显著的功能和重大的实践意义。

常言道："万事结尾难。"人们总是希望翻过开头一座
山梁，便是柳暗花明，一马平川；实际上却常常是峰峰相
连，一眼望不到边。譬如体育比赛，后来的难度总是要更
大些，如中长跑，到最后十几步，是气喘吁吁、臀酸腿
软、艰辛而险峻的，没有很强的意志品质和身体素质，是
拿不到金牌银牌的。搞调查研究也要经历类似的过程，动
笔写调查报告的最后阶段，乃是成败之焦点。如果调查报
告写不好，调研任务就不能"毕其功于一役"。

所谓调查报告，不是春花秋月、愁绪离索的个人情感
宣泄，而是在正确思想指导下，对某一亟待解决的问题、
某一典型经验、某一重大事件或某一情况进行系统周密地
调查和认真细致地研究，揭露矛盾，总结经验，掌握规
律，提出解决问题的方向、原则、方法、措施的书面报
告。这当中，"调查研究"是形成"报告"之基础，而
"报告"则是调研成果之具体反映。

调查报告对及时掌握和深入研究新情况、新经验、新问题、新趋势，认清规律性东西，适时引出正确决策，具有显著的功能和重大的实践意义。

调查报告的一个重要特点，是用典型事实说话。调查报告与文学作品有很大差异，不依靠抒情、描写去感染人；比新闻报道更全面、更具体、更深刻；比总结报告和工作报告的反映面更广，分析更透彻；同评论文章相比，它不是靠理论思辨的力量去说服人，而是写出深入、系统、翔实、确凿、活生生的事实材料，在事实的基础上分析、评论，从中理出观点，找出规律，提出对策。

比如，《关于邯郸钢铁总厂管理经验的调查报告》（作者张志刚、贾晓方等），叙述了"模拟市场核算""实行成本否决"等具体做法和典型事例，通篇用事实说话。

再如，作者曾去鞍钢供电厂参加干群恳谈对话会，在此基础上从"注重平等讨论，摒弃'我说你服'""注重就事论理，力戒抽象说教""注重据实讲解，不回避矛盾"这三个方面写出调查报告，用典型事实说话。如："……恳谈对话中，也有少数职工带着牢骚提问题，对领导'将一军'。有名职工提出：'抗日战争时，鬼子来抓共产党，群众冒着生命危险进行掩护。现在如果共产党员遇到困难，群众能管吗？'厂党委书记当场解答说：一些党员、干部搞不正之风，有的问题还比较严重，但党的整个肌体是健康的。群众指出党内存在的问题，是出于维护党的形象和利益，希望尽快纠正不正之风，这与极少数人胡说'党是黑的''共产党已经完全腐败'，完全是两码事。真正遇到危害党的事情，群众还是要挺身而出的。"

这里少数职工对领导"将一军"，话说得直截了当，又无恶意；党委书记当即从容解答，很是精彩。这篇调查报告在《工人日报》一版作了醒目报道。

调查报告的另一特点是针对性强。调查报告主要反映政策性问题、方向性经验、倾向性苗头，提出解决面上迫切要求解决的问题之对策，明确表明自己赞成什么，反对什么，不搞似是而非和折中主义。与中心工作之进程越合拍，针对性越强，它的作用就越大。笔者曾到鞍钢一炼钢厂调研，写出《一炼钢厂坚持从严管理的调查》，就是针对当时一些干部、群众认为"实行市场经济了，不需什么从严管理"等错误倾向而调查撰写的，在不少单位引起反响。

作者和同事经过大量调查分析，将鞍钢弓矿公司党政组织对 700 名科级以上干部进行的党风廉政教育，归纳为三个方面：在结婚、祝寿、升学、乔迁等大操大办的易发期，对领导干部进行超前教育；在领导干部提拔、调动、轮换的转折处，进行导向教育；在一些干部人生观、价值观发生不同程度的退坡时，进行警示教育。这篇调查由于针对性强，得到上级领导的重视和好评，并被人民日报《大地》月刊转载（《不信清风唤不回——鞍钢弓矿公司狠抓党风廉政建设纪实》）。

调查报告的种类大致有 6 种：

1. **反映基本情况的调查报告**。这类报告系统反映某一方面的基本情况，主要是作为制定某一时期方针、政策、措施的依据。《中外管理》杂志中的《美国政府是如何管理国有企业的》调查，开头叙述美国国有企业在整个经济中约占 8%，是西方发达国家中最少的，管理方式也不同西方其他国家。然后分"美国国有企业的基本形式""政府对国有企业的管理""政府对国有混合公司的管理"三方面反映美国管理国有企业的基本情况。

2. **总结典型经验的调查报告**。这类报告主要反映现代化建设中具有榜样意义的先进经验，介绍先进典型产生的背景、事迹、效果，为贯彻落实有关决策提供具体经验，回答和解决现代化建设中提出的迫切需要解决的问题，说服力、指导性和政策性强，能起到示范作用和推动作用。

《武钢实行全面成本管理的调查》，总结提炼了武钢"全员抓成本管理""全面抓成本优化""全过程抓成本控制""全方位抓成本效益"的做法，对冶金企业实行全面成本管理起到了指导作用。

3. **推广新事物的调查报告**。它完整叙述能体现时代精神的新人、新事、新风尚、新创造等新事物产生的条件和发展过程，说明现实意义并揭示规律与方向。日本任天堂公司年人均创利润 90 万美元，打破世界纪录。《代表企业未来的"怪企"任天堂公司》这篇调查，从"令人目瞪口呆的'怪企'""'怪企'的四大特征""技术开发是打开巨大金库的钥匙"等十个方面介绍这家公司的成功之处，使人们看到了现代企业走向未来的途径和方法。《正在走俏的十大营销策略》这篇调查，用90％以上篇幅介绍了"CS 营销策略"等十大营销将走向未来的国际营销界。

4. **反映亟待解决的问题的调查报告**。它以鲜明态度和大量事实揭露工作中的问题，摆出弊害和教训，提出解决问题的办法和措施，起到发聋振聩之作用，作为领导者解决问题之依据。这类报告可用作领导内参，也可作公开发表。《决策与信息》刊登《中国大商厦的命运》，用许多事实叙述建设大商厦一哄而上、面临挑战、急需摆脱困境的状况。

5. **昭示案件是非的调查报告**。这类专案调查报告通常是纪检、监察、审计等部门通过调查某一案件后用确凿事实所撰写的，多在内部使用。

6. **考察历史事实的调查报告**。通常是对某一历史现象或历史事件的结论产生疑问时，经过重新调查而写成，反映的矛盾冲突尖锐，观点特别鲜明，给人印象深刻。

总之，调查报告是一面镜子，可从多侧面、多层次反映客观情况，是领导决策之重要依据。

怎样谋划调查报告的布局结构

作者将思路用文字表述出来，即调查报告之结构。其结构是客观事物的条理性、规律性和人们认识客观事物的条理性、规律性的统一和吻合。安排调查报告布局结构的基本原则是：服从立意，再现脉络，缜密和谐，不落俗套。

罗马朗吉弩斯说："文章要靠布局才能达到高度的雄伟，正如人体要靠四肢五官的配合才能显得美，整体中任何一部分如果割裂开来孤立看待，是没有什么引人注意的；但是所有各部分综合在一起，就形成一个完美的整体。"有些同志掌握材料后，大体上搭个架子就想一段写一段，写完上段不知下段怎么写，驾驭不了全局，吃力不讨好，最后导致大删大改，甚至推倒重来。而重视和善于谋篇布局的人，动笔前凝思苦想，吃不香，睡不实，当想出布局新颖、条分缕析、自然和谐的文章结构时，竟"漫卷诗书喜欲狂"。

关于文章的布局结构，不少写作大师都有精彩论述。如茅盾先生说："结构指全篇的架子。既然是架子，总得前、后、上、下都是匀称的、平衡的，而且是有机的。动静交错，疏密相间，看上去既浑然一气，而又曲折有致。"由此可见，结构好一篇文章，好比自然界中的机体，不能随便砍掉一部分，也不能轻易地增加某部分。实际上，它是一种如何认识、理解、处理局部和整体、分与合关系的问题。

要有好的布局和结构，首先须有开阔、活跃、缜密的思路。思路即"意脉"，就是思想的线索，思维之脉络，是作者对所调查情况的认识过程。叶圣陶说过"作者思有路，遵路识斯真"。对调查素材连贯思索、深入分析，就能得出有条理、有规律的认识。思路是结构的基础，结构是思路的外化。作者将思路用文字表述出来，即调查报告之结构。其结构是客观事物的条理性、规律性和人们认识客观事物的条理性、规律性的统一和吻合。马克思在创建《资本论》结构过程中，为了把资本主义经济的错综复杂的变化规律和内在联系反映出来，把资本主义经济主要的、基本的方面的变化及其历史发展的逻辑表达出来，曾经花费不少工夫。正如马克思所说："科学和其他建筑师不同，它不仅画出空中楼阁，而且在打下地基之前就造起大厦的各层住室。"① 恩格斯在 1867 年 8 月读完《资本论》第一卷排印的校样时，给马克思的信中说："我祝贺你，只是由于你把错综复杂的经济问题放在应有的地位和正确的联系之中，因此完满地使这些问题变得简单和相当清楚。我还祝贺你，实际上出色地叙述了劳动和资本的关系，这个问题在这里第一次得到充分而又互相联系的叙述。"② 可见，能否产生创造性思路，安排出新结构，是文章组合中的高难度的投入，是关系到文章质量的直接因素，必须反复思考，反复研究。

安排调查报告布局结构的基本原则是：服从立意，再现脉络，缜密

---

① 《马克思恩格斯全集》，第 13 卷，人民出版社，1962 年版，第 47 页。
② 《马克思恩格斯全集》，第 31 卷，人民出版社，1972 年版，第 329 页。

和谐，不落俗套。

——服从立意，就是服从服务于表现主题的需要，使调查报告的详略、轻重、大小、远近有所遵循，达到刘勰所说的"驱万途于同归，贞百虑于一致"，使千万条不同的道路通向同一目标，使千百种不同的构思服务于同一主题。

——再现脉络，即恰当地再现调查情况内部的"纹理"，而不要互不关联，通篇不畅。

——缜密和谐，即严谨周密，环环相扣，有一种层次美，不顾此失彼，颠三倒四，前后脱节；起承转合精当，行止自如；有一种自然美，防止生拉硬扯，看出破绽；完整匀称，首尾圆合；有一种整体美，切莫枝蔓太多，支离破碎；格调一致，浑然一体；有一种和谐美，决不互相冲突，前后不一。

——不落俗套，即结构的设计与谋划力求独创，标新立异，不一味模仿，更不宜照搬。曾国藩说："布局须有千岩万壑重峦复嶂之观……"郑板桥说："不拘古法，不执己见，惟在活而矣。"即结构应有创新之意，有新鲜感，让人家愿意往下看。平板的结构不好看却好写，不用花费太多的脑筋，写出来却难逃"一般化"。下面谈谈调查报告内容的层次结构。

主体部分的几种结构，应做到大而不乱，杂而有序。

1. **纵向式结构**。一般是按事物产生、发展、变化的过程始末来写，即按事情发生的前后顺序叙述，让人看后对来龙去脉有个深入、全面的了解。一般反映新生事物、昭示案件是非的调查报告或介绍人物的调查报告，多用这种结构方式。

2. **横向式结构**。这种调查报告按照调查研究中得出的结论或问题性质分为若干问题列出小标题，或用数字标明段落，互不从属，地位平等。其特点是各块各从一个方面、一个角度来论证中心论点，条理明晰、观点突出，一般适用于涉及面广、综合性强的调查报告。如，《上海汽车工业总公司开展精神文明建设的调查》，分五部分：①坚持学习邓小平理论，推动观念转变，增强精神文明建设的原动力；②坚持把加快上海汽车工业发展作为精神文明建设的出发点和落脚点，增强精神文明建设的生命力；③坚持把全面提高职工队伍素质作为精神文明建设的着力点，增强精神文明建设的凝聚力；④坚持继承与创新、改进与加强相结合，增强精神文明建设的创造力；⑤坚持阵地建设，加大物质投入，增强精神文明建设的支撑力。这个结构，使人看了条理清晰，观点突出。

作者曾到北京、上海等一些单位学习考察办案经验，整理出调查报告，从五部分论证办案谋略与技巧：①见微知著，找准缺口，主动出击；②把握心态，找准原因，政策攻心；③突出"快"字，赢得主动，速战速决；④委婉含蓄，迂回绕路，曲径通幽；⑤联手办案，优势互补，各个击破。

3. **三段式结构**。一般是把调查报告分为基本情况、成功经验、启示三大块，或分为成绩与经验、问题及原因、建议与对策，或叙述问题现状、揭示原因、引出思考和对策。这种老式写法依次递进，前后次序不能颠倒，使用频率大。如《国际贸易》杂志刊登《青岛创办独资企业的调查与思考》分三部分：一是独资企业特点，二是有待研究解决的问题，三是发展独资企业的几点建议。

4. **对比式结构**。通过对比手法给人以鲜明的启示，强烈的印象，起到肯定经验、找出差距、督促后进的作用。如《求是》刊登的《当前发挥职工主人翁作用需解决的几个问题》调查，从正反两个方面叙述，差异鲜明，令人警醒。鞍钢党校校刊刊载《对鞍钢基层党支部建设的调查与思考》，4个标题都采用对比写法，如第2个标题："鞍钢多数基层支部班子建设得到加强，但发展尚不够平衡"，这样对比强烈，差距分明，结构上也有新意。

5. **串珠式结构**。将同类性质的事实材料作为论据有顺序地排列，用主题这个主线串在一起，论证作者观点，作者一般不发议论，不提建议。这当然不是像串糖葫芦那样径直、死板地表现主题，句句不离题，中间可以有一点"插笔"，增添调查报告的变化，让人感到主题思想或明或暗，若断若续，文章时而放开，时而收拢。如《人民日报》曾刊登《职工群众是企业的太阳》，用职工评价本公司领导相信依靠群众的语言、公司领导为职工办实事等事实材料论证主题，直到结尾还列举事例，富于变化，引人入胜。

《经济论坛》刊登的《美日著名企业家的用人观》，开头便用一个企业家的话作为小标题——"在提拔我不喜欢的人时，从未有过半点犹豫"，一直到最后第8个小标题"人比资产更重要"，全文用了大量的事实材料作为依据，贯穿"用人观"这个主线。

6. **辐条式结构**。以一件事物为轴心，详尽阐述，解释具体情况。如《人民日报》刊登的《鞍钢技术改造调查》，从"国家意识""市场眼光""各方支援""效益激励"等8个方面进行阐述，看似辐条四散，其实都与走中国式改造老企业道路这个轴心紧密相连。

7. **事例详议式结构**。这种结构不拘一格，没有注重一般调查报告开头、主体、结尾的程式，而是把握调查报告用事实说话的突出特点——或既概括又具体地列举典型事实，每个事实都冠以小标题，每个事实后面都分别加以评论；或直接列出典型事例，然后从分析研究具体的事例出发，引出一段精辟的评议。如此并列排列典型事例，以主题为主线组成一个整体。如《文汇报》刊登《我们选择这样的厂长》调查报告，用职工喜欢专家型、改革型、民主型、管家型和公关型5种类型的厂长分别立题详议，有笔者一个个归纳、概括和叙述，也有职工一段段评论，恰到好处，颇有新意。

总而言之，文章有一定的理，没一定的法。上述的几种结构也不是固定不变的，互相之间有交叉的情况。觉得怎样写顺当，用什么结构最能充分表现带有自身特点的内容和主题，就怎样去写，让"内容存在于创造的构思中"（别林斯基），不必被"三个题""三段式"等一些框框束缚住。

调查报告开头应多样化，总原则应该是：使人一看开头便想往下看，定准文章基调，综合表现主题需要，有利于作者展开全文。常见的开头方式有：

1. **直接揭示主题**。如《开拓创新独具特色——攀钢企业管理整体优化的调查》开头："攀钢……以整体优化为目标加强企业管理，逐步确立了具有攀钢特色的管理模式和管理风格。"这里开宗明义，起笔点题，概括全篇。

2. **简要交代调查对象的基本情况**。写明调查范围、时间、地点，或简写调查经过和调查目的，或简写调查内容和效果。如《"严"中见真情——安钢废钢加工厂天车管理的调查报告》开头："天车，管理难，事故多……然而，笔者在安阳钢铁公司废钢加工厂见到的情况，却大相径庭。这里已连续多年未发生一起工亡、重伤事故，甚至连轻伤事故也没有。奇迹是怎样出现的呢？"

3. **截取一个场面或事件结局**。这种写法引人入胜，吸引读者。如三冶机修厂的一篇调查，把该厂领导在北京介绍经验得到好评、袁宝华与其握手这个场面放在开头写，然后写该厂经验是什么，显得紧凑集中，增强了可读性。这种写法有新意，引人入胜。

"为人重晚节，行文看结穴"（林纾）。结尾应如古庙钟声，雄浑有力，清音有余；"用意须高大深远沉着，忌浅近浮佻凡俗"（方东树）。调查报告结尾常见的有：

1. **顺势而下写到底**。一直写到底，不总括全文，也不提出任务，这种写法居多。比如《求是》杂志刊登的《靠主人在稳定企业中唱主角》，结尾仍写职工监督的事例。《中外管理》刊登的《警惕经济发展中的"幼稚病"》，从头到尾摆出 5 种幼稚病的表现和后果。

2. **归总全文点主题**。如王希文写的《联系实际学好理论，提高领导班子的思想素质和决策水平》，结尾用"调查表明"对全文进行总括，强调只有理论联系实际，"才能解决深层次问题，才能把握学习理论之真谛"。

3. **提出任务指方向**。如《求是》刊登的《一个省工业结构调整的启示》结尾写道："我们应当认真地学习、推广云南省机电工业结构调整的先进经验，共同努力，使我们的机电工业真正走上健康的发展道路。"

如何提炼调查报告主题

提炼主题，即发掘事物的本质和个性特征，是由感性认识向理性认识的飞跃。第一，必须使作者的认识、判断、评价与客观实际相一致，正确地揭示客观事物的本质意义。第二，提炼调查报告的主题，须将搜集的大量情况梳理，运用归纳推理法选择最深刻、最有现实意义的主题。第三，提炼调查报告的主题，须求新，不落俗套。第四，主题须"独一无二"、集中单一，不要贪大和面面俱到。

主题一词源于德国，指乐曲的核心。后来借用到文章写作的研究中。主题是文章的中心思想和灵魂，处于"一文之主"的地位，具有很强的凝聚力和制约力。"它统摄于文章、作品的字里行间，使繁多的材料、纷纭的思路、复杂的结构、丰富的语言、众多的意向，如百川归海、众鸟投林般地趋向一点。"[1] 思路怎么确定，布局如何谋划，材料怎样取舍，语言如何运用，都必须依着主题表现需要来确定。主题一旦调整，其他方面也相应跟着调整。

---

[1] 王东成主编：《新编写作学》，高等教育出版社，1989 年版。

如果说，选题重在发现，调查重在捕捉，那么从调查材料中揭示主题重在提炼。实践是调查报告的母亲，而总结和提炼则是它的产婆。提炼主题，即发掘事物的本质和个性特征，是由感性认识向理性认识的飞跃。怎样提炼调查报告的主题呢？

第一，必须使作者的认识、判断、评价与客观实际相一致，正确地揭示客观事物的本质意义。确立、提炼什么样的主题，绝不是事先在办公室里臆想出来的，而是源于实践，是在深入调研中对所要反映的客观事实从感性到理性、从个别到一般这样不断深化认识的结果。因此在调研和写调查报告提纲时，无论从大方面还是小方面提炼主题，都必须符合客观实际（不是片面的实际），符合党和国家在一定时期的路线、方针和政策，不应任意拔高和生拉硬拽，例子不够就胡编，导致形成的主题有虚假成分；避免把个别的说成是普遍的，把普遍的说成是局部的。

应当指出，"人之有心，犹舟之舵；舵横则舟横"。作者受主、客观条件制约，对事物认识的深度有差异。不同作者因立足点和着眼点不同，对同一种情况的判断和评价会不尽相同，甚至截然相反。这就需要作者一方面加强理论修养，提高思想认识水平，增强落实科学发展观的自觉性，对事业有执着追求，形成正确的世界观和方法论，养成实事求是地提炼主题的习惯。如反映职工疾苦的调查报告，作者平时就要与群众有深厚的思想感情，有那么一种"衙斋卧听萧萧竹，疑是民间疾苦声"的爱民之心，这样写调查报告才有正确的指导思想。另一方面须加强观察、体验、研究、分析有关情况，"拔掉"事实当中无用的"羽毛"，剔除粗糙的、偶然的、琐碎的材料，形成对客观事实的正确判断和结论。

第二，提炼调查报告的主题，须将搜集的大量情况梳理，运用归纳推理法选择最深刻、最有现实意义的主题。归纳推理是人们经常运用的一种思维形式，是由个别到一般的推理。人们对客观事物的认识，是通过实践活动，接触一个一个的具体事物，作出许多个别性判断，然后得出一般性结论。恩格斯说过，归纳和演绎，是必然联系着的，应当把每一个都用到该用的地方。归纳推理法比较容易掌握，使用频率大。

作者和同事曾到位于辽东半岛南端渤海湾的鞍钢土城子矿调研。这个矿经济效益好，矿区布局合理，环境优美，一排排梧桐树挺拔葱茏，一片片青草碧绿如茵，高大厂房玻璃明亮。一位澳大利亚的企业家参观时感慨地说："中国竟有这么好的企业！"通过初步调研，感到该矿在调动职工积极性方面、专业管理等方面都有特点。但哪方面主题最深刻、在当时最有现实意义呢？经过3天全面了解，该矿上下左右充分调动职工积极性这个主题最突出，有好多典型事例。于是写出《不信春风唤不回——土城子矿充分调动职工积极性的调查》，载于《鞍钢党委工作》。

第三，提炼调查报告的主题，须求新，不落俗套。李渔在《闲情偶寄》中说："人惟求旧，物惟求新；新也者，天下事物之美称也。文章一道，较之他物，尤加倍焉。"主题如果落入他人的窠臼，随人后亦步亦趋，就不能吸引读者、启发读者。

求新首先要立意新，莫让模式干预创意。刘勰曾说过："夫立意之士，务欲造奇"。在调研中不要因为抓到一鳞半爪、一枝一叶，就以为有了主题而急于动笔，应力求发现蕴含时代精神的新东西，力图"报告"别人尚未涉及过的问题，提出别人没有讲过的观点、对策，开辟他人没有接触过的领域，争取出现"新奇的绿洲"。

要有新意的方法之一是抓角度。同一个事物，观察的方法、角度一变，会呈现新的面貌。有些调查报告所以一般化、不新颖，原因之一是受制于思维模式的陈旧和死板，思路不活泼，不善于联想推导选角度。强调选角度同尊重客观事实并不矛盾，因为事物本身具有多面性。如观庐山，正面和不同的侧面姿态不同，可以说是千姿百态。如果避开许多人的选题和思维方式，独运匠心，多向求索，标新立异，独辟蹊径，从新角度开掘事物的一面，通过比较寻找其特征，或者研究别人没研究或研究过但没解决的问题，提出独到见解，使文章合于时代发展的脉搏，这样的调查报告就能与众不同而独树一帜。

这方面的事例不少，如一群画家为同一命题"踏花归来马蹄香"作画，唯有一人没有直描鲜花和径写走马，只在马蹄处点几只蜜蜂，侧面写意，收到新颖独到之效果。又如《陌上桑》写姑娘罗敷之美，就没写"樱桃小嘴一点点"一类，而是独辟蹊径，写"行者见罗敷，下担捋髭须；少年见罗敷，脱帽著帩头；耕者忘其犁，锄者忘其锄……"取得良好效果。

近些年有关发挥党员先锋模范作用的调查报告不少，如何搞出与众不同的、给人以新鲜醒目之感的调查报告，就需要反复思索和注意捕捉、选择新角度。作者曾到鞍钢弓长岭露天矿调研。矿党委书记陈家庚说："我矿困难多，但党员也多。我们正在开展'一名党员一面旗'活动，努力把 1600 名党员塑造成 1600 面旗帜，插遍 40 里弓矿区。"

为了把"一名党员一面旗"活动引向纵深，这个矿所属 86 个党支部围绕"一面旗"标准，引导全体党员找差距，坚持每月一次"党员自我评定""群众监督评价""党小组评旗""党支部审定""公开挂旗"等措施。一名工人党员在对照《党章》和"一面旗"标准、重温入党誓词大会上，站在党旗前，眼里含着热泪说："我入党时，党叫干啥就干啥。在朝鲜战场，我连命都豁出去了。可现在，我在政治上不求进取，在工作上懒得上进，青年工人涨工资我也有气，真对不住党啊！"从此，他有了很大转变，成为群众的"一面旗"，受到大家赞誉。选择这个角度就比发挥党员作用的一般做法有新意，于是写出《塑造一千六百面旗，插遍四十里弓矿区——弓长岭露天矿开展"一名党员一面旗"活动》调查，被《中国冶金报》采用，还配发了短评。

恰到好处地选取某一阶段工作来调研和写材料也能出新。如果已有人写出半年来这方面情况，我们就可以写一个季或一个月来的这方面情况，或某个重大决策出台、重要工作部署后的实施情况，这样的调查就有了新意。

为使调查报告有新意，还应删去"弃之可惜、用也勉强"的东西，选择保留新鲜而有个性的内容，并通过跟踪调查使之"膨胀"。如一篇调查某厂加强职工思想教育的经验，领导同志审稿时认为只有第三个做法（发挥班组政工员作用）有特点、有新意，于是删去其他做法，对该厂发挥班组政工员作用进行跟踪调查，写出调查报告，刊登在刊物上。

第四，主题须"独一无二"、集中单一，不要贪大和面面俱到。清代学者纪晓岚给一篇文章的批语是杜甫的"两个黄鹂鸣翠柳，一行白鹭上青天"的诗句。文章作者看后很得意，后来请教纪，纪说："两个黄鹂鸣翠柳，是说你的文章不知所云；一行白鹭上青天，是说你的文章不知所往"。

作为调查报告，写作之前应确定一个主题，集中讲一个问题，这不影响内容丰富，不宜"题目太大"、面面俱到。要大题小做，哪怕是一个侧面也行，这样便于调动相关联的几个分论点和事例把这个题说透，使文章中心显豁。这样写的范围虽小，是个局部，但能反映全局。如果调查材料有几个侧面，就要坚持重点论，只抓住最能反映事物本质的东西，把与之无关的舍弃。如果调查什么写什么，想告诉人家这个，又想告诉人家那个，甚至信马由缰，把与主题无关的内容也写进去，就看不出中心思想是什么，会使人朦胧如堕雾里，不知其所云，看不出作者致力点何在。比方说，调查素材是一批矿石，主题是矿石里的含铁量，就要写含铁量的情况，怎样把铁提取出来。这个意思能说透就很不容易了。如果既写铁，又写这批矿石含金量及如何提炼，内容就散乱，枝蔓横出，杂然并陈，势必弄得意多乱文。只有使主题"独一无二"和高度集中，选取的材料为中心服务，才能让人得其要领，留下深刻印象。正如作家布封所说："……拿起了笔，还要使它遵循着这最初的链条陆续前进，不使它离开链条（即主题），不使它忽轻忽重，笔的运行以它所占到的范围为度，不许它有其他的动作。"

调查报告的语言特色

语言表达也是一篇调查报告成功与否的重要因素，调查报告的语言要做到准确、精练和生动。

卢梭说："语言是思维的果实。"写调查报告，有了丰富的一手材料，深刻的主题，精巧的布局，还不能胸有成竹，必须过好语言表述关。列宁说："'文字修饰'是文章'三大要素'之一，是必须加以注意的。"刘勰在《文心雕龙》中说："然则志足而言文，情信而辞巧，乃含章之玉牒，秉文之金科矣"。这句话是在说写文章的金科玉律是思想深刻而语言漂亮，感情真实而词句巧妙。调查报告的语言要做到以下几点要求。

1. **语言必须准确**。古时某人骑马，不慎将人踏死，对方告他"跑马踏死人"，有人为被告出主意，将"跑马"二字位置对换，改为"马跑踏死人"，主犯由"人"变"马"，罪行减轻。曾国藩与太平军作战时屡次失败，他在奏章中承认"臣屡战屡败"，他的随从建议他改成"屡败屡战"，皇上看了，果然大为感动。调查报告是用来为领导决策提供依据的，"准"字最重要，如不准确，即便字字珠玑，也没有意义。"准确"，就是立定观点、叙述情况、援引数字……都要符合客观事物的性质和特点，恰如其分地反映事物本来面貌。为此，须在调研时掌握准确情况；动笔前对大小标题确定，观点、材料表述，想深想细；起草时要角度得当，逻辑缜密，用语适度，合乎语法规范。写完后，不能"文不加点，一挥而就"，而要认真修改。

2. **语言应当精练**。写文章贵在精。"世界上最好的文字，也是最精练的文字"（老舍）。这种精练的文字引人爱看且容易记住，长而空、松而散的论述令人头疼。明朝有个茹太素，应诏上书陈述时务，文章长达一万七千余字。朱元璋听到 6370 字时还不知道他想说什么，于是大怒，当众打了他一顿屁股。邓小平南方谈话时说："会议太多，文章太长，不行。"句有可削，足见其疏；字不得减，乃知其密。有的同志的调查报告夹杂着冗句、冗字，又舍不得删去，以为报告越"长"分量越重。这种冗长使最重要的、最有价值的东西淹没在平淡的文字之中，使人看了不得要领，很难抓住实质性东西。领导工作的节奏很快。作为给领导参阅的调查报告，要条理清晰，一言九鼎，讲究实用，讲究效率。

冗长的原因主要有：对事例缺少鉴别和选择，把不典型的事例如同开中药处方般按药罗列；求全求大，把与主题无关或关系不大的事例、数字写进去，显得枝蔓横生，主干不清楚；夹杂着缺乏深刻透彻理解的、没新意的议论；叙述啰唆，缺少概括，生怕别人看不懂。要使调查报告字少意多，必须杜绝上述问题，尤其在清稿前把好关，即多看几遍，删去段中之冗句，句中之冗字，有时还要忍痛割爱地整段整段地删去。当然这里也有个"度"，不是说删去越多、剩的字句越少，"含金量"越高，不能单纯以字数多少论精练。有的文稿写得短而啰唆，有的写得长却精练。这关键在于"辞约而旨丰"。读过《资本论》的人，会感到其语言有一种简洁美。写语言须精练的本文就不够简练，酷爱精练的人一定会发现。

列宁说过："只要再多走一小步，仿佛是向同一方向迈的一小步，真理便会变成错误。"古人也有遗训："凫胫虽短，续之则忧；鹤胫虽长，断之则悲。"（《庄子·骈拇》）我们追求精练应注意不宜损害文稿的自然流畅和生动感人，防止"过"与"不及"。如一篇调查中叙述职工住房紧张，有这么一段话："有名老工人家有 3 辈人，住房紧张。晚间休息时，他和儿媳的床之间，要撂下帘。"如果将后一句删去，字数虽少，但就不那么生动具体了。

3. 语言力求生动。调查报告的语言不是文学语言，不等于说可以平凡无奇，平淡无味。一语妙用可事半功倍，满篇生辉。多姿多态，长长短短，行无定势，有看三山五岳之感。

调查报告要生动活泼一些，要文采斐然，就像"石蕴玉而山辉，水怀珠而川媚"，不俗不滥，并非多用高级形容词，而是善于运用比喻等修辞手段，善于运用俗语、典故等。恩格斯《乌培河谷来信》写得很生动："……混浊的乌培河从你身旁懒洋洋地爬过，和你刚才看到的莱茵河比较起来，它那副可怜相会使你大为失望。这个地方相当引人入胜：并不太高的山峦，有的倾斜作态，有的峭然壁立，个个披着翠绿的衣装，嵌入碧绿的草地……""下层阶级，特别是乌培河谷的工厂工人，普遍处于可怕的贫困境地……但是大腹便便的厂主们的良心是轻松愉快的，虔诚派教徒的灵魂还不致因为一个儿童如何衰弱而下地狱，假如这个灵魂每个礼拜日到教堂去上两次，那就更没有事了。"[①]

在调查报告中适当引用干部和群众的语言，往往比干巴巴议论生动得多。调查报告生动，也要靠真实的、典型的事例本身的生动，尤其那些寓意深刻、令人警醒和趣味横生的事例，再有些正面反面对照，能使人阅后留下深深记忆。在《英国工人阶级状况》中，恩格斯列举和描绘

---

① 《马克思恩格斯全集》第一卷，人民出版社，1956 年版，第 493、498、499 页。

了他在 21 个月内亲身观察、直接接触的大量的生动事实，真实地反映了 150 多年以前英国无产阶级的苦难和斗争、希望和要求。再如曾获奖的调查报告《差在哪里——马钢与首钢对比剖析》（作者苏鉴钢），用对比的典型事实反映两个大型钢铁公司一个阶段的差距，使这篇调查报告生动有力。

为避免调查报告语言板滞，应重视引用群众的语言，但不是原封不动拿过来，要适当加工（保留原意）；还应当允许作者探索和运用一点超常造句，如词语的超常搭配，长短句的超常搭配，叙述的超常安排。这些句法能够出奇制胜地发挥语言功能，显示出语言的巨大生命力和扩张力，久而久之也会变成常规用法。

调查报告选文分析
——定性分析与定量分析结合的典型范例

　　如果光有理性的判断和结论，往往就可能得出不切实际的结论；如果光是大量地堆砌数据，缺少鲜明和准确的观点，就会使人看了印象模糊，不知所云。因此写调查报告要对材料进行全面、透彻地分析。

　　写调查报告如果重视定性分析而忽略定量分析，即缺乏透过事物的数量特征、数量关系、数量变化去揭示问题的实质，就容易出现以主观印象为轴看待事物、只见树木不见森林的情况。来自岳阳的这篇范例，在各个部分中都列举各类数据、数量关系，对典型比例数据进行理性的判断和分析（不是简单罗列数据），通篇找不到"大体上""基本""差不多"等词语。如，文中列举了"表三"中认为"企业思想政治工作应首先抓领导干部以身作则"的有186人，高居各看法之首位，通过对这些材料进行全面、透彻地分析，得出了切合实际、使人信服的结论，给人启示。如果光有理性的判断和结论，往往就可能得出不切实际的结论；如果光是大量地堆砌数据，缺少鲜明和准确的观点，就会使人看了印象模糊，不知所云。

下文是来自岳阳的调查报告。

一份职工群体的"心理档案"

——来自岳阳石油化工总厂涤纶厂的调查报告

（摘 要）

魏绩文　曹晓毛　尹学德　王俭生　王健

最近，我们对本厂部分职工进行了一次系统的调查，目的是想通过职工的思想现状看一看思想政治工作的地位究竟如何，寻求开展思想政治工作的新路子。调查采取意向问卷和座谈两种形式。参加意向问卷的职工共有 238 人，各种层次结构详见表一。座谈会在 13 个车间、科室举行，共 12 次，参加人数达 60 人。

表一　被调查人员的层次结构

项目	年　龄				文化程度				党团情况			婚姻		职　别				
层次	25岁以下	26—35岁	36—45岁	45岁以上	初中以下	初中	高中（包括中技）	中专	大专以上	党员	团员	非党团员	已婚	未婚	政工干部	行政干部	技术干部	常白班工人	倒班工人
人数	43	92	83	20	30	89	74	15	30	89	51	98	188	50	11	35	36	83	64

现将调查情况归纳如下：

思想政治工作的地位仍得到众多职工的承认

近几年，常听到这样一些议论："现在行政有权，厂长说了算，思想政治工作不重要了"，"有钱就有一切，思想政治工作没有用"，"政工部门可以不要"……现在情况是否真如此呢？通过调查，我们发现，上述议论是较为偏颇的，思想政治工作的地位仍然得到众多职工的承认。

请看表二：

表二　思想政治工作在您心目中占据什么位置

序　号	项　目	人　数	百分比（％）
1	重要位置	108	45
2	一般位置	100	44
3	不重要位置	9	4
4	没有位置	9	4

（回答此问题共 226 人）

从表二看出：认为思想政治工作在自己心目中占重要位置的有 108 人，占了回答人数的 48％，接近半数。相反，认为不重要和没有位置的人数总共才占 8％。

领导干部形象的自我塑造非常重要

在车间、科室与职工们座谈时，我们有一个十分鲜明的感觉：热衷议论工厂的领导干部，尤其是议论厂级领导较多。

请看表三：

表三　您认为思想政治工作首先应从下面哪一方面抓起

序　号	项　目	人　数	百分比（％）
1	职工思想观念更新	40	16.8
2	领导干部以身作则	186	78.2
3	共产主义理想教育	37	15.5
4	搞好时事政策学习	11	4.6
5	整顿劳动纪律	34	14.3

（回答此问题共 238 人，此题部分人选答了两项）

从座谈所产生的感觉和表三反映的意向，说明职工群众对领导干部的要求越来越高。表三中认为思想政治工作首先抓领导干部以身作则的有 186 人，占了总人数的 78.2％，远远多于其他看法的人数。这种集中的意向足以使我们看出，领导干部形象的自我塑造是多么的重要。实行经济体制改革，对领导干部要求不是低了，而是高了。具体看来有以下几点。

一、干群关系提到了新的高度。干群关系是评价领导干部形象优劣的一个很重要的因素。职工群众对领导干部是否深入实际，是否关心他们的生活等极为敏感。如职工在一段时间见不到领导，他们就容易产生领导干部高高在上，不深入一线的看法；球场上倘若能有一、两位领导和青年们一块打球，青年们会觉得领导关心自己。

二、模范作用仍是领导者的权威和号召力的最好体现。领导干部在职工心目中的权威，主要是建立在"威"上，即威信上。领导干部的模范带头作用处处影响职工，职工群众对领导干部的一言一行观察入微。诸如在住房、招工、行使职权等方面，稍有差池，某些人就会不加分析地对领导品头评足。某些职工对自己可以放任，对领导干部却从严要求。职工群众中的这个带普遍性的行为在客观上使我们的领导干部要处处注意自己的模范带头作用，不断增强思想政治工作的说服力。

三、经济效益的好坏，也影响领导干部的形象。今年，我们厂由于产品销售上有一定的困难，有些人就把工厂存在的所有问题全盘归罪于厂领导。当然，出现这种情况与职工群众本身看问题时的错觉有很大关系，但它使我们从中领悟到一个道理：企业效益的好坏与领导干部的形象有着密切的关系，经济效益好，自然有利于领导干部形象的塑造，反之，领导干部的形象则会受贬损。

怎样起草讲话稿才有魅力

起草一篇好的讲话稿要站在领导的高度，准确体现领导意图；要有灵活性，符合讲话人个性；要脉络相通，流畅自然，尽量口语化；语言要有文采，力求生动形象；要善于总结和概括；要合理安排讲话结构；要有严密的逻辑；要"立片言而居要"；平时要多看、多听、多琢磨。

讲话稿是调研成果的进一步延伸，是宣传贯彻党和国家方针政策的重要媒介，是实施领导、指挥、管理的重要工具，也是衡量一个单位领导水平的重要标志。特别是领导者在重要会议上的讲话，一般都是郑重地代表一级组织，具有很强的权威性和指导性。

讲话稿有魅力，吸引人，很重要的一点是体现出好的文风。2013 年 1 月 1 日辽宁日报评论员文章认为，我们倡导的优良文风，是那种"沾着露珠"、有血有肉的文字。简单地说，一要短。力求简短精练、直截了当，要言不烦、意尽言止，观点鲜明、重点突出。坚持内容决定形式，宜短则短，能短不长。二要实。讲符合实际的话不讲脱离实际的话，讲管用的话不讲虚话，讲反映自己判断的话不讲照本宣科的话。三要新。在研究新情况、解决新问题上有新思路、新举措、新语言，力求思想深刻、富有新意。

有人曾问美国第 28 任总统伍德罗·威尔逊："准备一份 10 分钟讲稿，得花多少时间？"他回答："两个礼拜。"那么，怎样写讲话稿才有魅力呢？

1. **要站在领导的高度，准确体现领导意图**。要进行俯视式的宏观思维，在立意上体现"领"与"导"的作用，造成那种高人一筹的气势；在内容上必须是关系到全局工作，反映全局面貌，推动全局发展，而不要就事论事，不要讲一些没有典型性的"碎"事例。为此，必须提高运用马克思主义的立场、观点、方法观察分析和解决问题的能力，加强学习研究党和国家方针政策，从方针政策上去分析本企业的客观实际，做到既要熟知大政方针并善于融会贯通具体运用，不削足适履，不唯上唯书，又能够从纷繁复杂多变的企业实践中抽象、概括，抓住起主导作用的东西，抓住有特征的方面，上升到理性高度，反过来指导实践。换言之，写讲话稿，不是将理论原则、上面领导系列讲话内容，同下面实际的东西机械组合，或曰套到实际之中，而是将上面精神同提炼基层实际情况进行有机融合。在正确掌握上面精神后分析实际得出的概括性结论，才有分量而不空泛，有个性和可操作性。

如果由下属协助起草讲话稿，首先要懂得不是秀才做文章，而是要站在领导者的高度。因此最好请领导（讲话人）谈讲话思路，如要讲几个什么问题，有哪些要求，弄清讲话的背景、场合、对象，把领导意图同上面的指示精神、文件要求、本单位实际情况结合起来领会。由于领导交代意图一般是粗线条的，所以，还应翻阅过去领导同志类似的讲话稿，到有关部门了解一下有关工作进展情况、存在问题，然后连贯起来思索，进而谋篇布局，选择材料，动笔起草。

由于讲话人直接提出讲话思路，容易解决写什么与讲什么脱节的问题，因而起草者心里就踏实些，写出后就好通过一些。因此作为讲话人不可忽略提供思路，包括主要的观点、意见和办法。

如果领导没交代意图和"路子"，就应回想和搜集在这一方面讲过哪些原则、意见（包括零散的），再找些有关讲话材料。搞些调查研究，然后联系实际情况进行宏观思考和综合分析，最后形成文字。

有时部门同志没能准确掌握和体现领导真实意图，交稿后领导不尽满意。为了改变这种状况，平时就要留心捕捉领导经常想什么、关注什么，随时记下有价值的言论，并注意研究论证领导处于半成品状态的思想或决策，欠深刻的予以开掘，欠完整的予以充实，欠条理的予以梳理归纳。这样在写时就会心里有底，得心应手。

领导干部对重大问题的思考、对工作的创新，不可能一步到位，需要有一个实践——认识——再实践——再认识的过程。与领导一起研究材料时，要注意把领导谈话中的最新闪光点记下来，因为这个闪光点很可能是领导对某个问题思考的突破。

可以先理出一个框架或提纲，与部门同志商议，或送交领导审阅，或当面汇报。领导边看边思考，能修改的随即修改，能确认的当场确认，这样有利于体现和把握领导的意图，提高讲话稿的成功概率。

2. **要有灵活性，符合讲话人个性**。没有个性就难以让人留下深刻印象。领导讲话要注意形成自己的讲话风格，避免千人一面。李瑞环的讲话和文章之所以精彩，一个重要因素是"每每彰显其个性，新鲜活泼，睿智深邃，充满了思辨色彩和辩证法的光泽，与一些八股式的陈词滥调、空泛无物的老生常谈形成鲜明对照，令人拍案叫绝"。

讲话稿常常要串插讲话人自身的感受，即写进"我"的所见所闻所感。董建华在举世瞩目的庆祝香港回归时的讲话，没有一句官话、套话，从中可以感受到一种清新的气息。他说，我跟香港市民一样，不是匆匆过客。"我们的家庭，我们的事业，我们的希望都在香港。对她，我们都有一份深情和持久的责任。我知道你们共同关心什么，大家迫切希望解决的是什么……"讲话稿让人感到可信、可亲、可行。

起草讲话稿时要特别抓住领导最熟悉、最得意，又有指导意义的问题，想深写透，成为讲话稿中最精彩之笔。起草时还要符合讲话人的身份、阅历、文化水平、知识结构和平时的讲话风格。有的喜欢列举横向同类事例；有的爱用以往事例论证；有的善于用很多数据说话；有的爱引经据典，理论色彩浓，析理深透；有的喜欢运用群众的大实话、顺口溜、歇后语，讲得朴实简练、直言快语；有的喜欢有板有眼，掷地有声；有的喜欢行云流水，娓娓道来；有的喜欢幽默风趣，点滴入神。起草时必须因人而异，考虑讲话人性格特征和语言特色，多用他们的习惯语言和句式，这样容易使领导认可和采用，使听众感到言如其人，没有文秘人员斧凿之痕迹。

3. **要脉络相通，流畅自然，尽量口语化**。无论是总结工作，还是部署任务，要避免大观点管不住小观点，小观点不说明大观点，不要在文中突然冒出一块，有一种硬塞的痕迹。要写得像平时说话一样，语气自然，节奏明快，气势顺达（也要注意不宜把重要事情写得很随便）。不要用长句子，发现有多层意思的长句子就断开。工作报告、重要讲话、祝词、贺词，或对文化层次较高的人讲话，可适当使用书面词汇，显得庄重；一般性的讲话稿，发现书面语和文言词应换为口语词汇。不要用单音节的词和容易听混的同音词，少用或不用倒装句、倒装词组。为了突出重点和加深人们印象，有些意思和词句可适当重复。

4. **语言要有文采，力求生动形象**。刘勰在这方面讲了一段既透彻又精彩的话："傍及万品，动植皆文：龙凤以藻绘呈瑞，虎豹以炳蔚凝姿；云霞雕色，有逾画工之妙；草木贲华，无待锦匠之奇；夫岂外饰，盖自然耳……夫以无识之物，郁然有彩，有心之器，其无文欤？"大意是，推而至于万物，无论动物植物，都有其文采。龙凤凭着鲜艳的鳞羽呈现着瑞色，虎豹凭着斑斓的纹彩构成了英姿。云霞的颜色，其美妙超过了画家的点染；草木的花朵，其绮丽不必依靠织锦工人的加工。这些难道是人为的粉饰么？只是自然的文采罢了……无知的物类，尚且斐然成章；有感情的人类，难道就偏偏无文吗？[1] 我们有些领导讲话是"干巴巴说教，死板板总结，响当当口号"，缺乏感染力、感召力，职工就会有一种厌烦情绪。改变这种状况的重要途径，就是尽量使语言有一点文采，用一些生动活泼、有表现力的语言，这样才能有感染力，才能启人心智，发人深省，催人奋进。

一是要运用贴切的比喻。比喻能使抽象的道理具体化，概念的东西形象化，是个非常实用的讲话技巧，也是职工喜闻乐见的语言形式，具有明显优势和独特魅力。它"像童话中的魔棒，碰到哪儿，哪儿就产生奇特的变化；它也像是一种什么化学药剂，把它投入浊水里面，顷刻之间，一切杂质都沉淀了，水也澄清了"。

许多伟人在讲话中精心运用比喻，使精辟论述同形象描绘浑然一体，从而产生理想的宣传效应。列宁在向苏联广大工农群众演讲时，就把资本主义比作一具已经死亡、但还在腐烂发臭的尸体。这个比喻既尖锐深刻又让人印象深刻。

毛泽东在《论持久战》演讲中，用"路遥知马力，事久见人心"做喻，来阐明"没有正规战争那样迅速的成效和显赫的名声"的游击战争，会在长期和残酷的战争中"将表现其很大的威力"这一英明预见。据不完全统计，《毛泽东选集》（1－4 卷）中单成语、典故就有 150 多个，可见毛泽东是引经据典、善譬博喻的大师。

李瑞环在讲到工作要分主次、抓重点时，说："要把所有的事都找出来，分分类，排排队。不加选择，眉毛胡子一把抓，核桃栗子一齐

---

[1]　赵仲邑译注：《文心雕龙译注》，漓江出版社，1985 年版，第 20 页。

数，其结果必然是螃蟹吃豆腐，吃得不多，抓得挺乱。"在强调解决老百姓吃饭问题的极端重要性时，他说："许多事情我们可以讲一千个理由、一万个理由，但老百姓吃不上饭，就没有理由。'民以食为天'，'饭'字半边是'食'字，半边是'反'字，没有食就会反。"在讲到正确看待别人的优缺点时，他说："不应该把别人的缺点拿来和自己的优点比。乌鸦和凤凰比屁股，都是那么脏，为什么不比翅膀，看谁好看？"

鞍钢总经理在干部大会上曾讲到近期技术改造要停一批、缓一批、保一批、上一批时，用喻贴切而生动："鞍钢这个战略是什么战略呢？我来形容一下，咱们前锋是建设公司，设计院是后卫，他们一起抢干了1个宽厚板，就等于投了1个3分球。鞍钢今年干这么大的工程不得了，现在必须赶紧收缩打位置，前锋、中锋、后卫站好，不然我们要丢分……"

鞍钢党委书记《在鞍钢学雷锋大会上的讲话》，多次用喻，增强了讲话的生动性和表现力。如"……雷锋活着，不是为了贪图安逸，不是为了金钱，他对人生的目的有着像东海升起的旭日那样辉煌壮丽的境界，正像他自己说的：'……活着，就是为了使别人过得更美好。'不管生活和工作条件多么艰苦，不管走到哪里，他对这种共产主义'完美的理想'之信仰，始终像翠竹咬住青山一样，义无反顾，永不枯萎，四季常青。"

由此可见，语言的生动形象，足以打动读者的心弦。这正如茅盾先生所说：我们要掌握高度的（语言）技巧，既能以金钲羯鼓写风云变色的壮丽，也能用锦瑟银筝传花前月下的清雅；揭露敌人，须针针见血，歌颂英雄，应字字珠玑；文气既要能像横槊据鞍，千人辟易，也要能像岁时伏腊，欢腾田野……

二是要运用幽默的语言。适当使用幽默、风趣的语言是改变讲话稿枯燥、晦涩、无趣的好办法。因为幽默语言借助于想象，机智而巧妙地运用引人发笑的技巧，既矛盾又协调，既在意料之外又在情理之中，使听众领悟到其中蕴含的智慧和哲理，在笑声中得到启迪，让人们感受到讲话人的温厚和善意，感受到并不丧失原则的宽容和平等待人，使其观点变得容易让人接受，又能使讲话的气氛轻松、活泼。增添幽默感的语言可以运用比喻、拟人、夸张、双关、借代等方式，也可用漫画式的描写。

毛泽东当年对那些刚愎自用、脱离群众的领导干部，通过幽默、诙谐的话语进行了善意的批评："我们现在有些第一书记，连封建时代的刘邦都不如，倒有点像项羽。这些同志如果不改，最后要垮台的。不是有一出戏叫'霸王别姬'吗？这些同志如果总是不改，难免有一天要'别姬'就是了。"这段话可以说是"字字珠玑，句句精彩"。

毛泽东在《论持久战》中善意地讽刺那些空谈家："最后则是事实先生跑将出来，给这些空谈家一瓢冷水，证明他们不过是一些贪便宜、想少费气力多得收成的空谈主义者。"这样幽默的话，运用得及时、适度、庄重，既风趣，又不失高雅，就像一串爆竹，一点就响，一讲就笑，在意在不言中的笑声中自然地受到一种容易接受的恰如其分的批评。此外，善于运用俗语、谚语、顺口溜等群众流传的语言，也会使语言生动幽默、风趣。

三是要有真挚的情感。起草讲话稿还应在字里行间流露出一种激情和鼓舞力量，包括一些议论性文字也可以饱蘸激情，以引起与会者共鸣，受到激励。

《领导科学》有篇文章记叙了温家宝的讲话之道：一个成功的领导往往会把对人民群众真挚、深厚的感情融入讲话中。他的讲话之所以每每让听者为之动心、为之动容，就是因为遵循了这一讲话之道。2003年12月9日，面对600多名美国商界、政界名流，登台演讲的温家宝曾这样介绍自己："我是很普通的人。母亲从小就教育我，对人要真实、真情、真挚、真切。一个人如果做到'四真'，就达到了很高的境界。"

"真"是温家宝恪守的人生准则，真情、温情似乎成了他讲话的标志。"苟利国家生死以，岂因祸福避趋之"，"为什么的眼里常含着泪水？因为我对这片土地爱得深沉"，这些话都是他发自内心的感悟，能让人感受到一种披肝沥胆的真诚。"'谁言寸草心，报得三春晖。'我深深地爱着我的祖国和人民，我会和大家一道，为建设一个富强、民主、文明的现代化国家而献出自己的一切，以至生命！"当温家宝以此作为向华盛顿侨学界真情告白的结束语时，会场内先是短暂的沉静，继而400多名华侨华人和留学生全部站起来，报以最热烈的掌声。

东北电力总公司总经理《在鞍钢集团成立大会上的讲话》，就很有激情："鞍钢是个光辉的名字，鞍钢功绩名扬海外。它为共和国的恢复建设、为社会主义事业的发展做出过卓越的历史性的贡献。鞍钢是中国工人阶级的骄傲，有着光荣的传统……"

5. **要善于总结和概括**。《现代领导艺术全书》认为，讲话稿、工作报告精辟简练，不拖泥带水，关键是学会概括，善于把大量琐碎的事物，用高度凝练的语言，概括成简短的话语。不会概括，写出来的文章、讲出来的话，就显得平铺直叙，就像记流水账，给人的感觉是零碎，层次不高，缺乏深度。

2011年9月1日习近平在中央党校秋季学期开学典礼上的讲话《领导干部要读点历史》，高屋建瓴地把几千年的中国历史作了高度浓缩概括，简洁鲜明地阐述出来，条理和层次清晰，非常精炼，概括力极强。

实践证明，越善于总结和概括，越能体现讲话的全面性、思想性和原则指导性。这里"观点加例子"不宜多，简单地罗列事例不可取，而应通过对事实的归纳综合和具体分析，揭示事物的内在意义和基本道理，达到"理性"高度。换言之，要在概括中有具体，在具体中有提炼，做到概括而不空洞，具体而不啰唆。要不断探求事物本质，对事物事件进行多面观照、主体分析、正反比较、引申推断；要用那些在大量材料的基础上通过概括之后，能抓住事物的主体和本质特征的事实；要用那些经过科学分析和提炼加工后得出来的概括的数字；要用那些经过提炼加工、用简短文字反映客观事实的本质的语言。只有这样，才能把工作总结概括得好，把话说"到"，说在"点子"上。东北电力总公司总经理《在鞍钢集团成立大会上的讲话》，特别善于概括，做到了既概括又不空泛："鞍钢是鞍钢人的鞍钢，也是全国人民的鞍钢，著名的孟泰精神和'鞍钢宪法'曾指导中国工业企业的前进之路。"

6. **要合理安排讲话结构**。讲话稿的结构的要求不尽相同，有的常用横向展开式，在一个主题下并列讲几个问题，全文有条主线穿着；有的常用纵向掘进式，围绕一个主题，分成几个题目，逐一递进；还有的常用一贯到底式，按照要表达的意思将讲话稿分成若干个自然段，一层一层讲下去。

这些结构各有所长，但讲话稿的结构不能复杂，一复杂听众就会听乱套，比如，有的领导讲话时讲，"我现在讲第一个大问题的第二个方面"，"第三点要求的第五个事项"，听起来就很乱。

起草讲话稿时，章与章之间、段与段之间、每个层次内部，都要尽量少用数字划分，可以借助承接词、标点符号和字体变化来区分，使人读起来、听起来有一种气贯长虹的气势。

为了使讲话吸引听众，一般要在开头点明要讲几个什么问题，然后回过头来按顺序讲。要把最重要的内容放在前面讲，一般的放在中间，次要的放在后面；或者把群众最关心的问题放在前面讲，然后再讲职工不太关心的问题。这样能使群众在你讲话的开始就注意听、感兴趣，等到精力不够集中时也讲得差不多了。

7. **要有严密的逻辑**。有些领导讲话中通常出现的毛病是逻辑混乱，层次不清，前后重复，冗长拖沓。主体部分的每个层次或部分都有相对完整的独立性。不同的层次或部分的意思不能基本相同，也不能部分相同。否则，就会出现前后重复的现象。这就要求在讲话中对相同或相近的问题，要集中放在一个层次中讲，不要分散在几个层次中说。

各层所表达的意思虽然不同，但都是从不同的角度说明总论点或主旨的，不允许有与总论点或主旨相抵触、相矛盾的层面存在。

严密的逻辑还表现在层意逐步深化，表现出一种由分析到综合，由现象到本质，由表及里、由近及远、渐进发展的逻辑关系。如果违背了这些逻辑顺序，就会给人"乱"的感觉，直接影响讲和听的效果。

8. 要"立片言而居要"。一篇讲话里能有一两句话讲得精彩而独到，就能使通篇讲话生辉。"立片言而居要，乃一篇之警策"，是晋代陆机提出的，大意是，在文章中把一句或几句话放在最重要的地方，就成了精彩动人、发人深省、催人奋进的警句。这样精彩的语句是全篇讲话的中心之所在，是讲话人思想之精髓，一般放在讲话稿的开头，或中间，或尾部，"在篇首则后必顾之，在篇末则前必注之，在篇中则前注之、后顾之"。

9. 平时要多看、多听、多琢磨。我们有些讲话稿内容平淡、文字粗糙，与起草的同志长期处于忙碌状态、光"放电"不"充电"有关，因此应挤时间学习，注意多方面掌握实际情况。特别要注意多收集多看党和国家领导人以及同类型单位的精彩讲话稿，多听领导者即席讲话或半脱稿讲话，慢慢就会悟出讲话稿的"轨迹"，就能够借鉴他们的语言风格，熟练、恰当地引用他们的言论，有助于增强讲话的说服力和感染力。看到一些好的观点、著名的论断、好的词语、好的句式，不妨及时记在卡片上；对报刊上有用的、又没时间摘抄的讲话稿，可以剪裁下来贴在本子里或装入纸袋。一旦写东西时翻阅一下就可能用上一些，或"悟"出一些道理来。

写讲话稿是一大苦差，常常来得急，要求高，需熬夜。然而只要留心掌握其方法，并反复实践，就一定能够越过湍急的河流，到达成功之彼岸。

起草有分量的会议报告

> 起草会议报告要具备两个基本条件，一是"吃透上头"，就是深刻领会党的方针、政策和上级机关的指示精神。二是"摸清下头"，就是深入基层，调查研究，全面、具体地掌握情况。

会议报告，是指党政机关和企事业单位领导同志在会议上向代表们所作的报告。如：一级党委向党员代表大会所作的工作报告，各部门、各企事业单位年终工作总结会议上的工作报告等。会议报告应用比较广泛，虽然不属于公文，但是一经会议通过或以正式文件下达，就具有了约束力和重要的指导作用，同样成为进行工作或检查工作的基本依据。

会议报告，一般都是以领导者个人名义出现的，它有其自身的特点和要求。按照文件规定，领导者个人的重要讲话、报告要亲自动手起草。所谓亲自动手，主要是指领导者开动脑筋，提出报告的基本指导思想，包括主要的观点、意见和办法，并亲自斟酌报告的内容和文字以及最后亲自负责修改定稿。有些会议报告，特别是代表一级组织所作的一些全面的、比较重要的工作报告，就不是一个人所能完成的了。比如，报告的指导思想、内容，需要由报告人和领导班子的其他成员共同讨论决定；贯彻上级机关的重大原则问题，要请有关部门参与讨论，提出意见；涉及经济决策的，要请专家、技术人员讨论分析。报告初稿形成后，由领导班子集体讨论修改，吸收有关部门的意见；报告讲完以后，要请代表们讨论修改；以正式文件下发以后，还要注意听取贯彻单位的意见，发现与实际情况不符及时作出修改。这样，经过许多人共同努力，才能形成一个比较好的报告。

起草会议报告要具备两个基本条件，一是"吃透上头"，二是"摸清下头"。

所谓"吃透上头"，就是深刻领会党的方针、政策和上级机关的指示精神。上级的指示，是基层单位工作的指导思想和基本依据。要写出有思想性、理论性，对本地区、本部门、本单位有指导意义的报告，必须反复学习、理解、消化上级的指示精神。上级的指示多是带有普通意义的原则性指示。只有把中央或上级的指示和本地区、本部门、本单位的实际情况结合起来，才能提出贯彻执行指示精神的具体意见和办法。会议报告应当具体地体现这种结合，一个报告如果不能切实地解决本地区、本部门、本单位的实际问题，也就失去了指导意义。

所谓"摸清下头"，就是深入基层，调查研究，全面、具体地掌握情况。一篇带有指导性的会议报告，总要提出问题、分析问题、解决问题。这就要求起草者了解上级的指示和自己这里的情况，有什么成绩、经验，有哪些缺点、教训，只有把这些情况搞清了，才能动手起草会议报告。

会议报告没有固定的写作格式。一般常见的会议报告有两种，一种是总结、布置工作的报告；一种是专业会议或者全面工作会议上的专门问题的报告。

总结、布置工作的会议报告，比较常见的结构大体是：首先，分析工作形势，总结经验教训；其次。明确今后任务；第三，阐明完成任务的方针、政策；最后，对下级或者干部、群众提出要求。专门会议、专门问题的报告与上一种报告在结构上有相同之处，一般都在开头部分分析形势，然后讲清任务，交代方针、政策，不同之处在于它议题集中，几个部门紧紧围绕一个问题阐述。

为了使会议报告更加条理清楚，在每一大部分中，可以用"一是、二是、三是、四是"或"首先、其次、再次"来划分，尽量不要重复使用。恰当地运用序码来划分层次，不仅给人留下条理清楚、层次分明的印象，而且能够加深理解，便于记牢。当然，运用序码排列层次不可太多、太乱，千万不能用"一、二、三"，套中"（一）、（二）、（三）"，再套小"1、2、3"，这样容易造成听觉上的混乱，弄不清"辈分"，不利于准确理解和记住会议报告的内容。

总的看，各种类型的会议报告结构形式不同，就是同一类型的会议报告结构形式也不尽一致。会议报告是内容与形式的统一，内容是第一位的，形式为内容服务。

结构形式确定下来以后，应首先编写一个报告提纲。提纲有粗纲、细纲之分。粗纲，即用少量文字简略地显示出报告的层次、各部门的主要观点和所需要的材料，勾勒出报告的大体轮廓，在作者起草报告时起提示作用。细纲，则不仅描述报告的轮廓，而且详尽、具体地把观点和材料充填到结构中去，把报告的每个部分、每个段落的内容，尽量用准确的文字阐述出来。报告的形成过程常常是由粗纲到细纲，再由细纲形成初稿。编写提纲的过程是锤炼观点、组织材料、调理思路、斟酌字句，使报告逐步完善起来的过程。在这个过程中，可以发现原来设想的结构中不妥当的地方并及时修正，以免在起草报告时遇到阻力，徒劳往返。所以说编写提纲是起草会议报告必不可少的环节。

会议报告的主体部分具体讲什么，怎么讲，讲到什么程度，要根据会议的性质和任务来确定，应当紧扣开头语提出的议题或主旨，展开具体的阐述、分析、论证。既要有深刻的理论分析，又要有典型具体的事例，从多方面、多角度，透辟地阐明报告的主旨。应该像元代乔梦符所说，一篇文章应像"凤头、猪肚、豹尾"那样。主题部分就是"猪肚"了，应该饱满充实。

由于会议报告既是一种书面文字材料，又可做口头宣读之用，所以它在语言上有着自己的特点。首先是口语化，句式宜短小，避免使用生硬的、不常用的语言和逻辑性很强的句式。其次是夹叙夹议，叙述情况简洁明了、重点突出，阐述观点准确中肯、画龙点睛，具有高屋建瓴之势，给收听（看）报告者以启发与指导。再次是语言应朴实无华而又生动形象，可以通过生动的比喻或引经据典来议论事物、说明观点，以使报告更富有感染力和表现力。

拿出有指导性的典型经验

集体典型经验的写作要注意有典型意义、有过硬事例、有令人信服的效果、要注意交代这些经验产生的背景。个人典型经验的写作要抓住最突出的事迹或最突出的经验；要注意把先进的事迹和先进的思想结合起来。写典型经验材料一定要实事求是、掌握分寸、有现实感。

经验，是专门用来介绍工作经验和先进事迹的一种文字材料。经验介绍不是正式文件，但是也有一定的指导作用，是一种参考性文件。有时它是会议文件的一部分，有时它被作为"报告"送给上级，有时上级机关在它上面加上批语或按语，变成批示、通报。经验介绍对上级来说，具有以点代面反映工作进度与深度的作用；对下边来说，具有引路、示范和统一思想的作用。

一、典型经验的种类

按照经验交流会、表彰先进大会、先进事迹报告会等的要求，典型经验材料大致有以下几种：按范围来分，有集体的典型和个人的典型。集体的典型经验的范围比较大，涉及面比较广；个人典型的范围只限于介绍个人在某个一个方面作出的突出成绩、先进的思想或事迹，以及取得的经验和得出的体会等。

按内容来分，有比较全面的典型和专项的典型。一般来说，比较全面的典型经验总结在数量上不宜多，应提倡更多地总结专题、单项的、一个方面的工作经验，或某个方面的一个侧面。如一个有创新精神的好的做法，一个对别人有启发的好的指导思想，一项工作中确有突出效果的措施，一个有借鉴作用的深刻教训等。这样做既符合实际工作状况，又能把最突出、最精彩、最能够给人以启发的经验突出出来，起到引路和示范的作用。

按性质来分，有正面的典型和反面的典型。在一般情况下，总结和介绍正面的典型经验比较多，但我们不能忽略总结反面的典型，有时反面的典型经验能够起到特殊的作用。

二、典型经验的写作

典型经验材料的种类比较多，各种典型经验材料的写作既有其共同的要求，又有其不同之处。这里着重介绍两种最主要的典型经验材料的基本写法，以窥其写作之一斑。

（一）集体典型经验

写作这类集体典型经验材料时，要掌握以下几个要点：

一是有典型意义。这一点非常重要。在写作集体典型经验之前，首先要考虑为什么要介绍这个集体典型、它的经验是什么、这个经验有没有典型意义，这是写好集体典型经验材料的关键。一般来说，集体典型经验都应有高人一等的做法，能提出一些给人以启示的思路，能给人一些真正解决实际问题的经验，这是在写作集体典型经验材料中首先应该注意的问题。

二是有过硬事例。集体典型经验材料不仅要提出好的思想、有效的做法和新鲜的经验，还应该有过硬的事例来加以衬托。

三是有令人信服的效果。好的经验应有好效果作为佐证。介绍一个集体典型经验，尽管说得头头是道，如果没有好的效果，还是不能说服人，这就必然会降低经验的可信程度。

四是注意交代这些经验产生的背景。其主要目的是说明这个典型经验的普遍意义。有的典型是在特定条件下出现的，本身就很特殊而没有普遍性，即使经验再好，别的单位也没有条件学，人家就不会感兴趣。有的典型是吃了"偏饭"的，因而在某些方面的成绩比较突出，这样的典型也缺乏说服力，别人会不服气。因此，把典型经验产生的背景交代清楚是很必要的。

（二）个人典型经验

写作集体典型经验材料的四点要求，对于写作个人典型经验材料来说也是适用的，这是两种典型经验材料写作要求的共同点。个人典型经验材料的写作还有一些特殊的要求：

一是要抓住最突出的事迹或最突出的经验。一般地说，很多先进人物在工作、生产、学习以至生活等各个方面，能严格要求自己，表现得都不错。在写作这样的先进个人典型经验材料时，就要注意选择，通常是根据不同会议和不同场合的需要来选择写作主题：凡是在专题的或专业的经验交流会或表彰会上介绍个人典型时，都要围绕会议的中心议题和要求突出一个重点。比如，召开的是推广应用新技术的会议，就要突出介绍先进人物在钻研的新技术、搞成的发明创造或技术革新、热心传授技术或培养人才方面作出的成绩，至于这个先进人物其他方面的突出事迹，就应该少写或不写到典型材料中去，因为这些内容同这次会议的主题无关。在综合性的会议或表彰会上介绍个人典型时，对先进人物的事迹介绍也要有所侧重，不然，势必冲淡最突出的事迹或经验，不利于写好个人典型经验材料。

二是要注意把先进的事迹和先进的思想结合起来。先进典型人物有一个鲜明的特点，不仅事迹是突出的，往往在思想境界、精神面貌方面也是突出的，这正是先进典型人物能够作出突出成绩的思想动力，在写作时绝不能忽视这一点。只有写出了先进思想，才能使先进人物的形象丰满，才能更深刻地感染人，使人从中得到启发和教育。

三、写典型经验材料应注意的问题

（一）**一定要实事求是、注意真实**。写作任何非文学性的文章都有个实事求是、注意真实的问题，对先进典型经验材料的写作来说，这个问题更具有其特殊的重要意义。一般地说，人们对先进典型都是比较注意、重视的，有的人甚至用挑剔的眼光来看待先进典型。在写典型经验时，一定要注意实事求是，写出的材料一定要真实可靠，既不要把有说成无，也不要把无说成有。先进典型在某件事情上所起的作用是多大就说多大，既不要夸大，也不要缩小；先进典型作出的成绩是多少就说多少，既不要添油加醋，也不要把别人做的好事记到先进典型的账上。否则，其结果只能会适得其反，给先进典型抹黑。

（二）**要注意掌握分寸**。在各种会议上介绍的先进典型经验材料，一般都是用第一人称，就是自己讲自己，这就需要特别注意，既要把自己的先进事迹、先进思想和先进经验介绍出来，又不能使人听后感到你是在自吹自擂，引起反感，因此在写作时一定要掌握好分寸。一是用语要谦虚，不要教训人的语言，不要给自己加一些不适当的形容词；二是不要贬低别人，不要同不如自己的人作对比。

（三）**要有现实感**。写出的先进典型经验材料不要使人产生高不可攀或者没法学的感觉，应该把典型本身写成既是先进的，又是别人经过努力也能够做到的，这样的经验才会有学习和推广的基础。

简报一定要少而精

写简报，要认真研究本单位在贯彻执行党的方针、政策、上级指示中出现的新情况、新经验、新问题。简报内容务必单一，问题集中，这能使阅读者得到鲜明的印象。撰写简报要注意纲目要明，选材要精，反应要快，文字要简，事实要准。

封建臣僚上奏章，奏章前面所附的摘要即"引黄"。古代的"引黄"可以看作简报之雏形。简报通常对上不做请示，对下不做指示，只是通过迅速刊载工作中的新情况、新问题、新经验，达到对上反映情况、对下指导工作的目的。

简报像个"筐"，经验、问题、对策等都可往里装。简报是个统称，实际上它的名字多种多样，比如："××情况""××动态""内部参考"等。从类型上说，有反映日常工作情况的长期性简报；有针对某项工作、某项任务办的专题简报，如"大修简报"；有反映某些重大会议进行情况的会议简报。在发展市场经济条件下，要认真解决一些简报质量差的问题，对无指导作用的内刊简报应砍掉。

一、简报的结构形式及写作方法

标题最先映入读者眼帘，给人以第一印象。因此，须高度重视，使之达到灵活、多样。好的标题会一下子把人吸引住，使人耳目为之一爽，大有先睹为快之感。写标题的方法可以直接表述文中主要内容，如《××总厂四加工车间工人劳动纪律十分松弛》《从一个党支部书记的工作纪实看到的几个问题》。可以用上下两行标题（主标题和引题），如一篇简报标题：《大少爷作风的写照——记卫生系统的反浪费展览会》。可以用提问句引起读者的悬念，吸引其读全文；也可以用比拟和诗句作标题，更加生动、形象、活泼、风趣。

正文的内容怎么写呢？最关键的是要抓准问题。写简报，要认真研究本单位在贯彻执行党的方针、政策、上级指示中出现的新情况、新经验、新问题。"山不在高，有仙则名；水不在深，有龙则灵。"无关紧要的事情不能上简报。一般的，一份简报只宜登一份有价值的材料，如果为了集中反映某个情况、某个问题，也可以把几份内容相关或有共同性的短文编在一期里。总之，简报内容务必单一，问题集中，这能使阅读者得到鲜明的印象。

二、撰写简报要注意的几个问题

纲目要明。重要简报写前一般要与领导一议。为此，须认真准备纲目。所谓认真准备，不是将调查的素材像采购员那样全端上来，而是要进行一番初步的加工提炼。如在纲目中要列出几层意思，怎么个摆法，怎样把重点写得详细些、突出些……纲目拟出，思路清晰，汇报得好，领导容易定得准、好通过，写起来就顺手。

选材要精。要选择新鲜东西和有代表性的东西，如新颖、独到的做法，新鲜、过硬的事例。有些带有倾向性问题的苗头或是带有方向性的雏形经验，发展下去很可能成为重大的问题或重要经验，这些也要通过简报加以反映。此外，要反映值得注意的政策性问题或反面情况。要达到精，一个很笨但很实用的方法，就是认真地多调查多掌握情况，对什么都感兴趣，这样才有选的余地。

反应要快。市场经济中许多情况都千变万化，此消彼长。"笔杆子"们搞简报应练就一副"倚马可待"的本领。相传桓宣武北征，叫袁虎作令，袁手不辍笔，倚着马很快写成长达 7 张纸的文章，被称为倚马之才。如果采写者反应灵敏，文思快捷，注意发挥简报的"轻骑兵"作用，把新事物、新情况和新问题，用"倚马可待"的速度整理成简报送到领导手中，他们就可及时给予支持、扶植；或对问题迅速采取措施，防止不良事态的扩大和蔓延。

文字要简。2012 年 12 月，中央政治局作出八项规定，其中一项是，"要精简文件简报，切实改进文风，没有实质内容、可发可不发的文件、简报一律不发"。

该长的内容也应精粹些、简练些，主要意思表达清楚即可，没必要事无巨细面面俱到。应当简而不陋，繁而不芜。正如钱昌照同志所说："文章留待别人看，晦涩冗长读亦难，简要清通四字诀，先求平易后波澜。"

简，主要表现为一报一事，多摆事，少讲理，即"实"多"虚"少，压缩到一千字左右为宜，思想清晰，语言简洁，文风朴实。开头结尾不必用套话和空话。有些简报"不简"的重要原因，是对大量事例缺乏取舍、提炼，缺乏分析、归纳，把典型的不典型的并列起来，把性质不同的问题罗列起来，变成典型的排队，事例的堆砌。有些同志认为论据越多理由就越充足。其实不然，论据在精不在多。如果事例精确可靠，用得又恰如其分，虽少也有说服力。要学会取舍，抓住其中最典型的事例和数字，把重点写清楚，其他的或者一笔带过，或者干脆不写。

事实要准。领导机关很可能根据简报反映的情况作出决策，所以材料一定要真实、可靠，让人知道成功的为什么成功，失败的为什么失败，拿不准的东西宁可不写，切忌把子虚乌有的事情端上来，也不宜突出其一，忽略其二。

要有好的概括。不要立个观点、写个做法就急忙上例子，因为最差的单位也可能从某个方面找出一两个好的事例，最好的单位也可能找出一两个差的事例。简言之，个别例子往往不能说明整体情况，弄不好会出现以偏概全。因而应从联系中去掌握情况，重点反映这个单位有特色的工作思路、措施是什么，宏观效果如何，或有几个什么问题，各有多大面，要有符合实际的宏观概括。这种概括不是社论式语言，而是从实际工作中，经过调查、思考、分析和创造，概括出来的思想、观点、做法、经验、事例，是上级部署与基层实际相结合的产物。这种概括是具体的概括，不是没有概括的具体——"太具体"就会给人以"碎"的感觉。在语言概括中，避免使用生硬的、不常用的语言，要重点突出，观点准确，画龙点睛，具有高屋建瓴之势。语言要像鱼鳞一样有规则地排列着，话说得像蚕抽丝般有头有尾，句子之间应有逻辑关系，包括恰到好处地使用关联词语。

起草文稿与灵感思维

灵感思维也叫顿悟思维，是在艰苦思维过程中达到饱和程度和高潮阶段出现的一种豁然贯通的、富有创造性的心理状态，是潜意识和显意识相互通融、相互作用的结晶。灵感是创造性思维的一个重要特质。

马克思说："蜘蛛的活动与织工的活动相似，蜜蜂建筑蜂房的本领使人间的许多建筑师感到惭愧。但是，最蹩脚的建筑师从一开始就比最灵巧的蜜蜂高明的地方，是他在用蜂蜡建筑蜂房以前，已经在自己的头脑中把它建成了。"马克思用形象的语言精辟地论证了包括灵感思维在内的思维活动，这是人区别于、优越于低级动物的本质属性之一。

用脑子专一思维常常伴随着辛苦，有时也有快乐。这种思维的画卷里，有山叠嶂，水纵横，有雪满山，冰塞川，有春风吹绿柳，细雨点花红……比如说，有些干部写材料时，感到调查素材一堆，但理不出头绪，思路不清晰，提炼不出独到见解；给领导写讲话稿、会议报告，在领导不交代或不在一起研究思路的情况下，写几个什么题，分几块写，哪些重点写，怎样把话说到点子上，也常常百思不得其解；或想出新意，但拿不准，成稿后通过不了。经过昼思夜想，在"山重水复疑无路"的困境中，在"用笔不灵看燕舞，行文无序尝花开"的一瞬间，写作者会受到某种意念或信息的启迪，脑海中豁然一亮，思路顿时打通，突然闪现出新思想、新结论、新角度、新观点、新对策！在这种思如风发、言若泉涌、精神高度兴奋的情况下，写起来会得心应手，挥洒自如，一口气可写上千字、几千字。写出的东西犹如灵手抓住的大珠小珠，落盘铮铮有声。这种突如其来、恍惚而来的顿悟，使问题迎刃而解，在心理学上被称为"灵感"。

"灵感"一词来源于希腊语，是"神赐灵气"之意。在近代，国外常常以"直觉"来代替它。德国哲学家费尔巴哈说过："只有在问题激起我的热情、引发我的灵感的时候，我才能谈论和写作。"这个"恍惚而来、不期而遇、怪怪奇奇、莫可名状"的灵感，不可小看。马克思在撰写《资本论》第一卷的最后几章时，卧病在床，而他"每天夜里说梦话，都说到个别章节"（梅林《马克思传》）。

德国化学家克库勒曾长期为探索苯分子结构而苦思冥想，但没有结果。一天，克库勒坐在炉边打盹，梦中他看见有一条蛇咬住自己的尾巴在他面前旋转。这时，他猛然醒悟：苯是一种环状结构的物质，从而一举解决一个世界难题。可见，灵感出现之日，往往是思考得焦头烂额之时。

作曲家塔季尼梦见他把自己的小提琴交给一个魔鬼演奏，奏出了美妙的旋律。这便是如今人们常演奏的《魔鬼之歌》。

剑桥大学胡钦逊教授作了各学科有创造性思想的科学家工作习惯的调查，有70%的科学家回答说从梦中得到过帮助。

为了鉴别王冠含金纯不纯，阿基米德考虑了几天，但束手无策。一天，他在洗澡时，看到水从浴盆里溢出来，触发了他的灵感，终于找到了鉴别王冠的方法。

这种灵感思维也叫顿悟思维，是在艰苦思维过程中达到饱和程度和高潮阶段出现的一种豁然贯通的、富有创造性的心理状态，是潜意识和显意识相互通融、相互作用的结晶。灵感是创造性思维的一个重要特质。钱学森说："凡有创造经验的同志都知道，光靠形象思维和抽象思维不能创造，不能突破；要创造要突破得有灵感。"

灵感既非从天而降、鬼使神差，也不是靠什么上帝恩赐，而是靠本人艰苦的思维劳动和长期的知识积累，使大脑皮层建立起相应的优势灶，一旦偶然的信息闯入大脑，就会诱发出灵感来。苏联诗人马雅可夫斯基为了描绘一个孤独的男子怎样保护和疼爱他的革命情侣，苦思两天后，脑子里忽然产生灵感，想出了恰当的诗句。正如列宁所说："灵感是由于顽强的劳动而获得的奖赏。"因而灵感不是少数天才的专利，每个思维正常的人，都有获得灵感的机遇。领导干部应积极创造条件，争取进入灵感状态。正如鲁迅先生所说："泥土和天才比，当然是不足齿数的，然而不是艰苦卓绝者，也怕不容易做；不过事在人为，比空等天赋的天才有把握。这一点是泥土的伟大的地方，也是大有希望的地方。"

——**丰富知识，厚积薄发，积水成渊生蛟龙**。捉襟见肘难为舞，点水涓泽何来波？灵感的降临是"长期积累，偶然得之"。苏联作家康·巴乌斯托夫斯基说："构思和闪电一样，产生在一个人的洋溢着思想、感情和记忆的意识里。当这一切还没有达到那种要求必然放电的紧张阶段以前，都是逐渐地、徐徐地积累起来。"其他条件基本相同的两个人，知识面广者产生重要设想的可能性就大些。正如著名科学家泰勒所说，"具有丰富知识和经验的人比只有一种知识和经验的人更容易产生新的联想和独到见解。"

"什么能够使你们的心灵永远明亮？那就是你们的理想和信念，把自己一生献给人民"。温家宝同志知识渊博，文稿精美，立意深刻。他在中国文联、中国作协全国代表大会上的讲话，坦诚、轻松、生动，展现了他的博学多识、满腹诗书。他在访问欧洲前接受采访时，英国《泰晤士报》的一名记者问他："你在晚上睡觉之前最喜欢读什么书？掩卷之后，有哪些问题使你难以入睡？"温家宝回答："你实际上是在问我，经常读什么书？思考什么问题？究竟是一个什么样的人？那么，我引用下面的六段诗章，来回答你的问题。我引用的第一例是左宗棠 23 岁时在新房门口贴的一副对联：'身无半亩，心忧天下；读破万卷，神交古人'；第二例是屈原《离骚》中的诗句：'长太息以掩涕兮，哀民生之多艰'；第三例是郑板桥的《竹》：'衙斋卧听萧萧竹，疑是民间疾苦声'；第四例是宋朝张载的座右铭：'为天地立心，为生民立命，为往圣继绝学，为万世开太平'；第五例是艾青写的诗句：'为什么我的眼里常含泪水？因为我对这片土地爱得深沉'；第六例是德国哲学家康德在《实践理性批判》里说的话，后来作为他的座右铭，死后刻在他的墓碑上：'有两种东西，我对它们的思考越是深沉和持久，它们在我心灵中唤起的惊奇和敬畏就会日新月异，不断增长，这就是我头上的星空和心中的道德定律'。"回答记者提问，无法提前准备，而是即兴作答，信口说出。温家宝引用的六句诗章充分显示了他的博学多识。这是他饱读诗书、厚积薄发的自然流露。

知识和信息的积累达到一定量时，任何一种启示和联想，都可以使作者茅塞顿开，豁然开朗。因此我们应勤奋收集掌握广博的知识和丰富的材料。当知识的储备、经验的积累较多时，就像布满了带电的积雨云层，一旦碰到外物的撞击，就会一触即发，闪出电光火花——出现灵感。

——**培养优秀的思维品质，乐于"朝思暮想"，巧夺天工显神通。**想象是思维品质的组成部分，是指在感性形象的基础之上，在自己脑中创造出新形象的心理过程。想象是联想的继续和深入。黑格尔说："最杰出的艺术本领就是想象。"国外有句格言："创业的第一条规律就是想象。"创作、写作需要生动、奇特、新鲜的想象。

想象丰富的人联想多，带有一定的创造性，有利于去揭开灵感的序幕。刘勰的《文心雕龙·神思》说："文之思也，其神远矣！故寂然凝虑，思接千载；悄焉动容，神通万里；吟咏之间，吐纳珠玉之声；眉睫之前，卷舒风云之色；其思理之致乎！"刘勰之谓神思，即今之灵感。他认为灵感是凭借想象力、思考力和情感而来的。

提高想象力的重要方法是捕捉某一事物的有关特征，抓住这个特征的某一点生发开去，找到维系其他事物的中介，从而产生创造性思路。据说有位画家出了一道考题：用最简单的笔画画出最多的骆驼。唯有一个学生先勾勒出两座山峰，再画一只从山谷中走出的骆驼，后边跟着一只骆驼走出半截身子。这种独特的构思方法博得画师的称道。

《新闻与成才》杂志曾介绍了一些锻炼想象力的方法：要尽量扩大对自然界和人类社会各种形象的储备；借用"朦胧"想象——人在散漫的心理状态下，容易展开形象思维；练习比喻、类比、联想；想象与判断相结合——合理的想象只有跟深锐的判断力一道才能发挥作用；不要束缚自己的想象力——"宁可如野马，不可如蹇驴"。

思维的开阔性表现在思路宽广，根据主题表现需要全面思维不同领域、不同侧面的知识，不局限于"每个问题有一个正确答案"。如法国哲学家埃米尔·查蒂尔所说："如果我们只有一个主意，那么没有比这个主意更危险的东西了。"有个犹太商人到异国经商，一天，他走进一家银行请求贷款——只贷一美元。银行工作人员仍然热情地说：请求贷款必须有担保。犹太人立刻回答：瞧！这一皮箱股票、债券就是我的担保！银行工作人员为他办好了手续，却没想到，犹太商人这样做，是因为带着那只价值连城的皮箱不安全，租用金库的保险柜存放又太费钱，于是想到了这个绝招：让银行代他保管一阵子，至于代价，只有6美分。

要看到事物的正面、反面、侧面，看到它的现在、过去、将来，即对同一事物从不同角度、不同方面去思考，冲破清规戒律，避免爬行主义。要从寻探根源上思考，寻求解决问题的多种途径，而万不可像未庄的阿Q给人家做短工那样，"割麦便割麦，舂米便舂米，撑船便撑船"。据报载，1876年，最后一个属于旧石器阶段的塔斯马尼亚人死于荷兰。为什么旧石器时代结束了二万五千多年后，还有这样一个塔斯马尼亚人？科学家的回答是这种人永不变革思维方法，始终没有丢掉石斧，采用钢锯。对于领导干部而言，建立这种多维多向的思维方式，思维就会像舞台上旋转的球形彩灯一般，急骤发散，可以开阔认识的视野，校正考虑问题的角度，对灵感的出现能起到"催产"的作用。

思维的灵敏性指能够克服僵化的思维定式，不刻舟求剑，不落窠臼，很快地感知新事物并迅速作出反应，如同"绿叶忽低知鸟立，青萍微动觉鱼行"。思维灵敏性的高低在一定程度上决定了思考者灵感出现的概率。一个思维灵敏性高且准确地运用已有的知识和经验的人，其灵感出现的概率要比思维灵敏度低的人多。

一个苹果的落地，在果农看来这是苹果成熟的信息，而牛顿却据此发现了万有引力定律。据说屈原放逐，彷徨于山泽之间。他看到楚国先王庙宇以及公卿祠堂里离奇古怪的壁画，便结合自己所学写成《天问》，提出一百多个在科学上富有启发性的问题。他对宇宙、自然、历史传说和神话大胆设问，而且问得精辟、彻底。毛泽东曾说过："《天问》了不起，几千年以前，提出各种问题，关于宇宙，关于自然，关于历史。"

如果在苦思冥想未能突破难点问题时，松弛一下神经，与别人海阔天空地交谈一番，或大胆怀疑、自由联想，受到某种外部刺激，就有利于诱导灵感的闪现，有利于培养起良好的思维品质。

——**主动接触文字材料，锻炼构思能力，妙手回春著文章**。人们常说：写东西很累脑子，不如去抬大筐。常年坚持写东西虽然很累，但能换来思如泉涌。美国威廉·W·韦斯说得好："写作过程能帮助你把零乱的思想条理化，使你的想法经过提炼而清晰起来，并且进一步发展你的思想。"李瑞环同志说："领导干部的讲话、文章不单纯是文字问题，而是对事物的看法，对客观规律的反映，对改造世界的意见，不是说着顺嘴就行了。起草文稿是很锻炼人的，尤其是年轻干部必须养成这个习惯，要自己动手写稿子，能不能提高水平，能不能有个飞跃的进步，就看是否能够过好这一关。"因此，即使领导不给调研、写作任务，也要主动琢磨写点东西。写作之前，要认真阅读同类文章，领会作者的思路，在借鉴的同时努力创新，笔耕不止，就能使构思能力增强，达到"忽然兴至风雨来，笔飞墨走精灵出"的境界。

——**保持良好的生理状况和写作环境**。一个人在心情愉快、精神饱满的状态下，以及没有外界干扰的情况下，会增强大脑的感受能力，易于接受外界信息的诱导或来自潜意识的信息。因此，要"清和其心，调畅其气；烦而即舍，勿使壅滞"（刘勰）。为文构思时，应当心情舒畅，清除已有成见，掌握自己的"生物钟"的规律，选择最佳用脑时间，精神保持纯净状态，顺情随意，胸怀舒坦，听其自然，有助于灵感闪现。如果心烦意乱，心猿意马，就应当立刻放下，不要再想了，不妨用"逍遥自在来诊治疲劳，用谈笑风生来医疗困倦"。这样构思时精力充沛，意气风发，激情澎湃，才能使认识深入，文思通畅，灵感就容易闪现。

"若将天地常揣摩，妙理终有一日开。"灵感，永远垂青和光顾勤奋思索、孜孜以求和坚持笔耕的人，而不会拜访恬淡悠闲者。正如黑格尔所说："最大的天才如果朝朝暮暮躺在青草地上，让微风吹来，眼望着天空……灵感也始终不光顾他。"

文稿修改方式与斟酌修改

> 好文章不是一气呵成写出来的，而是辗转反侧改出来的。世界上最美丽的桂冠，是用荆棘编织而成的；最漂亮的文章，是倾注心血修改而成的。

起草文稿有不同的看法，说得很生动：甲说写第一稿最难，因为这是在处女地上耕耘，是创造性劳动，往往要"走钢丝""踩地雷"。乙说改第一稿最难，古人都说"改章难于造篇"。作者认为哪个最难不能笼统抽象来断定，应根据具体情况。这里有一个共同点就是：要用浓缩的文字恰当反映复杂多样的客观实际，绝非一挥而就，必须修改。

正如柳宗元所言："吾为文章，未尝敢以轻心掉之，未尝敢以怠心易之，惧其驰而不严也……"刘勰在《文心雕龙》中讲得也很明确："权衡损益，斟酌浓淡。芟繁剪秽，驰于负担。"列夫·托尔斯泰说："写作而不加以修改，这种想法应该永远抛弃。三遍，四遍——那还是不够的。"《安娜·卡列尼娜》的每一页稿纸上，几乎都有反复修改的痕迹。

我们写调研文稿也是如此。看似寻常最奇崛，得来容易却艰辛。只有经过反复修改，才能成为有力度、有深度的上乘之作。有的调研文字材料，交给领导，领导只看前几页就不往下看了，和气地说"不行，拿回去修改"；或被领导用红笔改得"一片红"，能用上的只有几句话；或被自己修改得面目皆非；有的推倒重写，大动干戈，反复修改才能过关。可见文稿修改是写材料过程中极为重要的工作，是领导干部过好文字关的必由之路。

且不说基层干部写东西得修改，连马克思、恩格斯写的文章也经过多次修改。《哲学的贫困》《雇佣劳动与资本》《英国工人阶级状况》等著作都曾作过修改和补充。《共产党宣言》修改了7次之多。《资本论》前两卷前一部分原稿现在保存下来的就有八种之多。而在出版后，马克思仍在修改。据威廉·李卜克内西回忆，马克思"在语言和风格问题上十分考究，有时到了咬文嚼字的程度"。

高尔基在一次看马戏时，脑子里突然跳出一个词来，用在新作中再好也没有了。于是他放弃看戏，跑回家在原稿上做了修改。

"善作不如善改""文章不厌百回改"。只写不改，至多是个半成品；写后反复修改，才能使文稿臻于完美。就是说，好文章不是一气呵成写出来的，而是辗转反侧改出来的。世界上最美丽的桂冠，是用荆棘编织而成的；最漂亮的文章，是倾注心血修改而成的。

实际上，为了恰当反映客观情况，有些人在文稿起草前，在谋篇布局、提炼主题、敲定观点、选择材料上已有修改；起草中也有局部修改；初稿写完要做通盘考虑，进行全面、集中的修改。简言之，修改工作贯穿于写作始终。撰稿人总是偏爱自己辛苦写出的东西，常常自我欣赏，但如果认为不需要修改就能"一次试车成功"，或怕别人修改，就是不懂得写文章的起码知识。原稿需修改，往往是因为作者对实际了解不够和文字水平所限。请他人修改，一般都能或多或少地发现文稿的不足之处。所以作者要虚心、诚心和耐心。为了提高修改质量，可以采取多种修改方式。

第一种方式是请多人修改。可以拿原稿印几份，征求几位领导的意见或分头修改，然后由一人综合。或请朋友、老师、同仁在一份初稿上修改。这样就集中了大家的智慧。

第二种方式是通过集体讨论提出修改意见。会议报告等文稿常采取这种方式：事先分头看初稿，在讨论中提出修改意见，帮助政策把关，再由主要领导定夺（综合大家的意见），责成专人作文字处理。某中央企业制定廉政十条规定，就是先将原稿打印发至主要领导和所属一百多个厂矿，分别讨论提出修改意见上报，再分类、汇总、修改而产生的。

第三种方式是部门负责人和撰稿人一起修改。可由负责人一边提出修改处，一边与撰稿人商量怎么修改，然后由一人落笔。这样既可以避免因二者脱节而产生修改的不当，也能起到尊重撰稿人和调动撰稿人积极性的作用。

某单位在研究修改《深入开展正反典型教育的几点做法》时，将原来三个做法在经过部门负责人和撰稿人的商议后进行了修改，最终改为：一、把握思想切入点，选准正反典型教育的突破口；二、抓住典型闪光点，唱响时代主旋律；三、以典型案例为警戒点，增强党员干部自我约束力。这篇经验材料在集团公司纪检工作会议上交流推广。

第四种方式是调研——修改——再调研——再修改。针对初稿之不足深入调研，多掌握一手和二手材料，再修改初稿；有的初稿不理想，应再调研，开阔思路，缺什么补什么。

某公司办公室人员在修改"当公仆做表率"活动的经验材料时，感到缺典型事例，于是和他们深入到所属6个单位调研，然后把了解到的5个典型事例充实进去，然后在公司推广。

第五种方式是脱稿后隔一日一删，放几天再修改。李渔说得好："当于开笔之初，以至脱稿之后，隔日一删，愈月一改，始能淘沙得金，无瑕瑜互见之失矣。"这方面的事例不少。如秦相吕不韦曾叫门客将

《吕氏春秋》几易其稿，然后公布于咸阳门市，有能增损一字者予千金。

经验证明，原稿写好后看不出有明显的不妥之处，认识上一时局限性很大，不妨来个"冷处理"——搁一天或放几天再拿出，看看能不能换个更好的角度，有没有更恰当的提法，或经过深思熟虑或详细了解情况后再删改，如果来得及，不妨再放一放，然后再修改，这能使原稿质量有明显提高。

苏联作家富尔曼诺夫谈修改经验时说："写时快，而送出去付印要慢。时时得揣摩，看一看，摸一摸——相信吧，每一回你都会发现缺点的。等到你扪心无愧了，那时候再送出去。"这时的文稿就达到了纹丝不乱、无懈可击和炉火纯青的程度。这些方法很实用。

第六种方式是由领导者动手修改。领导常常对修改的内容驾轻就熟，改动或大或小，修改得比较快。采取这种方式应尊重写稿人劳动，先吃透全篇原意，摸清撰稿人思路和意图，充分认识和肯定原稿优点和长处，然后再修改，而不宜拿过来没阅完全文便边看边改，造成前后冲突或重复；同样一个意思，尽量用撰稿人原话、原词和原标点，不必强求同自己的表达方式完全一致。须修改之处也不必"手软"。可将为什么修改讲给撰稿人；如撰稿人对其中有的修改处有不同看法，只要在理即可尊重撰稿人意见。需作大的修改，如果时间来得及，最好讲清要求，让撰稿人自己修改，这样有利于调动撰稿人的积极性，不宜由领导包办。

作为撰稿人要尊重和理解改稿人。如果不是出于工作关系和有领导责任，人家不一定愿意改别人的东西，因为改别人的东西往往费力而不被理解，甚至容易引起不愉快。撰稿人不要心里不悦，要理解改稿人"改章难于造篇，易字艰于代句"。难在文稿是个有机整体，有些毛病虽然出现在局部，但与全篇上下都有关联，有时修改起来会捉襟见肘，需要在尊重原稿的基础上，再谋篇布局，炼句炼字，不如重写不受牵制，来得痛快，感到顺畅。

修改方式与文稿体裁、修改幅度大小、改稿人工作习惯等因素有关。确定合适的修改方式后，应当怎样斟酌修改呢？

1. **先从宏观方面斟酌修改，再从微观之处修改**。写初稿时要将稿纸留出三分之一空白处。写初稿要快，保持思路连贯。写出后不要草率处理，要先看几遍。最好是读出声来，读不下去之时，就会发现需作修改之处。如各部分分论点脱离主题之处，段落中内容没有围绕分论点写，语言不妥之处等，可先做个修改记号。读完全篇后应立足全局，从大处着眼，如需作大的变动，就要"把这整个辛苦筑成的大厦拆散"。先下力量修改全局性问题，后考虑修改微观的局部性问题。因为从宏观方面修改的主要是主题和结构，而微观是由宏观指导、统率的，所以如果先急于动手修改微观问题，等从宏观上做修改时，就会发现已修改的有些内容不符合整体要求而白费劲。

主题的修改牵动全篇。有的原稿写完后觉得勉强、不顺当、一般化，原因是主题没有恰当反映客观实际的本质意义和主要特点，因而需作大的变动。有的原稿主题不深刻、不新颖或不集中，需变动，有时还需相应地作跟踪调查，进行深入挖掘。这种修改往往需要反复多次，应有不辞劳苦的探求精神。变动、修改主题还需有识、有胆、有备。有识，即有鉴别能力，准确发现症结所在，对症下药。有胆，即敢于做大手术，能够大开大合。有备，调查报告、讲话稿写出之日，已是疲惫不堪、焦头烂额之时。这时又要作大的修改，必须有思想准备，防止出现厌战、焦躁和无所适从。可以预测几种改的思路，准备几份参考材料，一旦做大手术即可连续作战，驾驭自如。

结构的修改一方面要与主题变动保持同步，另一方面要看层次、段落是否有条理、有眉目，有没有重复、累赘、杂乱现象，段落的意思是否服从层次、体现层次，有没有游离于层次之外的问题；由总到分和由分到总是否有过渡，连接是否紧密；中间部分的布局是否合理，有没有

"辈"排错的现象；交代是否明白，有没有"写到后面不管前面"的问题。发现全篇结构松散混乱，要推倒拆除，重新组合，发现局部性杂乱、枝节横生、支流蔓延，须耐心梳理和改写，把它们安排得像植物迎着阳光而抽枝，顺着阴影而匿迹。

事例的修改在调查报告中是常事。能充分揭示主题的事例（哪怕事例很小），通过补充尽量详尽些，一时补充不上来，要通过电话调研等方式补充；能一般性地反映主题的事例，如果原稿写得太详细，可删改；与主题关系不大或无关的，即使很生动也要坚决删去并更换。换言之，该详该略的，应做到"疏处可跑马，密处难插针"。主题如果有变动，这些事例应相应变动。笔者到鞍钢化工总厂调研出勤率情况，在写调查报告时，将了解的 20 多个事例挑来挑去，最后还是把"一盘小菜"——厂领导主动把办公室电扇送给焦炉工人用这个例子写进去。为什么这个小事例能"通天"——鞍钢党委书记在两次干部大会上表扬总厂领导？因为当时正是中央作出关于加强党同人民群众联系的决定之后，送电扇深刻反映了领导干部密切联系群众这一主题，增加了主题力度。可见修改事例不能就事论事，要从这件事联想到那件事，从现象揭示原因和背景，从偶然性看到必然性。

语言的修改属于局部性问题，但往往频率大。"语言作为工具，对我们之重要，正如骏马对于骑士的重要"（但丁）。要根据内容表达需要，认真斟酌语言，把啰唆、笼统、错杂之处改为简洁、明确、准确，使文法有条理，文义合逻辑，文风生动活泼，做到"或简言以达旨，或博文以该情"（刘勰）。应将思想感情寓于字里行间。如恩格斯《在马克思墓前的讲话》草稿修改后，开头写马克思逝世的时间和经过："3 月14 日下午两点三刻，当代最伟大的思想家停止思想了。让他一个人留在房里总共不过两分钟，等我们再进去的时候，便发现他在安乐椅上安静地睡着了——但已经是永远地睡着了。"说马克思在他的座位上，停止了思想，永远地睡着了，激起人们对这位伟人的爱戴、怀念、崇仰和敬慕之情。

语言修改应处理好概括与具体的关系，做到概括中有具体，把概括和具体糅合在一起。概括是在感性认识后的一种高层次的理性升华，是对事物的本质、运动的规律的认识和表达。没有概括，事无巨细，不分高矮主次，貌似"全面"，结果会把重要的、本质的东西淹没在罗列材料的叙述中。但概括又不能空洞，空洞就缺乏个性，缺少分量，不能说服人。

调查报告、会议报告等文稿，特别常用概括中有具体的语言。有些文稿在开头和收尾部分是概括性很强的语言，中间多是有理有据的概括中有具体内容的语言，包括需要详说的内容。该略的不略，文稿要从具体中进行概括，要删繁就简。在调查报告、会议报告中，常常运用数字来说明问题，论证论点。数字有细目数字与概括数字之别。经过汇总而后得出的综合数字，经过准确计算而得出的倍数、指数、平均数、百分数等，都属于概括的数字。这些概括数字的好处是便于比较，说明事物的发展变化。因此，在调查报告、会议报告中遇到罗列具体的、单项的细目数字应删改，可保留重要的绝对数。

2. **应当尊重撰稿人风格**。如果说，钢厂连铸设备加工出的一块块相同的火红钢坯惹人喜爱，那么作者们写出的文稿就不该雷同化，不宜死板单调和整齐划一。对调研文稿，我们不提倡华而不实和不伦不类的文风。但有些撰稿者确有不同风格，或者说表现特色——有的喜欢简洁，有的喜欢细腻；有的喜欢刚健，有的喜欢柔婉；有的喜欢明快，有的喜欢含蓄；有的喜欢"大海无涯"，有的喜欢"潮水奔涌"；有的喜欢语言生动、漂亮一点，有的喜欢文字平淡朴实一些；有的喜欢以广博的知识征服对方，有的喜欢以深刻的哲理启迪人们。很难说这种风格与那种风格哪个好，就像很难评价紫罗兰和玫瑰花香味谁好谁差一样。各种风格各有各的功用，万不可扬此抑彼，有所偏废。

　　要按文体要求修改文稿，不论是撰稿者采用哪种风格，只要与文体不相悖，与事实没出入，就应当提倡和保留。不应当或应避免在修改时以自己喜欢的风格代替别人的风格，那样会使某些文稿千篇一律，一个腔调，就像一个"模子"铸出来的，缺少新鲜活泼，缺少一点"赤橙黄绿青蓝紫"，使人观之似曾相识，读之味同嚼蜡，"阅不终篇，辄欲睡去"。因此，在修改文稿时要尊重原稿风格（如果原稿有风格的话）。这是改稿者的难处，也是一种修改技巧。

　　3. **撰稿者"脸皮"应当厚些，不要怕别人改稿**。连开"夜车"写出第一稿，确实是看似容易却艰辛。然而交给领导后，稿纸上往往被抹得面目皆非，清稿时心里不是滋味。有的觉得孩子是自己的好，文章也是自己写得好，对别人的修改不服气，甚至据理力争；有的觉得自己基础差，产生自卑感。其实都大可不必。"依古人之所谓才，则必文成于难者，才子也。"[①] 凡是成熟的、有经验的撰稿人都认为文章是改出来的。他们并不以为"一挥而就""某某没改一字"能显示自己有文才。认为"文成于易"，自己写的东西不需要修改或不需别人删改，这恐怕是自负和浅薄的表现吧。

　　我们应当把别人修改的文稿看作是从中学习和提高的极好机会，不妨反复体味。一时体会不深，也万不可把修改稿扔进纸篓，过一段时间写同类文稿时，再翻出来看看，一定会有益处的。这样做，才能达到《文心雕龙》中说的那样："情者文之经，辞者理之纬；经正而后纬成，理定而后辞畅，此立文之本源也。"

---

　　① 　陈曦钟等辑校：《水浒传会评本上》，北京大学出版社，1981年版，第6页。

附　录

中共中央办公厅印发
《关于在全党大兴调查研究的工作方案》

近日，中共中央办公厅印发了《关于在全党大兴调查研究的工作方案》，并发出通知，要求各地区各部门结合实际认真贯彻落实。

《关于在全党大兴调查研究的工作方案》全文如下。

为深入学习贯彻习近平新时代中国特色社会主义思想，全面贯彻落实党的二十大精神，党中央决定，在全党大兴调查研究，作为在全党开展的主题教育的重要内容，推动全面建设社会主义现代化国家开好局起好步。现制定如下工作方案。

一、重要意义

调查研究是我们党的传家宝。党的十八大以来，以习近平同志为核心的党中央高度重视调查研究工作，习近平总书记强调指出，调查研究是谋事之基、成事之道，没有调查就没有发言权，没有调查就没有决策权；正确的决策离不开调查研究，正确的贯彻落实同样也离不开调查研究；调查研究是获得真知灼见的源头活水，是做好工作的基本功；要在全党大兴调查研究之风。习近平总书记这些重要指示，深刻阐明了调查研究的极端重要性，为全党大兴调查研究、做好各项工作提供了根本遵循。

当前，我国发展面临新的战略机遇、新的战略任务、新的战略阶段、新的战略要求、新的战略环境。世界百年未有之大变局加速演进，不确定、难预料因素增多，国内改革发展稳定面临不少深层次矛盾躲不开、绕不过，各种风险挑战、困难问题比以往更加严峻复杂，迫切需要通过调查研究把握事物的本质和规律，找到破解难题的办法和路径。在全党大兴调查研究，是深入学习贯彻习近平新时代中国特色社会主义思想、感悟这一重要思想的真理力量和实践伟力的必然要求，是深刻领悟"两个确立"的决定性意义、坚决做到"两个维护"的具体实践，是应对新时代新征程前进路上的风浪考验、推进中国式现代化的有力举措，是时刻保持解决大党独有难题的清醒和坚定、回答"六个如何始终"的现实需要，是转变工作作风、密切联系群众、提高履职本领、强化责任担当的有效途径。

二、总体要求

在全党大兴调查研究，要坚持以习近平新时代中国特色社会主义思想为指导，全面贯彻落实党的二十大精神，紧紧围绕党的理论和路线方针政策、党中央重大决策部署的贯彻执行，大力弘扬党的光荣传统和优良作风，突出问题导向和目标导向，促进广大党员、干部特别是领导干部带头深入调查研究，不断深化对党的创新理论的认识和把握，善于运用党的创新理论研究新情况、解决新问题、总结新经验、探索新规律，扑下身子干实事、谋实招、求实效，使调查研究工作同中心工作和决策需要紧密结合起来，更好为科学决策服务，为提高党的执政能力和领导水平服务，为完成新时代新征程的使命任务服务。

在全党大兴调查研究，必须坚持党的群众路线，从群众中来、到群众中去，增进同人民群众的感情，真诚倾听群众呼声、真实反映群众愿望、真情关心群众疾苦，自觉向群众学习、向实践学习，从人民的创造性实践中获得正确认识，把党的正确主张变为群众的自觉行动。必须坚持实事求是，坚守党性原则，一切从实际出发，理论联系实际，听真话、察实情，坚持真理、修正错误，有一是一、有二是二，既报喜又报忧，不唯书、不唯上、只唯实。必须坚持问题导向，增强问题意识，敢于正视问题、善于发现问题，以解决问题为根本目的，真正把情况摸清、把问题找准、把对策提实，不断提出真正解决问题的新思路新办法。必须坚持攻坚克难，发扬斗争精神，增强斗争本领，勇于涉险滩、破难题，知难而进、迎难而上，把调查研究成果转化为推进工作、战胜困难的实际成效。必须坚持系统观念，深入实际、深入基层、深入群众调查了解情况，把握好全局和局部、当前和长远、宏观和微观、主要矛盾和次要矛盾、特殊和一般的关系，前瞻性思考、全局性谋划、整体性推进党和国家各项事业。

三、调研内容

在全党大兴调查研究，要紧紧围绕全面贯彻落实党的二十大精神、推动高质量发展，直奔问题去，实行问题大梳理、难题大排查，着力打通贯彻执行中的堵点淤点难点。各级党委（党组）要立足职能职责，围绕做好事关全局的战略性调研、破解复杂难题的对策性调研、新时代新情况的前瞻性调研、重大工作项目的跟踪性调研、典型案例的解剖式调研、推动落实的督查式调研，突出重点、直击要害，结合实际确定调研内容。主要是 12 个方面。

1. 贯彻落实党中央决策部署和习近平总书记对本地区本部门本领域工作重要指示批示精神的主要情况和重点问题。

2. 贯彻新发展理念、构建新发展格局、推动高质量发展中的重大问题，推进高水平科技自立自强、扩大国内需求、深化供给侧结构性改革、建设现代化产业体系、落实"两个毫不动摇"、吸引和利用外资，全面推进乡村振兴中的主要情况和重点问题。

3. 统筹发展和安全，确保粮食、能源、产业链供应链、生产、食品药品、公共卫生等安全，防范化解重大经济金融风险中的主要情况和重点问题。

4. 全面深化改革开放中的重大问题，重要领域和关键环节改革、推进高水平对外开放中的主要情况和重点问题。

5. 全面依法治国中的重大问题，完善中国特色社会主义法律体系、推进依法行政、严格公正司法、建设法治社会等主要情况和重点问题。

6. 意识形态领域面临的挑战，推进文化自信自强、建设社会主义文化强国和新闻舆论引导、网络综合治理中的主要情况和重点问题。

7. 推进共同富裕、增进民生福祉中的重大问题，巩固拓展脱贫攻坚成果、缩小城乡区域发展差距和收入分配差距的主要情况和重点问题。

8. 人民最关心最直接最现实的利益问题，特别是就业、教育、医疗、托育、养老、住房等群众急难愁盼的具体问题。

9. 牢固树立和践行绿水青山就是金山银山理念方面的差距和

不足，推进美丽中国建设、保护生态环境和维护生态安全中的主要情况和重点问题。

10. 维护社会稳定中的重大问题，防灾减灾救灾和重大突发公共事件处置保障短板，处理新形势下人民内部矛盾和强化社会治安整体防控的主要情况和重点问题。

11. 全面从严治党中的重大问题，落实党的领导弱化虚化淡化、党组织政治功能和组织功能不够强，干事创业精气神不足、不担当不作为，应对"黑天鹅"、"灰犀牛"事件和防范化解风险能力不强，形式主义、官僚主义，特权思想和特权行为等重点问题。

12. 本地区本部门本单位长期未解决的老大难问题。

四、方法步骤

在全党大兴调查研究，分为 6 个步骤。

（一）提高认识。各级党委（党组）要通过理论学习中心组学习、读书班等，组织党员、干部深入学习领会习近平总书记关于调查研究的重要论述，学习习近平总书记关于本地区本部门本领域的重要讲话和重要指示批示精神，继承和发扬老一辈革命家深入基层调查研究的优良作风，增强做好调查研究的思想自觉、政治自觉、行动自觉。

（二）制定方案。各级党委（党组）要围绕调研内容，结合本地区本部门本单位实际，广泛听取各方面意见，研究制定调查研究的具体方案，明确调研的项目课题、方式方法和工作要求等，统筹安排、合理确定调研的时间、地点、人员。党委（党组）主要负责同志要亲自主持制定方案。

（三）开展调研。县处级以上领导班子成员每人牵头1个课题开展调研，同时，针对相关领域或工作中最突出的难点问题进行专项调研。要坚持因地制宜，综合运用座谈访谈、随机走访、问卷调查、专家调查、抽样调查、统计分析等方式，充分运用互联网、大数据等现代信息技术开展调查研究，提高科学性和实效性。要深入农村、社区、企业、医院、学校、新经济组织、新社会组织等基层单位，掌握实情、把脉问诊，问计于群众、问计于实践。要转换角色、走进群众，了解群众的烦心事操心事揪心事，发现和查找工作中的差距不足。要结合典型案例，分析问题、剖析原因，举一反三采取改进措施。要加强督查调研，检查工作是否真正落实、问题是否真正解决。

（四）深化研究。全面梳理汇总调研情况，运用习近平新时代中国特色社会主义思想的世界观、方法论和贯穿其中的立场观点方法，进行深入分析、充分论证和科学决策。特别是对那些具有普遍性和制度性的问题、涉及改革发展稳定的深层次关键性问题，以及难题积案和顽瘴痼疾等，要研究透彻、找准根源和症结。在此基础上，领导班子交流调研情况，研究对策措施，形成解决问题、促进工作的思路办法和政策举措，确保每个问题都有务实管用的破解之策。

（五）解决问题。对调研中反映和发现的问题，逐一梳理形成问题清单、责任清单、任务清单，逐一列出解决措施、责任单位、责任人和完成时限。对短期能够解决的，立行立改、马上就办。对一时难以解决、需要持续推进的，明确目标，紧盯不放，一抓到底，做到问题不解决不松劲、解决不彻底不放手。

（六）督查回访。各级党委（党组）要建立调研成果转化运用清单，加强对调研课题完成情况、问题解决情况的督查督办和跟踪问效；领导干部要定期对调研对象和解决问题等事项进行回访，注意发现和解决新的问题。

五、工作要求

（一）加强组织领导。各级党委（党组）要高度重视调查研究工作，作出专门部署，科学精准做好方案设计、过程实施、监督问效等各个环节工作。党委（党组）主要负责同志负总责，抓好本地区本部门本单位调查研究的推进落实；班子其他成员各负其责，抓好分管领域和分管单位的调查研究工作。领导干部要带头开展调查研究，改进调研方法，以上率下、作出示范。

（二）严明工作纪律。调查研究要严格执行中央八项规定及其实施细则精神，轻车简从，厉行节约，不搞层层陪同。要采取"四不两直"方式，多到困难多、群众意见集中、工作打不开局面的地方和单位开展调研，防止嫌贫爱富式调研。要加强调研统筹，避免扎堆调研、多头调研、重复调研，不增加基层负担。要力戒形式主义、官僚主义，不搞作秀式、盆景式和蜻蜓点水式调研，防止走过场、不深入。要在调查的基础上深化研究，防止调查多研究少、情况多分析少，提出的对策建议不解决实际问题。对违反作风建设要求和廉洁自律规定的，要依规依纪严肃问责。

（三）坚持统筹推进。对表现在基层、根子在上面的问题，对涉及多个地区或部门单位的问题，上下协同、整体推动解决。统筹当前和长远，发现总结调查研究的有效做法和成功经验，完善调查研究的长效机制，使调查研究成为党员、干部的经常性工作，在全党蔚然成风、产生实效。

（四）加大宣传力度。充分利用党报、党刊、电视台、广播电台、网络传播平台等，采取多种多样的宣传形式和手段，大力宣传大兴调查研究的重要意义和各地区各部门各单位大兴调查研究的具体举措、实际成效，凝聚起大兴调查研究的共识和力量，营造浓厚氛围。

（新华社北京 2023 年 3 月 19 日电）

后　记

历史和现实的经验证明，大到一个国家和地区，小至一个部门和单位，都离不开调查研究。若想取得"当惊世界殊"之成就，调查研究必不可少；若想少走弯路、少受损失，也要做好调查研究，把实际看完全、把情况弄清楚。由此观之，调查研究是领导活动的起点，又贯穿于领导活动的全过程，是其他领导职能之基础，是治国为政之大计，关系着事业之兴衰成败。有志于获得真知的领导者，一定要首先把调查研究作为一项必不可少的基本功，把调查研究作为头一件工作、第一位的大事始终不渝地坚持下去。

为了满足各地领导干部的需求，我们撰写了《与领导干部谈调研》。一位作家阅完这本书稿，欣然赋诗一首："每涉书林感万千，逶迤山路有奇观。谋事之宝握在手，决胜多在决战前"。

本书写作分工如下：全书纲目由于立志拟订和提出，刘崇顺参与部分纲目的拟订；第一部分由刘崇顺撰写；第二部分由于立志、刘崇顺撰写；第三部分由于立志撰写；全书由于立志充实和定稿。

《与领导干部谈调研》撰写过程中，得到一些同志的鼓励，得到新华出版社的领导和责任编辑的支持和指导，同时还参阅和借鉴了一些同志的资料和研究成果，在此一并表示敬意和感谢！由于我们才疏学浅，时间紧迫，书中难免有疏漏和错误，敬请指教。